# THE SELF-MEDIA ERA
# 自媒体环境下

## 高校思想政治教育研究

张新冀 著

图书在版编目（CIP）数据

自媒体环境下高校思想政治教育研究/张新冀著.
北京：朝华出版社，2025.4. -- ISBN 978-7-5054
-5611-2

Ⅰ.G641

中国国家版本馆CIP数据核字第2025JX9219号

## 自媒体环境下高校思想政治教育研究
张新冀　著

| 责任编辑 | 韩丽群 |
| --- | --- |
| 责任印制 | 陆竞赢　訾　坤 |
| 装帧设计 | 东方视点 |
| 排版设计 | 蚂蚁文化 |
| 出版发行 | 朝华出版社 |
| 社　　址 | 北京市西城区百万庄大街24号　　邮政编码　100037 |
| 订购电话 | （010）68995509 |
| 联系版权 | zhbq@cicg.org.cn |
| 网　　址 | http://zhcb.cicg.org.cn |
| 印　　刷 | 天津市光明印务有限公司 |
| 经　　销 | 全国新华书店 |
| 开　　本 | 710mm×1000mm　1/16　　　　字　数　276千字 |
| 印　　张 | 18.25 |
| 版　　次 | 2025年4月第1版　　2025年4月第1次印刷 |
| 装　　别 | 平 |
| 书　　号 | ISBN 978-7-5054-5611-2 |
| 定　　价 | 78.00元 |

版权所有　翻印必究·印装有误　负责调换

# 前言

随着信息技术的迅猛发展和互联网的广泛普及，自媒体作为一种新兴的媒体形态，已经深入到社会的各个角落，对人们的生活、工作和学习方式产生了深远的影响。尤其对于当代大学生而言，自媒体平台如微信、微博、抖音等，已成为他们获取信息、交流思想、表达情感的重要渠道。这种自媒体环境的形成，无疑为高校思想政治教育带来了新的机遇，但同时也带来了一系列前所未有的挑战。在自媒体环境下，高校思想政治教育的传统模式面临着巨大的考验。自媒体以其海量的信息资源和即时的传播特性，使得大学生能够更加方便快捷地获取各种资讯，这无疑极大地拓宽了他们的知识视野和认知边界。然而，与此同时，自媒体信息的多元性和复杂性也可能导致大学生在价值判断上出现困惑和迷茫，甚至可能受到不良信息的误导和侵蚀，这对他们的健康成长和全面发展构成了潜在的威胁。因此，在自媒体环境下如何有效开展高校思想政治教育，引导学生树立正确的世界观、人生观和价值观，就显得尤为重要和迫切。这不仅关乎高校思想政治教育的质量和效果，更关乎培养什么样的人、为谁培养人这一根本问题。面对自媒体环境的挑战，高校需要积极探索和创新思想政治教育的模式和方法，以适应新时代的发展需求。

在这一背景下，自媒体环境下高校思想政治教育的研究成了一个具有时代意义和实践价值的课题。本书将深入剖析自媒体环境对高校思想政治教育的影响，探讨自媒体在其中的双重作用：既是信息传播的新载体，也是价值观念挑战的新来源；同时关注自媒体如何改变大学生的认知方式和行为模式，以及这些变化如何进一步影响高校思想政治教育的实施效果；审视高校在应对自媒体挑战时所采取的策略和措施，分析其有效性和可行性，以期能为高校思想政治教育的创新与发展提供有益的参考和借鉴。

本书共分成九个章节。第一章概述研究背景、意义、思路、方法及重难点与创新；第二章探讨自媒体的形成、发展及其主要特征；第三章解读高校思想政治教育的基本理论，包括内涵、原则、特点、过程、规律、内容与功能；第四、五章分析自媒体环境对高校思想政治教育者和教育对象，以及教育内容、方法和载体的影响；第六章探讨自媒体环境下高校思想政治教育的路径；第七章研究自媒体环境下高校思想政治理论课建设和教学模式；第八章探讨自媒体时代高校思想政治教育的创新优化策略；第九章关注高校思想政治教育中新媒介素养的培养。本书适用于高等教育工作者、思想政治教育研究者及关注自媒体时代教育变革的读者。

# 目录
CONTENTS

## 1 第一章
## 自媒体环境下高校思想政治教育研究概述

第一节　研究的背景与意义　003
第二节　研究的思路与方法　009
第三节　研究的重难点与创新之处　012

## 2 第二章
## 自媒体的形成与发展

第一节　自媒体的含义与特征　017
第二节　自媒体的发展现状与发展趋势　027
第三节　自媒体环境的主要特征　037

## 3 第三章
## 高校思想政治教育基本理论解读

第一节　高校思想政治教育的内涵　049
第二节　高校思想政治教育的原则与特点　063
第三节　高校思想政治教育的过程与规律　075
第四节　高校思想政治教育的内容与功能　086

## 第四章
## 自媒体环境对高校思想政治教育者和教育对象的影响

第一节　自媒体环境对高校思想政治教育者的影响　101
第二节　自媒体环境对高校思想政治教育对象的影响　114

## 第五章
## 自媒体环境对高校思想政治教育内容、方法和载体的影响

第一节　自媒体环境对高校思想政治教育内容的影响　139
第二节　自媒体环境对高校思想政治教育方法的影响　148
第三节　自媒体环境对高校思想政治教育载体的影响　155

## 第六章
## 自媒体环境下高校思想政治教育的路径探索

第一节　自媒体环境下高校思想政治教育者形象塑造　163
第二节　自媒体环境下高校思想政治教育对象思维方式培养　170
第三节　自媒体环境下高校思想政治教育方法创新　177
第四节　自媒体环境下构建高校思想政治教育媒介合力　184

## 第七章
## 自媒体环境下高校思想政治理论课建设和教学模式研究

第一节　自媒体环境下的"大思政课"建设　191

第二节 中国传统文化中大运河文化融入高校思政课
实践教学 198
第三节 地方红色文化融入高校思政课教学 207

## 第八章
## 自媒体时代高校思想政治教育的创新优化

第一节 创新高校思想政治教育的理论依据 217
第二节 自媒体时代高校思想政治教育创新的原则 222
第三节 构建自媒体时代的思想政治理论课教学考评体系 227
第四节 依托自媒体创新高校校园行为文化 236
第五节 自媒体环境下高校思想政治教育的话语重塑 242
第六节 自媒体环境下高校思想政治教育内容结构优化
与资源整合 247

## 第九章
## 高校思想政治教育中新媒介素养的培养

第一节 自媒体时代提升媒介素养的紧迫性 261
第二节 自媒体时代辅导员队伍思想政治理论素养的培养
与提升 266
第三节 自媒体时代高校思想政治教育受教者媒介素养的
培养 273

参考文献 281

# 第一章
## 自媒体环境下高校思想政治教育研究概述

CHAPTER 1

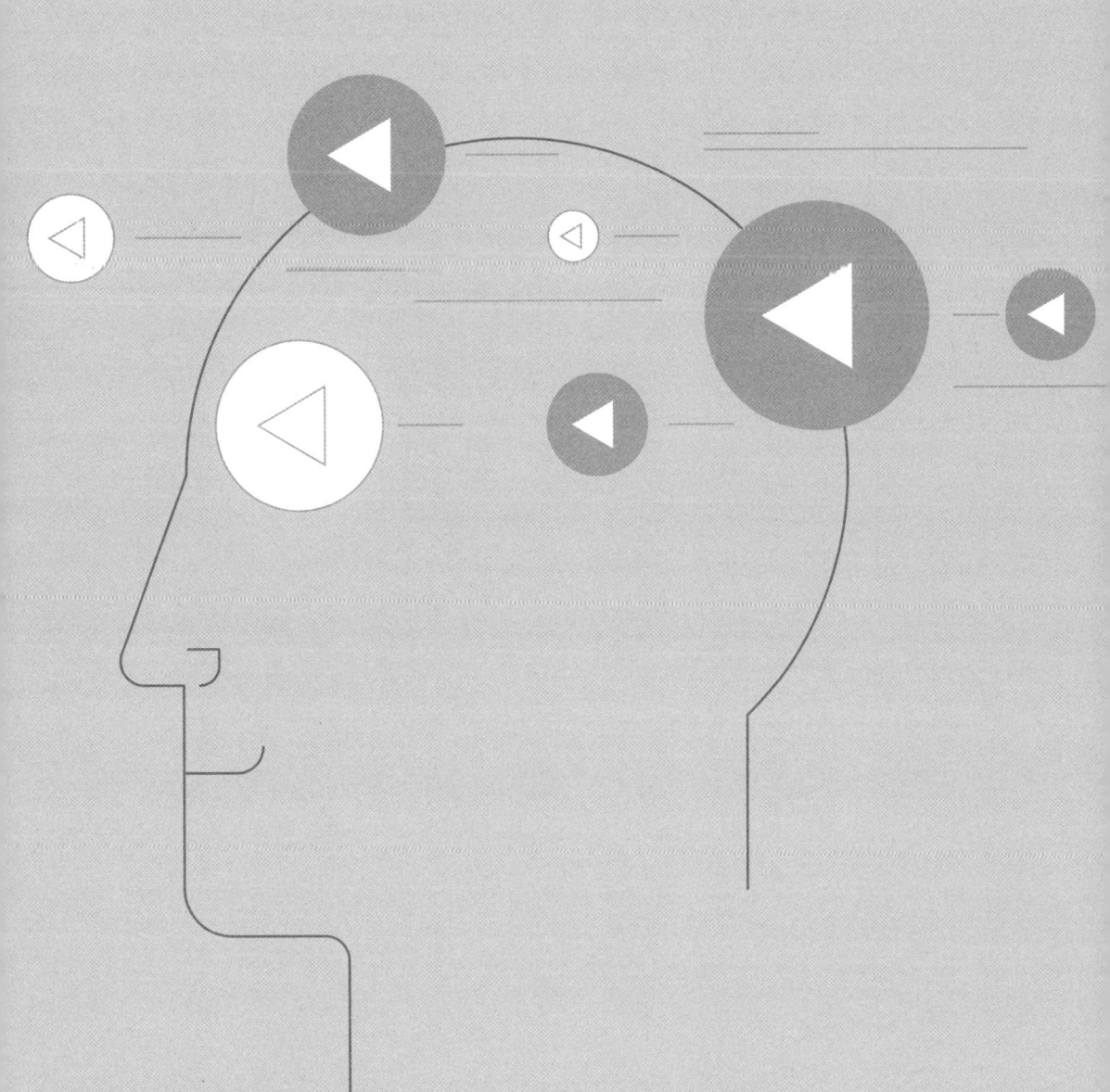

## 第一节 研究的背景与意义

### 一、选题背景

#### （一）自媒体发展迅速

"自媒体"（Self-Media）是进入 21 世纪之后，基于传媒手段的不断发展、科学技术的日趋进步以及人类需求的日新月异而产生的一种依托互联网、具有个体性的媒体形式，相较传统媒体（oldmedia）和新媒体（newmedia）而言，自媒体可以说正处于媒体发展的最新阶段。对于自媒体的这一发展态势，有学者指出："自媒体变革了信息的生产方式，它以一种狂飙突进的发展姿态逐渐影响着曾经被传统媒体牢牢控制的领域，在这一过程中新媒体呈现出不同的形态，深刻改变着社会信息生产和接收方式，从新闻门户时代到搜索引擎时代，继而到社交网络时代，再到现在的移动自媒体时代。"

**1. 自媒体环境的迅猛发展及其对大学生群体的广泛影响**

近年来，自媒体平台如微信、微博、抖音、快手等迅速崛起，成为信息传播的重要渠道。这些平台不仅提供了海量的信息资源，还通过互动、分享等功能，构建了一个即时、高效的信息交流网络。根据 QuestMobile 数据显示，截至 2023 年 12 月末，我国短视频用户达到 10.53 亿，占网民总数的 96.4%。这一数据背后，反映了自媒体环境的迅猛发展以及其在社会中的广泛渗透。而在这一庞大的用户群体中，大学生作为活跃且具有影响力的一部分，他们在抖音、微博、快手、哔哩哔哩及小红书等短视频平台上的行为与互动，既获取信息、交流思想，还在潜移默化中塑造着自己的价值观与行为模式。这些平台以其独特的魅力吸引着大学生，成为他们日常生活的一部分。通过这些平台，大学生能够接触到各种思想观念、文化形态和社会现象，从而进一步拓宽自身视野和提升自身认知。这种媒体形态的发展，为信息传播提供了更为便捷和高效的渠道，但同时也带来了信息过载、虚假信息传播等问题。

**2. 自媒体平台用户画像分析及其对高校思想政治教育的挑战**

截至 2023 年，我国网民规模达 10.92 亿人，当中互联网网民年龄 20—29 岁占比率 14.5%，人数达到 1.58 亿人，而我国网络视频用户规模达 10.67 亿人，有着较大的发展潜力。

| 互联网 | 数据 |
| --- | --- |
| 互联网网民数量 | 10.92 亿 |
| 网民年龄 20—29 岁占比率 | 14.5% |
| 网民年龄 20—29 岁人数 | 1.58 亿 |
| 网络视频用户数量 | 10.67 亿 |

数据来源：2023 年《中国互联网络发展状况统计报告》

在几大主流自媒体平台（微信视频号、抖音、快手、小红书）中，发现小红书月活设立设备增长最快，年用户数量增长最快，此外平台内的用户年龄 18—30 岁占比，视频号为 315%，抖音为 31.9%，快手为 31.47%，小红书为 34.5%，直观看出微信视频号、抖音、快手用户年轻化占比基本一致。

| 名称 | 视频号 | 抖音 | 快手 | 小红书 |
| --- | --- | --- | --- | --- |
| 月活设立设备（万台） | 111864 | 91883 | 47702 | 21236 |
| 月活设立设备增长比率 | 0.43% | 0.44% | 0.09% | 4.76% |
| 年用户数量增速 | 2% | 5.2% | 9.4% | 30% |
| 用户年龄 18—30 岁占比 | 31.5% | 31.9% | 31.47% | 34.5% |

数据来源：2023 年视频号、抖音、快手、小红书数据

大学生不仅在这些平台上获取娱乐和资讯，还通过自媒体进行社交互动、展示自我和表达观点，他们乐于分享生活点滴，关注时事热点，参与话题讨论。这种高度的契合性使得自媒体平台成为影响大学生思想观念和行为习惯的重要力量。大学生倾向于通过这些平台来获取新鲜、有趣的内容，与朋友、同学进行互动交流，甚至在某些情况下，这些平台也成了他们学习、获取信息的重要途径。

## （二）自媒体环境下高校思想政治教育的挑战与机遇

### 1.自媒体环境下高校思想政治教育面临的挑战

（1）信息多元化与复杂性带来的挑战

自媒体平台上的信息丰富多样，涵盖了各种观点、文化和价值观。然而，这种信息多元化也带来了大量不良信息和极端言论。不实信息、低俗内容甚至违法信息在自媒体平台上泛滥，可能对大学生的思想健康和价值判断构成潜在威胁。大学生正处于价值观形成的关键时期，他们缺乏足够的社会经验和判断力，容易受到不良信息的影响。这些不良信息可能误导大学生的历史观、价值观和道德观，使他们在思想上产生困惑和迷茫。高校思想政治教育需要投入更多的精力来引导学生正确辨别信息真伪，培养他们的批判性思维和独立思考能力。

（2）虚拟社交与碎片化学习带来的挑战

自媒体环境中的虚拟社交可能导致大学生过度沉迷于网络世界，忽视现实生活中的人际交往。这可能导致他们在现实生活中缺乏社交技能和情感交流能力，影响他们的社交发展和情感健康。自媒体平台上的碎片化信息传播方式也可能使大学生难以形成系统的知识体系。他们可能习惯于通过短视频、微博等获取零散的信息片段，而缺乏深入思考和系统学习的能力。这种碎片化学习方式会在一定程度上影响大学生的思维深度和广度，限制他们的学术发展和创新能力提升。高校思想政治教育在开展中需要关注学生在虚拟社交和碎片化学习方面的问题，引导他们合理安排线上和线下生活，培养他们的社交技能和深度思考能力。

（3）教师适应能力受到考验和挑战

自媒体技术的快速发展要求教师具备较高的信息素养和新媒体运用能力。然而，部分高校教师在这方面存在不足，难以适应自媒体环境下的教学要求。部分教师可能缺乏自媒体平台的使用经验和技能，无法有效地利用这些平台进行教学和教育活动。这可能导致他们在自媒体环境下感到力不从心，无法与学生进行有效沟通和交流。

**2. 自媒体环境下高校思想政治教育面临的机遇**

（1）构建多元化教育平台与资源体系

在信息时代，信息传播的速度和广度都达到了前所未有的水平。自媒体平台为高校思想政治教育提供了一个多元化的教育平台，使得教育资源的获取和分享变得更加便捷。传统的思想政治教育往往受限于课堂和教材，而自媒体平台则打破了这一局限，让教育内容以图文、视频、音频等多种形式呈现，更加生动直观。这种多元化的呈现方式不仅吸引了学生的注意力，还提高了他们的学习兴趣和积极性。自媒体平台上的海量信息资源也为思想政治教育提供了丰富的素材和案例。这些资源和案例往往与现实社会紧密相连，有助于教师更好地阐述理论和观点，使教育内容更加贴近现实，更具说服力。此外，自媒体平台的交互性使得学生可以随时随地获取教育信息，并与教师进行互动交流。

（2）促进教育互动性与参与性的深度融合

在自媒体环境下，学生的主体性和创新性得到了更多的关注和培养。传统的教育模式往往以教师为中心，注重知识的灌输和传授。而在自媒体环境下，学生可以更加主动地获取信息和知识，教师则需要更多地扮演引导者和辅导者的角色。这种转变不仅提高了学生的学习积极性和主动性，还培养了他们的批判性思维和独立思考能力。教师可以通过自媒体平台与学生进行实时互动交流，解答学生的疑问，引导学生深入思考。学生也可以通过自媒体平台表达自己的观点和看法，与教师和其他同学进行互动交流。这种深度互动和参与不仅增强了学生的学习兴趣和积极性，还有助于培养他们的团队协作能力和创新精神。通过自媒体平台上的互动交流，学生可以更加深入地了解社会现实和热点问题，形成自己的见解和判断，从而更加积极地参与到社会实践中去。

（3）推动教育内容与形式的创新升级

在自媒体环境下，学生的个性化需求得到了更多关注和满足。传统的思想政治教育往往以文字为主，形式单一，难以吸引学生的注意力。而自媒体平台则提供了文字、图片、视频等多种形式的内容呈现方式，使得教育内容更加生动有趣，更加符合现代学生的学习习惯。教师可以通过自媒体平台发布多样化的教育内容，包括时事热点、历史文化、社会现象等。这些内容不仅会扩展学生的知识面，还会满足他们的个性化需求。教师还可以利用自媒体平台的优势，开发互动式和情境式教学。通过模拟现实场景、角色扮演等方式，增强学生的学习体验和感受。这种创新升级的教育内容与形式不仅会提高学生的学习兴趣和积极性，还将培养他们的实践能力和创新精神。

## 二、研究意义

### （一）理论意义

自媒体环境下高校思想政治教育理论研究意义不仅体现在对既有理论的丰富与拓展上，更在于对现代思想政治教育体系的完善与创新。

**1. 丰富了思想政治教育载体理论**

传统的思想政治教育载体主要包括管理载体、活动载体、文化载体以及大众传播载体等。随着自媒体的兴起，这一新兴媒体形态逐渐成为思想政治教育的重要载体之一。自媒体以其即时性、交互性、广泛性等特点，打破了传统载体的时空限制，使得思想政治教育内容能够更快速、更广泛地传播。研究自媒体环境下高校思想政治教育的特点与规律，探索自媒体作为思想政治教育新载体的可行性与有效性，无疑是对思想政治教育载体理论的丰富与发展。这不仅拓宽了思想政治教育的传播渠道，还增强了思想政治教育的吸引力和感染力，使得思想政治教育更加贴近学生实际，更加符合时代需求。

**2. 完善了高校网络思想政治教育理论体系**

随着互联网技术的普及和应用，网络思想政治教育已成为高校思想政治教育的重要组成部分。自媒体作为网络空间中的重要力量，其在高校思想政治教育中的作用日益凸显。研究自媒体环境下高校思想政治教育的理论与实践，有助于完善高校网络思想政治教育理论体系。一方面，通过深入分析自媒体环境下学生的信息接收习惯、心理特征和行为模式，可以为网络思想政治教育提供更加精准的策略和方法；另一方面，通过总结自媒体在思想政治教育中的成功经验与不足之处，可以为网络思想政治教育理论体系的优化提供有力支撑。这种完善不仅提升了高校网络思想政治教育的科学性和实效性，还促进了网络思想政治教育与传统思想政治教育的有机融合，形成了优势互补、相互促进的良好局面。

### 3. 推动了思想政治教育方法论的创新与发展

自媒体环境的复杂性和多变性对思想政治教育方法论提出了更高要求，而自媒体环境下的思想政治教育则更加注重互动性、参与性和体验性，因此传统的灌输式、说教式教育方法已难以满足现代学生的需求。研究自媒体环境下高校思想政治教育的方法论创新，有助于推动思想政治教育方法论的整体进步。一方面，通过引入自媒体技术手段，如在线讨论、直播授课、短视频教学等，可以丰富思想政治教育的表现形式，激发学生的学习兴趣和积极性；另一方面，通过探索自媒体环境下的新型师生互动模式，如建立网络社群、开展线上答疑等，可以增强师生之间的沟通与理解，提升思想政治教育的针对性和实效性。这种方法论的创新不仅提高了思想政治教育的质量和效果，还为未来思想政治教育的发展提供了新思路和新方向。

## （二）实践意义

### 1. 创新高校思想政治教育的方式与手段

自媒体以其独特的传播方式和广泛的影响力，为高校思想政治教育提供了新的方式与手段。传统的思想政治教育往往依赖于课堂讲授、教材阅读等方式，而在自媒体环境下，教师可以通过微博、微信、短视频等自媒体平台，以更加生动、直观的方式呈现教育内容，吸引学生的注意力，提高他们的学习兴趣。自媒体平台的交互性特点也使得学生可以随时随地与教师进行互动交流，这种即时性和便捷性不仅增强了教育的时效性，还使得思想政治教育能够更加灵活地应对学生的实际需求，实现个性化教育。

### 2. 增强高校思想政治教育的实效性与针对性

自媒体环境下，信息传播的速度和广度都达到了前所未有的水平，这为增强高校思想政治教育的实效性与针对性提供了有力支持。通过自媒体平台，教师可以及时了解到社会热点、学生关注点等信息，从而更加准确地把握学生的思想动态和需求，有针对性地开展教育活动。自媒体平台的数据分析功能也可以帮助教师了解学生的学习情况和反馈，及时调整教学策略和方法，提高教育的实效性。

**3. 促进高校思想政治教育与现实社会的紧密连接**

自媒体不仅是信息传播的平台，更是社会舆论、公众情绪的重要反映渠道。在自媒体环境下，各种社会事件、热点问题能够迅速传播并引发广泛讨论。这种特性使得自媒体成为连接高校思想政治教育与现实社会的重要桥梁。自媒体环境下的高校思想政治教育研究的开展可以促进教育与现实社会的紧密连接。通过自媒体平台，教师可以及时将社会上的热点事件、重要议题引入课堂，引导学生进行深入思考和讨论。这不仅能够增强学生对社会现实的认知和理解，还能够培养他们的问题意识和批判性思维能力。同时，学生也可以通过自媒体平台参与到社会实践中去，将所学的理论知识应用于实际问题的解决中，实现理论与实践的有机结合。因此，研究自媒体环境下的高校思想政治教育，有助于打破传统教育的封闭性，推动教育与社会的深度融合。这种融合不仅能够提升教育的针对性和实效性，还能够培养学生的社会责任感和公民意识，使他们更好地适应社会发展的需求。

## 第二节　研究的思路与方法

### 一、研究思路

本书的研究思路主要围绕自媒体环境对高校思想政治教育的影响及应对策略展开：概述自媒体环境下高校思想政治教育的背景与意义，明确研究的重要性和紧迫性；系统梳理自媒体的形成与发展，包括其含义、特征、发展现状与趋势，以及自媒体环境的主要特征，为后续研究提供理论支撑；深入解读高校思想政治教育的基本理论，包括其内涵、原则、特点、过程与规律，以及内容与功能，为探讨自媒体环境下的高校思想政治教育提供理论基础。

针对自媒体环境下高校思想政治教育的路径探索，本书将从教育者形象塑造、教育对象思维方式培养、教育方法创新以及媒介合力构建等方面提出具体策略。同时，将研究自媒体环境下高校思想政治理论课的建设和教学模式的创新，包括"大思政课"建设、中国传统文化中大运河文化融入实践教学以及地方红色文化融入教学等，以丰富和完善自媒体环境下的高校思想政治教育体系。

在自媒体时代高校思想政治教育的创新优化方面，本书聚焦探讨创新的理论依据、原则，构建自媒体时代的思想政治理论课教学考评体系，依托自媒体创新高校校园行为文化，重塑自媒体环境下高校思想政治教育的话语，以及优化自媒体环境下高校思想政治教育的内容结构与资源整合。

最后，本书还关注高校思想政治教育中新媒介素养的培养，包括自媒体时代提升媒介素养的紧迫性、辅导员队伍思想政治理论素养与媒介素养的培养与提升，以及高校思想政治教育受教者媒介素养的培养，以期为自媒体环境下高校思想政治教育的有效实施提供有力的人才保障。

## 二、研究方法的选择

正确、科学的研究方法的选用能够对研究进程起到事半功倍的作用，反之则会影响研究的顺利、高效开展。可以说，研究内容与研究方法是相辅相成、相互促进的关系。正是出于对深入、高效研究的思考，本书注重多种研究方法的综合运用，以确保本书在研究阐述过程中能够具有较强的学理性、科学性、逻辑性和严谨性。

### （一）文献研究法

任何学术研究的开展，如果没有对文献资料的广泛搜集、有序整理、充分消化和彻底吸收，都是不可能顺利完成的。事实上，唯有站在前辈的肩膀上，我们才能看得更远、看得更清楚。正因如此，文献研究法也常常被作为基本研究方法来使用。在本书的研究中，笔者也十分注重对文献资料的合理使用，以期形成对研究内容的科学认知和准确把握。为此，本书搜集、积累、查阅大量国内外专著、论文、报刊、报告等资料，根据实际研究需要对其进行鉴别、判断，进而归纳、整理并形成了关于"自媒体""高校思想政治教育"的系统研究资料，以期为深入分析自媒体环境下的高校思想政治教育搭建文献资源库。

### （二）历史分析法

季羡林先生曾经说过："看待一切问题，都要有历史眼光。"对社会发展问题的研究与探索，需要我们具备历史的眼光和历史的思维。历史分析法是将研究对象放在一定的历史背景和环境之中，运用历史思维加以考察、分析和研究的一种方法。作为新时代的高校思想政治教育者，对自媒体的产生、现状和未来发展作出历史性思考与研究，并作出规律性阐释，有利于我们准确把握和有效开展高校思想政治教育实践活动。同时，思想政治教育本身就是在一定的社会历史条件之下产生的，有着独特的发展历程和发展规律，因此，运用历史分析法分析高校思想政治教育现象在自媒体环境下的发展状况不仅是出于理论研究的客观需要，更是我们分析历史现象时必须遵循的客观规律。此外，运用历史分析法进行研究，还有利于推动高校思想政治教育与时俱进、创新发展，有利于增强自媒体环境下高校思想政治教育的实效性。

### （三）比较分析法

比较分析法是本书进行深入研究的另一种重要方法。在比较中，我们更能发现问题、发现规律，也更能找出创新点与突破口。本书在掌握大量文献资料的基础上，将对近年来学术界关于自媒体研究的各种代表性观点进行系统梳理和纵向比较。这一方法的选用不仅有益于我们清晰认识和掌握关于自媒体环境中高校思想政治教育的研究现状，而且有益于我们在比较中甄别出更加实用、更加高效的路径与方法。

# 第三节　研究的重难点与创新之处

## 一、研究重点与难点

### （一）研究重点

本节的研究重点在于深入分析自媒体环境下高校思想政治教育各要素所呈现的新变化，并探究这些新变化背后的产生原因。这一研究不仅具有挑战性，更是提出正确、有效教育对策的关键所在。为此，本节采用个人访谈、文献研究等实践与理论相结合的方法，系统归纳总结高校思想政治教育要素的新变化。同时，尝试从经济学、传播学、心理学、教育学、神经学等多学科视角，对这些变化产生的根源进行细致深入的剖析，旨在为高校思想政治教育路径的创新寻找突破口，进而提升其在自媒体环境中的实效性和针对性。

### （二）研究难点

本节的研究目标是在自媒体这一新型媒介空间中，探寻并构建高校思想政治教育的新途径。这既是本书的另一研究重点，也是难点所在。从更深远的意义上讲，路径问题不仅是本书的研究起点，更是研究的归宿。因为本书的所有研究都是为了给高校思想政治教育活动的顺利开展提供坚实的理论依据和实践指导。因此，关于路径问题，本节将进行深入研究和详尽阐释。在此之前，对自媒体概念、自媒体特征以及自媒体环境特征的考察，对高校思想政治教育的教育者、教育对象、教育内容、教育方法、教育载体等要素的分析，都是为了给这一核心问题的解决提供理论指导和切入点。最终，所有的努力都聚焦于提升高校思想政治教育在自媒体环境下的实效性和针对性。

## 二、创新点

### （一）自媒体环境下大学生群体的新特征探索

本节致力于从大学生社交方式、阅读方式、思维方式、话语方式等多维度入手，深入探讨自媒体环境下大学生群体的基本特征，这是本书的一大创新点。

自互联网诞生以来，关于大学生群体特征的讨论便层出不穷，学者们从不同视角出发，发表了诸多研究成果。然而，这些研究大多聚焦于大学生对新事物的热衷、价值观易受外界影响、海量信息中的真伪难辨等宏观层面，或是对某一特定高校大学生进行量化分析，得出其基本特征。

本书在此基础上，更加注重微观、深入的分析。具体而言，本书从社交方式、阅读方式、思维方式、话语方式等细微之处着手，深入解读自媒体及其环境给大学生群体带来的心理、生理等层面的变化。通过这样全面而深入的分析，为高校提供更加具体、高效、有针对性的思想政治教育实践活动理论依据和实用建议，帮助高校更好地适应自媒体环境，提升教育效果。

**（二）自媒体环境下高校思想政治教育对象的思维方式培育新视角**

本节从高校思想政治教育对象思维方式的培育视角进行分析，这是本书的另一个重要创新点。以往关于如何在自媒体环境中开展高校思想政治教育的研究，往往侧重于内容、方法、载体等方面的探讨，而对于思维方式的关注则相对较少。

本书试图突破这一研究定式，从高校思想政治教育对象的思维方式塑造入手进行深入研究。力图厘清在自媒体环境中，哪些思维方式是需要进行转变和调整的，哪些思维方式是需要规避的，以及哪些思维方式是需要创新的。通过这样的分析，为处于自媒体媒介空间中的高校思想政治教育活动提供一个全新的探索视角，从而为有效开展高校思想政治教育实践活动提供助力。本书期望通过这一创新性的研究，推动高校思想政治教育在自媒体环境中实现更好的发展。

# 第二章
## 自媒体的形成与发展

CHAPTER 2

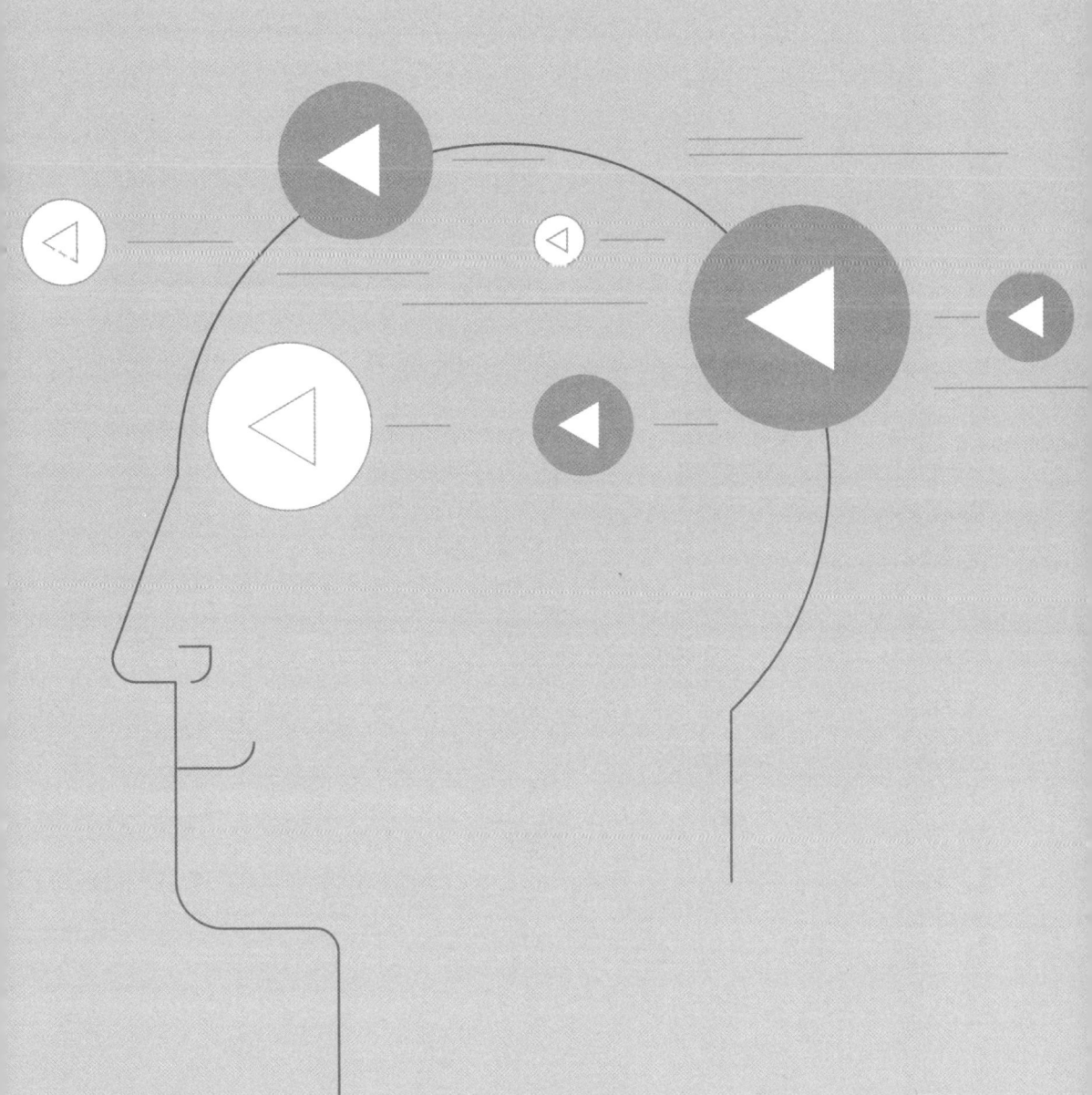

# 第一节　自媒体的含义与特征

## 一、自媒体的基本概念

### （一）自媒体的语源与定义

"自媒体"这一概念最早起源于美国，其提出者是美国学者 Dale A. Bracken，时间在 1999 年。他当时预见到，随着互联网技术的不断革新与发展，传统媒体的垄断地位将面临前所未有的挑战，个体将有机会和能力发布信息，从而形成一个以个人为中心的传播网络。这种新型的传播模式强调了信息的去中心化和个体的发声权利。在我国，自媒体这一概念逐渐受到广泛关注并被大众所熟知。它主要指在网络平台上，个人或组织利用先进的数字技术，自主地进行内容的创作、编辑和发布，形成了一种与传统媒体截然不同的新型传播方式。

### （二）自媒体与传统媒体的区别

**1. 传播渠道与覆盖范围**

传统媒体，如报纸、电视和广播，其信息传播依赖于固定的物理渠道，这些渠道往往有着明确的受众群体和覆盖范围，受到时空限制较大。报纸通过印刷和发行传递信息，电视依靠固定的节目表和频道，而广播则通过无线电波进行传播。相比之下，自媒体主要依托于互联网平台，如社交媒体、博客、短视频平台等，通过互联网进行信息传播。自媒体的传播渠道更加多样化，不仅限于文字，还包括图片、音频、视频等多种形式，能够满足不同受众的信息需求。更重要的是，自媒体能够跨越地理和时间的限制，实现全球范围内的即时传播。无论是在城市还是农村，只要有互联网连接，人们就能随时随地接收到自媒体的信息。

**2. 内容制作与发布机制**

传统媒体的内容制作流程严格，依赖于专业团队进行采编、审核和发布，这一机制确保了信息的真实性和权威性。从选题到采访，再到编辑和发布，每一个环节都经过精心策划和严格把关，以保证所传递的信息准确无误，具有公信力。相比之下，自媒体的内容制作则展现出更大的灵活性和多样性。自媒体的内容多由个人或小团队自主完成，他们可以根据自己的兴趣、专长或社会需求快速制作并发布内容。这种灵活的发布机制使得自媒体能够更快地响应社会热点和事件，提供更加及时的信息服务。然而，这种灵活性也可能导致信息真实性和权威性的参差不齐。由于缺乏像传统媒体那样的严格审核机制，自媒体上的信息有时可能存在误导或不准确的情况。

### 3. 互动性与受众参与

传统媒体与受众的互动相对有限，其传播模式主要是单向的，受众主要是被动接收信息，缺乏即时的反馈和参与机会。报纸的读者无法直接与作者交流，电视观众和广播听众也通常只能被动地接受节目内容，难以实时表达个人意见或需求。相比之下，自媒体则提供了更多的互动机会。在自媒体平台上，受众不再只是信息的接收者，他们可以通过评论、点赞、分享等方式与内容生产者进行即时互动，表达自己的观点和意见。这种互动性极大地增强了受众的参与感和体验感，使他们更加积极地参与到信息传播和交流中来。同时，这种互动性也使得自媒体能够更加准确地了解受众的需求和反馈，从而根据受众的喜好和需求调整内容策略，提供更加个性化的内容服务。

### 4. 受众特点与个性化服务

传统媒体的受众基础广泛，但其受众群体相对固定，这使得传统媒体在针对不同受众提供个性化内容服务方面面临挑战。相比之下，自媒体的受众群体更加多样化，展现出更强的个性化特点。自媒体借助数据分析和算法推荐等先进技术，能够精准地定位不同受众群体的需求和兴趣，进而提供个性化的内容服务。这种个性化的服务方式不仅增强了自媒体的吸引力，也使其在留住受众方面具有显著优势。通过深入了解受众的偏好和需求，自媒体能够不断优化内容策略，提供更加贴近受众期望的信息服务。同时，自媒体的这种个性化服务方式也使其能够更好地满足受众的多元化需求，为受众带来更加丰富和多样的信息服务体验。

### （三）自媒体在现代社会的作用

#### 1. 信息传播与共享的新渠道

自媒体以其独特的传播方式和广泛的覆盖范围，成为现代社会信息传播和共享的重要渠道。它打破了传统媒体对信息的垄断，使得个人和组织能够绕过传统的信息门槛，直接面对广大受众进行信息传播。无论是突发事件、社会热点还是专业知识，自媒体都能迅速地将信息传播开来，实现信息的快速共享。这种传播方式极大地丰富了信息来源，使得人们能够更加方便地了解社会动态、获取所需知识。同时，自媒体也促进了信息的流通和交流，不同观点、不同文化、不同领域的信息在自媒体平台上交汇碰撞，形成了多元化的信息生态。这种多元化的信息生态不仅增强了社会的透明度和公开性，也使得人们能够更加全面地了解社会、认识世界。

#### 2. 个人价值实现与创业创新平台

自媒体为个体提供了一个广阔的舞台，使他们能够充分展示自己、发挥才华并实现自我价值。在这个平台上，人们不再受限于传统媒体或机构的框架，而是可以依靠自己的能力和努力，独立地展现个人魅力并创造价值。自媒体赋予了个体自由表达观点、分享经验和展示才华的权利，使他们有机会吸引粉丝、积累影响力，进而在社会中获得更多的认可和机会。此外，自媒体也为创业者开辟了新的商机。他们可以利用自媒体平台作为宣传品牌、吸引客户和提高知名度的有效渠道，通过精准定位和创意营销，实现商业上的成功。

#### 3. 社会影响力与公共参与的新工具

自媒体人通过发布有价值的内容，能够吸引并积累大量的粉丝，逐渐建立起自己的影响力。这种影响力使得自媒体人在社会话题和公共讨论中能够发挥重要作用，他们的声音往往能够引起公众的广泛关注和讨论。通过自媒体平台，他们可以就社会热点问题发表自己的观点和看法，引导公众舆论的走向，推动社会进步和变革。同时，自媒体也极大地促进了公众的参与和表达。在自媒体平台上，每个人都有机会发表自己的意见和看法，参与到社会事务的讨论中来。

这种广泛的参与和表达为社会的民主化进程提供了有力的支持，使得公众的声音能够更加直接地传达给决策者和社会各界。

4. 品牌营销与推广的新阵地

对于企业而言，自媒体已逐渐演变为一种重要的品牌营销和推广渠道。通过自媒体平台，企业能够跨越传统媒介的限制，更加直接地与消费者进行互动和交流。这种直接的沟通方式使企业能够深入了解消费者的需求和反馈，进而实施更加精准的产品推广和品牌营销策略。与此同时，自媒体平台相较于传统媒体，具有更低的营销成本和更高的传播效果。企业无须投入巨额的广告费用，便能在自媒体平台上实现广泛的品牌曝光和市场拓展。这种成本效益的优势，使得自媒体成为企业品牌推广和市场拓展的高效工具。

## 二、自媒体的主要类型

### （一）个人博客

个人博客，作为自媒体的一种早期形态，起源于互联网刚刚兴起的时代。它迅速成为个人在网络空间中表达思想、分享资讯的重要平台。与传统媒体相比，个人博客具有较强的个性化和专业性。博主们可以根据自己的兴趣爱好或者所擅长的专业领域，自由地撰写并发布相关文章，无须受到传统媒体的限制和约束。这种自由度和灵活性使得个人博客能够涵盖极其广泛的主题和内容，从日常生活琐事到专业领域的深度探讨，无所不包。同时，个人博客也为博主与其他网民提供了互动交流的空间。读者可以通过评论、留言等方式与博主进行即时的沟通和交流，分享彼此的观点和看法。

### （二）微信公众号

微信公众号作为近年来迅速崛起的一种自媒体形式，其依托微信这一用户群体庞大的平台，展现出了极高的传播效率和广泛的影响力。公众号主要分为订阅号和服务号两大类，它们都能够向用户提供丰富多样的内容形式，包括文字、图片、语音以及视频等，充分满足了用户对于多元化信息的需求。与此同时，微信公众号还具备强大的互动功能，使得用户与内容生产者之间能够进行即时的交流和反馈，极大地增强了用户的参与感和黏性。通过微信公众号，内容生产者可以更加直接地触达目标受众，实现精准的信息传播和品牌推广。

**（三）微博**

微博作为一种基于用户关系进行信息分享、传播和获取的社交媒体平台，以其独特的传播方式和广泛的覆盖范围，在自媒体领域占据着重要地位。用户可以通过发布140字以内的短文，实现信息的快速传播，与其他用户进行实时互动。这种简短的发文形式，既方便用户快速阅读，也便于信息的快速扩散。微博的传播速度极快，一条信息可以在短时间内被大量用户转发和评论，形成强大的舆论场。同时，微博的覆盖范围也非常广泛，无论是明星、政要还是普通网民，都可以通过微博平台发声，传播自己的观点和看法。

**（四）短视频平台**

短视频平台如抖音、快手等，近年来凭借其轻松有趣的内容形式和便捷的互动方式，吸引了大量用户的关注和使用。这些平台以15秒至几分钟的短视频为主，内容涵盖了娱乐、生活、知识等多个领域，丰富多样，充分满足了用户在碎片化时间内获取信息、娱乐放松的需求。短视频以其独特的魅力和广泛的受众基础，成为当下最受欢迎的自媒体形式之一。同时，短视频平台也为自媒体创作者提供了广阔的舞台，使他们有机会展示自己的才华、吸引粉丝并实现赢利。

**（五）直播平台**

直播平台如斗鱼、虎牙等，为用户提供了一个实时观看、参与各种活动的全新平台。这些平台上的直播内容涵盖了游戏、教育、娱乐、电商等多个领域，满足了用户多样化的需求。自媒体人在直播平台上可以找到属于自己的舞台，通过直播展示自己的才艺、分享专业知识或进行产品推广。他们可以与观众进行实时的互动交流，增强粉丝的参与感和忠诚度。同时，直播平台也为自媒体人提供了变现的机会，通过直播打赏、广告合作、电商带货等方式，自媒体人可以实现内容的商业化，获得经济回报。

## 三、自媒体的内容特征

### （一）个性化内容

自媒体时代的到来，让每个个体都有了成为信息发布者的可能，这使得内容呈现出了鲜明的个性化特征。在这个平台上，人们可以自由地分享自己的观点、经验、技能等，使得信息变得更加多元化和丰富。这种个性化的内容不仅能够满足受众的多样化需求，让他们在众多信息中找到与自己兴趣相投的内容，同时也为自媒体创作者提供了展示自我、积累粉丝的宝贵机会。通过持续创作和分享个性化的内容，自媒体创作者可以逐渐建立起自己的品牌形象，吸引更多粉丝的关注和支持。

### （二）互动性特点

与传统的单向传播方式不同，自媒体具有很强的互动性。在自媒体平台上，用户不再只是被动地接受信息，他们可以积极地参与到内容的浏览、评论和点赞中来。这种互动性为用户提供了更多的参与机会，使他们能够直接表达自己的观点和意见。同时，用户还可以与内容的创作者进行实时互动，通过私信、留言等方式进行交流，进一步增强了用户与创作者之间的联系。更有甚者，一些自媒体平台还允许用户参与到内容的创作和传播过程中，使用户成为内容生产的一部分。这种双向互动的特点，使得自媒体平台形成了一个活跃的社交氛围。

### （三）时效性表现

借助移动互联网技术，自媒体创作者可以不受时间和地点限制，随时随地发布信息，确保用户能在第一时间获取到最新的资讯。这种高时效性的特点，使得自媒体在传播突发事件、热点话题等方面展现出了明显的优势。相比于传统媒体，自媒体能够更快地响应并报道事件，满足用户对于即时信息的需求。在突发事件发生时，自媒体往往能够成为第一手信息的来源，为用户提供及时、准确的现场报道。同时，在热点话题的讨论和传播中，自媒体也能够迅速聚集用户关注和参与，推动话题的深入和广泛传播。

### （四）多样化的表达形式

自媒体平台为创作者提供了丰富多样的表达手段，其中包括了文字、图片、音频、视频等多种形式。这种多样化的表达形式，使得自媒体内容更加丰富多彩，更具吸引力，能够满足不同用户的需求和偏好。有的用户喜欢通过阅读文字来获取信息，有的用户则更倾向于通过观看视频或听取音频来了解内容。自媒体平台能够兼顾这些不同的需求，为创作者提供广阔的创作空间。同时，创作者也可以根据自己的特长和内容特点，选择最合适的表达方式，以达到最佳的传播效果。例如，擅长文字表达的创作者可以选择撰写文章或博客，而善于视频制作的创作者则可以通过发布短视频或直播来吸引观众。

### （五）用户生成内容的特点

自媒体时代，用户的角色发生了显著变化，他们不再只是被动的信息接收者，而是可以主动地参与到内容的生成和传播中。这种用户生成内容的特点，为自媒体平台带来了丰富的内容多样性，使得信息更加贴近用户的真实需求和兴趣。同时，用户生成内容也为自媒体创作者提供了源源不断的创意来源，激发他们创作出更多新颖、有趣的内容。在这个过程中，用户与创作者之间的互动变得尤为重要。用户的反馈和参与不仅让内容更具活力和吸引力，也进一步增强了内容的传播力。这种互动式的参与模式，使得自媒体内容能够精准地触达目标受众，实现更广泛的传播和影响。

## 四、自媒体的技术基础

### （一）移动互联网技术

随着智能手机的普及和移动互联网技术的不断进步，人们如今可以随时随地获取和发布信息，这为自媒体提供了广泛的用户基础和便捷的传播渠道。移动互联网技术不仅使得自媒体信息传播速度更快，而且范围也更广，几乎覆盖了每一个拥有智能手机的用户。无论是在家中、办公室还是公共场所，用户都可以利用碎片化的时间进行阅读和互动，这极大地提升了自媒体的影响力和传播效果。同时，移动互联网技术还为自媒体提供了更多的创新可能，如短视频、直播等新型传播形式的出现，都为自媒体的发展注入了新的活力。

### （二）云计算技术

云计算技术为自媒体提供了强大的数据存储和处理能力，成为自媒体发展的重要支撑。自媒体平台上的海量内容需要庞大的存储空间来支持，而云计算技术通过弹性扩展存储资源，满足了自媒体平台不断增长的数据需求。这使得自媒体平台能够高效地存储和管理大量的文字、图片、视频等内容，为用户提供丰富多样的信息服务。同时，云计算技术还提供了高效的数据处理能力，为自媒体平台的内容推荐、数据分析等提供了有力支持。通过云计算技术，自媒体平台可以对用户行为、内容消费等数据进行深入分析，从而精准地推荐用户感兴趣的内容，提升用户体验。

### （三）大数据技术

通过对用户行为、兴趣偏好等数据的深入挖掘和分析，自媒体平台能够精准地实现内容推荐和广告投放，从而显著提升用户体验。这种精准化的内容推送机制确保了用户能够接收到与其兴趣高度匹配的信息，增强了用户对平台的黏性和满意度。同时，大数据技术还为自媒体从业者提供了宝贵的行业趋势洞察。通过对海量数据的分析，从业者能够清晰地了解市场动态、用户需求以及竞争对手的状况，为内容创作和运营策略的制定提供了坚实的数据支持。这种基于数据的决策方式使得自媒体能够更加科学地规划内容方向，优化运营策略，从而在激烈的市场竞争中脱颖而出。

### （四）人工智能技术

人工智能技术在自媒体领域的应用日益广泛，为自媒体内容的生产、审核、分发等环节带来了显著的智能化提升。自然语言处理、图像识别、语音识别等技术的运用，使得自媒体平台能够更高效地处理和理解各种形式的内容，从而提高了内容的质量和传播效率。通过自然语言处理技术，自媒体平台可以对文本内容进行深入分析，实现精准的内容分类和标签生成。图像识别和语音识别技术则让平台能够更好地处理图片、视频和音频内容，为用户提供更丰富多样的信息体验。此外，人工智能技术还可以实现个性化推荐，根据用户的兴趣和行为习惯，为他们推送最相关的内容，满足用户多样化的需求。

### （五）区块链技术

区块链技术为自媒体行业注入了新的活力，带来了深刻的变革。首先，通过其去中心化的特点，区块链技术为自媒体内容的真实性和版权保护提供了强有力的保障。在区块链上，每一条内容都被唯一标识并永久记录，难以被窜改或删除，这有效防止了内容的抄袭和窜改，维护了原创者的权益。其次，区块链技术还能够优化自媒体平台的价值传递机制。利用智能合约等技术，区块链可以实现内容创作者与用户之间更加公平、透明的收益分配。内容创作者可以直接通过区块链平台获得用户的打赏、订阅等收入，减少了中间环节的抽成，提高了创作者的收益。

## 五、自媒体的传播机制

### （一）社交网络传播

微信、微博等社交平台，以其广泛的用户基础和便捷的传播方式，成为人们分享信息、交流观点的首选工具。通过这些平台，信息能够迅速传递给朋友、家人和关注者，形成一个庞大的信息传播网络。这种传播方式具有很强的互动性，用户不再只是被动地接受信息，而是可以通过转发、评论、点赞等行为积极地参与到内容的传播过程中。这种参与不仅增强了用户与信息之间的互动，还进一步扩大了信息的影响力。一条有趣或有价值的信息，很可能在用户的转发和评论中迅速走红，引发更广泛的关注和讨论。因此，在自媒体时代，社交网络作为信息传播的重要渠道，不仅加速了信息的流通，还增强了信息的互动性和影响力，为信息的传播和交流提供了全新的平台和可能性。

### （二）口碑传播

在自媒体时代，内容的认可与用户的推荐成为信息传播的关键驱动力。口碑传播的核心在于用户之间的信任关系，它构建了一种基于个体认可和社交网络的传播机制。当用户发现某个内容具有价值或吸引力时，他们往往会自发地将这一内容推荐给周围的朋友、家人或社交媒体上的关注者。这种基于个人信任和亲身体验的推荐，极大地促进了信息的扩散和渗透。相较于传统的广告推广，口碑传播因其真实性和可信度而拥有更高的转化率。它不仅能够迅速扩大内容的影响力，还能够帮助真正优质的内容在众多信息中脱颖而出，获得更广泛的关注和认可。

（三）病毒式传播

病毒式传播是一种强大的内容传播方式，其特点在于内容在短时间内能够迅速扩散，形成一种现象级的传播效果。这种传播方式的成功往往依赖于内容本身的独特创意和高度趣味性，它们能够深深吸引用户的注意力，激发用户的共鸣和分享欲望。当内容能够触动用户的心弦，引发他们的情感共鸣时，用户就会自发地成为传播者，将内容分享给自己的社交网络，从而进一步推动内容的广泛传播。病毒式传播的影响力是惊人的，一旦内容被广泛传播开来，其传播速度和范围将呈现出指数级的增长趋势。这种传播方式不仅能够迅速提升内容的知名度和影响力，还能够带动相关话题的讨论和热度，形成一种社会现象。

（四）精准推送

在自媒体时代，大数据与人工智能技术的融合为内容的精准推送开辟了新路径。这些先进技术使得自媒体平台能够深度分析用户的行为模式、兴趣爱好以及消费习惯等多维度数据，从而构建起精细化的用户画像。基于这些深度洞察，平台能够智能地为用户推荐与其高度相关且感兴趣的内容，实现个性化的信息传播。这种精准推送机制不仅显著提升了用户的阅读体验，使其能够在海量信息中快速找到符合自身需求的内容，同时也极大地提高了内容传播的效率。内容创作者和分发者能够更有针对性地触达目标受众，减少无效传播，确保优质内容能够更高效地抵达感兴趣的用户群体。

（五）跨平台传播

自媒体时代，内容创作者的活动空间得到了极大拓展，他们不再局限于单一平台进行内容的发布和传播，而是充分利用多个平台进行跨平台传播。这种策略有助于创作者扩大受众范围，因为不同的平台吸引着各具特色的用户群体，跨平台传播能够让内容触达更广泛、更多样的受众，从而提高内容的曝光度和影响力。同时，不同平台之间的互动和引流机制也为自媒体内容的传播增添了活力。当一个平台上的内容受到用户喜爱和分享时，它可以迅速引流到其他平台，引发更多用户的关注和讨论。这种跨平台的互动效应不仅增强了内容的传播力度，还促进了不同平台用户之间的交流和互动，形成了更加活跃和多元的传播生态。

## 第二节　自媒体的发展现状与发展趋势

### 一、自媒体发展现状

#### （一）自媒体用户规模与活跃度

近年来，自媒体用户规模持续扩大，活跃度不断攀升，这一现象背后有多重因素的推动。移动互联网的普及无疑是一个重要的驱动力，随着智能手机和平板电脑的广泛应用，人们可以随时随地地访问互联网，这为自媒体的发展提供了广阔的空间。无论是在家中、办公室还是公共场所，只要有网络覆盖，人们就可以轻松地浏览、发布和分享自媒体内容。智能设备的普及也为自媒体用户规模的扩大做出了贡献，如今，智能手机已经成为人们日常生活中必不可少的工具，它不仅提供了通话和短信功能，还集成了各种社交媒体和自媒体应用。人们可以通过手机拍摄照片、录制视频，并即时上传到自媒体平台，与世界各地的用户分享自己的生活点滴和见解。这种便捷性极大地激发了人们的创作热情和分享欲望，进一步推动了自媒体用户规模的扩大。与此同时，自媒体平台也在不断优化用户体验，吸引更多用户加入。它们提供了丰富多样的内容创作工具和编辑功能，使得用户可以轻松创作出高质量的内容，并通过算法推荐和个性化定制等方式，将内容精准地推送给感兴趣的用户。这种个性化的用户体验让自媒体平台更加吸引人，也进一步促进了用户规模和活跃度的增长。此外，社会对自媒体内容的认可和需求也是推动自媒体用户规模扩大的重要因素。在当今信息爆炸的时代，人们越来越依赖自媒体来获取新鲜、有趣、有用的内容。

自媒体成为人们了解时事、学习知识、娱乐休闲的重要渠道，其用户规模和活跃度也因此而不断攀升。

### （二）自媒体内容形式与多样性

自媒体多元化的内容格局为用户提供了广阔的选择空间，使他们能够根据个人喜好和需求，自由选择最适合自己的内容形式进行创作与分享。文字以其深厚的表达力和无限的想象空间，依然是自媒体内容的重要组成部分；图片则以其直观、生动的特点，成为吸引用户眼球的有效手段；音频内容让用户在忙碌的生活中也能轻松获取信息，享受听觉的盛宴；而视频内容则以其丰富的表现力和强烈的沉浸感，为用户带来全新的观看体验。与此同时，自媒体平台也在不断创新与升级，不断推出新的内容创作工具和编辑功能。这些工具和功能的出现，极大地降低了内容创作的门槛，使得即使是没有专业背景的用户也能轻松创作出高质量的内容。无论是简单易用的编辑界面，还是丰富多样的特效和滤镜，都让自媒体内容的创作变得更加便捷和有趣。用户可以利用这些工具进行图片的裁剪、调色，音频的剪辑、混音，视频的剪辑、特效添加等操作，从而创作出更加专业、更具吸引力的内容。此外，自媒体平台还通过算法推荐和个性化定制等方式，帮助用户更好地发现和分享自己感兴趣的内容。这种智能化的内容分发机制，不仅提高了内容的传播效率，也使得用户能够更加方便地获取到符合自己口味的内容。

### （三）自媒体商业化进程与赢利模式

随着自媒体的发展，其商业化进程也在不断加速，展现出多样化的赢利模式和巨大的市场潜力。越来越多的自媒体开始尝试通过广告合作实现赢利，他们与品牌商合作，发布带有广告内容的文章、视频或直播，从中获取广告费用。同时，电商也成为自媒体赢利的重要途径，一些自媒体通过开设网店或推广商品链接，将流量转化为购买力，实现商品销售收益。此外，付费阅读也成为一种新兴的赢利模式，自媒体创作者可以提供独家内容或深度报道，吸引用户付费阅读，从而获得更多收入。除了传统的赢利模式，一些自媒体平台也开始探索新的赢利方式。内容付费模式逐渐受到关注，用户需要支付一定费用才能访问特定内容或享受更优质的服务。这种模式的出现，为自媒体创作者提供了更多收益来源，也鼓励了他们创作更高质量的内容。同时，会员制度也被一些自媒体平台所采用，用户可以通过支付会员费享受更多特权和专属内容，这种制度不仅增加了用户黏性，也为自媒体创作者带来了稳定的收入来源。在商业化进程中，自媒体创作者和平台也在不断尝试和创新，寻找更适合自己的赢利模式。他们关注用户需求和市场变化，灵活调整策略，以实现可持续发展。同时，他们也注重与品牌商、电商平台等合作伙伴的紧密合作，共同打造良好的商业生态。

### （四）自媒体对社会的影响与变革

在自媒体时代，信息的传播速度和广度都得到了极大的提升，人们不再依赖于传统的新闻媒体或官方渠道来获取信息，而是可以通过自媒体平台随时随地地获取各种新鲜、多样的内容。这种变化使得信息的获取变得更加便捷和高效，人们可以更快地了解到世界各地的事件和动态。同时，自媒体也改变了人们的交流方式。传统的交流方式往往受限于时间和空间，而自媒体打破了这些限制，使得人们可以通过文字、图片、音频、视频等多种形式进行即时交流。无论是朋友之间的闲聊，还是公众人物的言论，都可以通过自媒体平台迅速传播，引发广泛的关注和讨论。这种交流方式的变革不仅促进了信息的共享和传播，还增强了人们之间的互动和联系。此外，自媒体的发展也对人们的消费方式产生了影响。传统的消费模式往往依赖于实体店铺和广告宣传，而自媒体为商家提供了一个全新的推广渠道。通过自媒体平台，商家可以直接与消费者进行互动，展示产品特点和使用效果，从而吸引更多的潜在客户。同时，自媒体也为消费者提供了更多的购物选择和便利，他们可以通过自媒体平台了解产品的详细信息、比较不同品牌的价格和质量，做出更加明智的消费决策。除了对个人生活的影响，自媒体的发展也促进了社会的多元化发展。自媒体平台为个人和企业提供了更多的宣传和推广渠道，使得他们可以以更低的成本、更快的速度将自己的声音传递给更多的人。这种多元化的宣传方式不仅增强了社会的活力和创造力，还为不同领域、不同背景的人士提供了更多的发展机会和空间。

## 二、自媒体发展趋势展望

### （一）自媒体逐渐成为阅听大众使用的主要媒介

2022年4月21日发布的《新时代的中国青年》白皮书明确指出："随着互联网的快速普及，越来越多的青年便捷地获取信息、交流思想、交友互动、购物消费，青年的学习、生活和工作方式发生深刻改变。在网络视频（短视频）、网络直播、网约车用户中，青年都是主体。中国青年日益成为网络空间主要的信息生产者、服务消费者、技术推动者，深刻影响了互联网发展潮流。"同时，自媒体自身功能的不断完善以及其与传统媒体融合的必然趋势，加之全球数字化网络的构建，手机、平板电脑等移动终端设备的普遍应用，以及这些终端等在价格、功能、便携性上的不断完善等等，都为自媒体成为大众主流媒体奠定了基础、扫清了障碍、俘获了粉丝。

### （二）自媒体价值飙升

#### 1.影响力扩大与投资变现的双赢局面

近年来，随着自媒体用户的不断增多，其影响力在持续扩大，相应的自媒体价值也在不断飙升。这一趋势不仅吸引了广大网民的关注，更让众多企业看到了其中的商机。许多企业在传统的广告宣传之外，迅速瞄准自媒体这块"肥肉"，尤其是那些与人们日常生活息息相关的企业。它们纷纷借助自媒体平台，以多种方式展现品牌魅力，实现投资变现。以慢严舒柠品牌为例，其一篇软文《反流性咽喉炎，让我们和平说拜拜》在自媒体平台上取得了显著的效果。这篇文章以百科的形式，适时地向受众介绍了春夏之交容易发作的反流性咽喉炎相关知识，包括发病原因、确诊方法、预防措施以及治疗措施。对于疑似患上反流性咽喉炎的患者来说，这篇文章无疑是雪中送炭。它不仅提供了详尽的科普信息，还在文末有针对性地推荐了慢严舒柠复方青橄榄利咽含片，并仔细介绍了该含片的药理机制、组成成分以及治疗效果等内容。这篇软文之所以成功，关键在于它以科普的形式自然地走进了受众的生活。文章的出现如此及时和必要，使得受众在阅读过程中根本意识不到这是一篇广告软文。即使在文末看到了广告的内容，受众也会觉得这是在帮助自己解决咽喉健康问题，而不会产生任何反感情绪。相反，他们可能还会将这篇文章转发至自己的朋友圈，给身边的朋友传递相关知识。甚至有人会主动关注慢严舒柠复方青橄榄利咽含片，并购买相关药品来治疗反流性咽喉炎。

**2. 企业自媒体营销策略**

在自媒体价值飙升的背景下，企业的自媒体营销策略也显得尤为重要。其中，软文广告作为一种隐晦而有效的广告宣传方式，受到了众多企业的青睐。以慢严舒柠品牌的软文为例，其成功的关键在于将广告宣传与科普知识相结合，以科普的形式自然地融入受众的生活。这篇软文不仅提供了受众关心的健康知识，还在合适的时机推荐了相关的药品。这种推荐方式显得如此自然和必要，让受众在阅读过程中几乎感受不到广告的存在。然而，正是这种隐晦的广告宣传方式，使得软文在传递信息的同时，也实现了品牌推广和市场营销的目标。对于企业来说，软文广告的投资回报率和变现率是可观的。一篇优质的软文往往能够在自媒体平台上迅速传播开来，吸引大量受众的关注和转发。这不仅实现了广泛的品牌曝光和市场覆盖，还带来了实际的销售转化。与传统的广告宣传相比，软文广告具有更低的成本、更高的互动性和更准的目标受众定位。这使得企业在自媒体上的投资能够获得更高的回报率和变现率。

**（三）逐渐实现网红营销**

诸多企业纷纷开始利用"网红"来进行营销。当然，这里的"网红"指的不是以奇装异服、"行为艺术"等博人眼球、只求出名的网红们，而是指一些有强大粉丝团、10万多点击量和转发量的微博大牛和微信公众平台运营号等，借助这些自媒体网络平台，"网红+电商"已经成为社交营销的发展趋势。"回忆专用小马甲"这个微博想必大家都很熟悉，作为一个拥有2850多万粉丝的微博人气博主，以"端午"和"妞妞"的日常获得网友喜爱，其微博每天评论量和转发量惊人。在他的微博中，经常会出现各种各样的软文广告，以这篇为例：微博话题为"818发烧购物节"，记忆中夏天最开心的事是和小伙伴在空调屋里分吃冰西瓜，是夏天晚上涂了花露水在院子里纳凉，是偷偷打开电视看《西游记》并在父母回家的前一秒迅速关掉。海尔空调、创维电视、六神花露水……

童年的记忆和国货总是分不开的，小伙伴在评论区扒一扒自己身边"国货里的童年"。这就是一个非常成功的借网红实现营销的案例。苏宁易购借"回忆专用小马甲"这位人气博主的平台，发起"818发烧购物节"微博话题，让其在微博中以朋友的口吻引领大家追忆童年的美好，配之以精心设计的卡通海报，附加"一台冰箱，承包了整个暑假的冰爽；一部电视，欢笑了无数个晚饭时光；印刻着中国梦的国货，组成了儿时最单纯的快乐。上苏宁易购，购一夏童年"这种诗意的软文广告文案，不仅实现了超高的评论和转发量，达到了预热宣传的效果，更拉近了品牌与广大潜在消费者之间的距离，增强了品牌亲和力。

### （四）自媒体内容创新趋势

面对用户对个性化、高品质内容的不断追求，自媒体创作者们纷纷在内容形式、话题选择以及表现手法上积极寻求创新。他们不断探索和尝试，以短视频、直播、漫画、H5（第五代超文本标记语言）等多种形式，极大地丰富了自媒体的内容生态，从而满足了不同用户群体的多样化需求。这些创新不仅体现在形式上，更深入到了内容的深度和广度，使得自媒体内容更加丰富多彩，更具吸引力。与此同时，随着 AI（人工智能）、VR（虚拟现实）等新技术的不断发展和应用，自媒体内容创新也获得了更多的可能性和空间。这些新技术为自媒体创作者提供了更强大的工具和支持，使他们能够创作出更加生动、逼真、具有沉浸感的内容，进一步提升用户体验，推动自媒体内容创新不断迈向新的高度。

### （五）自媒体传播渠道变革

自媒体传播渠道正经历着前所未有的多元化变革，从早期的博客、微博，到如今风靡的抖音、快手、B 站等新兴平台，每一轮更迭都标志着传播方式的重大革新。随着 5G 时代的加速到来，自媒体传播将更加紧密地依赖于移动端，这不仅意味着用户获取信息的速度将实现质的飞跃，同时也预示着信息获取方式将发生深刻变革。在这样的背景下，自媒体创作者面临着前所未有的挑战与机遇。他们需要敏锐地捕捉这些变化，不断适应并探索新的传播渠道，以确保其内容能够最大化地触达目标受众。这要求创作者不仅要具备跨平台的内容创作能力，还要深入理解不同平台的用户特性和传播机制，从而制定出精准有效的传播策略。

### （六）自媒体商业模式探索

从最初依赖广告分成和内容付费的简单模式，到如今涵盖电商、知识付费、IP孵化等多元化的商业模式，自媒体创作者在积极寻求变现途径的同时，也在不断推动商业模式的创新。他们致力于探索如何将优质内容有效转化为商业价值，实现内容与商业的深度融合。展望未来，自媒体行业将进一步完善其商业化体系，致力于构建更加稳健、高效的商业模式。这包括优化现有的广告分成和内容付费模式，同时积极探索如社交电商等新兴商业模式，以进一步拓展商业边界。

### （七）自媒体未来发展前景预测

在内容创新、传播渠道变革、商业模式探索以及政策法规环境变化等多重因素的共同驱动下，自媒体将更加精准地满足用户需求，实现价值的最大化。与此同时，自媒体与传统媒体的融合趋势将进一步深化，双方将携手共进，共同推动媒体行业的繁荣发展。然而，自媒体行业也面临着诸多挑战，内容质量参差不齐、监管压力日益增大等问题不容忽视。在此背景下，自媒体创作者需不断提升自身素质，积极适应行业变革，强化内容创作能力，优化传播策略，以更加专业的姿态应对市场竞争。

## 三、自媒体技术与创新

### （一）自媒体技术发展概况

随着互联网技术的飞速发展，自媒体应运而生，并经历了日新月异的技术变革。从最初以文字、图片为主到如今短视频、直播成为主流形式，自媒体技术发生了翻天覆地的变化。这一过程中，人工智能、大数据、云计算等先进技术在自媒体领域得到了广泛应用，为内容创作、传播和互动等方面提供了强大的技术支持。人工智能帮助自媒体实现内容个性化推荐，提升用户体验；大数据则让自媒体能够精准地分析用户行为，优化内容策略；而云计算则为自媒体提供了强大的数据存储和处理能力。

### （二）自媒体内容生产技术

自媒体内容生产技术的发展主要体现在内容创作工具的丰富、内容创作模式的创新以及内容生产效率的提高三个方面。随着短视频编辑软件、直播设备等工具的普及，自媒体创作者能够更轻松地制作出高质量的内容，满足观众日益增长的多样化需求。同时，AI 写作、大数据分析等先进技术的应用，为自媒体创作者带来了全新的创作灵感，使得内容创作更加智能化、个性化。此外，云计算等技术的运用，极大地提高了自媒体内容的生产效率，创作者可以快速完成内容的生产、编辑和发布，及时响应市场变化，抢占先机。

### （三）自媒体传播技术

自媒体传播技术的发展主要表现在传播渠道的拓展和传播效率的提升上，一方面，随着社交媒体、短视频平台等多元化传播渠道的涌现，自媒体创作者拥有了更多选择，可以轻松实现内容的广泛传播，覆盖更广泛的受众群体。这些渠道不仅提供了丰富的发布平台，还为内容创作者带来了更多的曝光机会和互动可能。另一方面，算法推荐、精准推送等先进技术的应用，使得自媒体内容能够精准地触达目标受众。通过分析用户行为和兴趣，自媒体平台能够智能推荐相关内容，提高传播效果和用户满意度。

### （四）自媒体互动技术

自媒体互动技术的发展极大地促进了创作者与受众之间的交流，评论、点赞、分享等基本互动功能不断优化，用户参与自媒体内容互动的方式更加便捷高效。同时，直播、问答、投票等新型互动形式的涌现，为自媒体创作者提供了更多元化的受众反馈渠道，使他们能够更直接地了解受众需求，进而提升内容质量和受众满意度。此外，虚拟现实、增强现实等前沿技术的融入，为自媒体互动带来了前所未有的创新体验，使用户能够沉浸在更加丰富多样的内容场景中，进一步增强了自媒体的吸引力和影响力。

## 四、自媒体与传统媒体的融合

### （一）自媒体与传统媒体日趋融合

#### 1. 自媒体与传统媒体融合是媒介生态的必然趋势

在当今快速变化的媒介生态系统中，自媒体与传统媒体的融合已成为一种不可逆转的趋势。这种融合不仅源于两者各自的优势与局限，更在于它们共同面临的满足阅听大众多样化媒介需求的任务。自媒体以其草根性、即时性和互动性在全球范围内迅速崛起，为信息传播提供了全新的渠道和平台。然而，自媒体信息的准确性与可靠性常常受到质疑，信息质量参差不齐。相比之下，传统媒体凭借其专业化、权威性的特点，在信息质量上更具保障，但新闻的即时性和多样性有时会受到限制。因此，自媒体与传统媒体的融合，不仅是两者优势互补、互利共赢的选择，更是创造更加便捷、和谐媒介生态的必由之路。通过融合，自媒体可以借助传统媒体的权威性提升自身信息的准确性和受众认可度，而传统媒体也能利用自媒体的便捷性和草根性增强信息的即时性和多样性，从而更好地满足阅听大众的媒介需求。

**2. 融合发展的双赢效应**

融合发展的双赢效应在自媒体与传统媒体的结合中体现得尤为明显。对于阅听大众而言，他们既需要自媒体带来的即时、多样的信息，又需要传统媒体提供的权威、准确的内容。融合后的媒介生态能够更全面地覆盖阅听大众的需求，使他们在获取信息时更加便捷、高效。同时，融合也降低了阅听大众参与新闻生产、制作的门槛，使他们能够更积极地参与到媒介生态中来。对于自媒体和传统媒体而言，融合不仅扩大了它们的信息传播渠道和影响力，还提升了它们的市场竞争力和生存能力。越来越多的传统媒体开始将自媒体纳入自身发展体系，通过开设微博、微信账号等方式，为阅听大众提供更加丰富、多样的新闻资讯。这种融合不仅增强了传统媒体的即时性和互动性，也为自媒体提供了权威性和准确性的保障。

**3. 自媒体与传统媒体的融合，有助于促进人类传播领域的纵深发展**

自媒体与传统媒体的融合发展不仅具有现实意义，更具有深远的历史意义。从突破两者本身的局限性来看，融合是媒介生态发展的必然选择。自媒体需要依靠传统媒体的权威性来提升其信息的准确性和科学性，而传统媒体则需要利用自媒体的便捷性和草根性来增强其信息的即时性和多样性。这种相辅相成的关系使得融合发展成了一种必然趋势。更重要的是，融合发展能够为阅听大众带来更多益处，实现对他们的深度、有效引导。通过融合，自媒体与传统媒体能够共同创造一个更加和谐、多样的媒介生态，为人类传播领域的纵深发展提供强有力的支持。这种发展不仅有助于提升信息传播的效率和质量，还能够促进社会的整体进步和发展。因此，自媒体与传统媒体的融合发展不仅是媒介生态的必然趋势，更是人类传播领域发展的重要里程碑。

### （二）自媒体与传统媒体的竞合关系

在当今信息爆炸的时代，自媒体与传统媒体之间展现出了一种复杂的竞合关系。一方面，自媒体凭借其低门槛、高效传播等显著优势迅速崛起，对传统媒体构成了巨大的冲击。自媒体以其独特的内容创作方式和广泛的传播渠道，吸引了大量用户的关注，成为信息传播的重要力量。另一方面，传统媒体在品牌、内容、渠道等方面仍具有不可替代的优势。传统媒体长期以来积累的品牌影响力和专业的内容生产能力，使其在媒体产业中仍保持着重要的地位。在这种背景下，自媒体与传统媒体之间的竞争与合作关系日益明显。双方在竞争中相互借鉴、融合，共同推动着媒体产业的发展。

### （三）自媒体与传统媒体融合模式

自媒体与传统媒体的融合模式多种多样，主要体现在内容、渠道、运营等多个方面。在内容融合上，自媒体与传统媒体相互借鉴，充分发挥各自优势，实现内容的互补与共赢。传统媒体可以借助自媒体平台，拓宽传播渠道，扩大影响力；而自媒体则可以引进传统媒体的优质内容，提升自身品质，丰富内容生态。在渠道融合方面，双方可以实现资源共享，共同拓展传播渠道，打破传统界限，实现更广泛的覆盖与触达。此外，在运营融合上，自媒体与传统媒体也可以开展深度合作，通过资源共享、互利共赢的方式，共同推动媒体行业的发展。

### （四）自媒体与传统媒体优势互补

自媒体与传统媒体在优势互补方面具有很大的潜力。自媒体的优势在于传播速度快、互动性强、定位精准，而传统媒体则在内容深度、品牌影响力、专业素养等方面具有优势。通过优势互补，自媒体可以弥补自身在内容质量、品牌形象等方面的不足，传统媒体则可以借助自媒体提高传播效率、扩大受众群体。

在这种融合过程中,自媒体与传统媒体共同探索出一种新的发展模式,为媒体产业的繁荣发展注入新的活力。未来,随着技术的不断进步和市场需求的变化,自媒体与传统媒体的融合将更加深入,共同推动媒体产业的创新与发展。

## 第三节 自媒体环境的主要特征

### 一、自媒体环境的定义与发展历程

#### (一)自媒体环境的内涵与外延

自媒体环境作为一个新兴的概念,其内涵与外延在学术界和业界尚未形成统一的认识。从广义上讲,自媒体环境是指基于互联网技术,以个体为基本单位,通过多种形式的媒体内容创作、传播、互动与消费的生态体系。在这个环境中,个体既是信息的生产者,也是传播者和消费者,涵盖了包括文字、图片、音频、视频等多种表现形式。自媒体环境的外延则涉及诸多领域,如新闻、娱乐、教育、科技等,几乎涵盖了社会生活的各个方面。

#### (二)自媒体环境的发展阶段

**1. 起步阶段**

从互联网诞生到 2000 年左右,自媒体的早期形态主要以 BBS 论坛和博客为代表。在这个阶段,用户通过这些平台发表个人观点、分享信息,虽然实现了信息传播的自主性,但由于技术手段的限制和用户基数的相对较小,自媒体的影响力相对有限。BBS 论坛和博客作为早期的自媒体平台,为后来的自媒体发展奠定了基础,但受限于当时的网络环境和技术条件,其传播范围和影响力并未能广泛扩展。

**2. 快速发展阶段**

从 2000 年到 2010 年,网络技术不断取得突破性进展,尤其是社交媒体的兴起,如微博、微信等平台的涌现,标志着自媒体环境进入了一个快速发展的新阶段。在这个阶段,用户规模实现了迅速扩大,信息传播速度得到了显著提升,自媒体开始在社会舆论场中扮演起越来越重要的角色。人们通过社交媒体平台分享观点、交流信息，使得各种声音能够迅速传播并会聚成强大的社会舆论力量。

3. 成熟阶段

从 2010 年至今，自媒体环境逐渐走向成熟。在这个阶段，短视频、直播等新兴媒体形式层出不穷，为自媒体行业带来了前所未有的变革。这些新兴媒体形式以其直观、生动、互动性强的特点，迅速吸引了大量用户的关注和喜爱。这些技术的应用使得自媒体内容更加个性化、精准化，能够更好地满足用户的多样化需求。此外，自媒体平台也开始呈现出专业化、细分化的趋势，针对不同领域和受众群体提供更为专业的服务。

## 二、自媒体环境的技术基础

### （一）网络技术对自媒体环境的影响

自 20 世纪 90 年代以来，互联网技术的飞速发展为自媒体环境的形成奠定了坚实的基础，网络技术的普及极大地加速了信息传播的速度，拓宽了传播的范围，并显著降低了传播的成本，从而为自媒体的产生提供了肥沃的土壤。在这个背景下，自媒体逐渐崛起，并迅速成为信息传播的重要渠道。网络技术对自媒体环境的影响主要体现在以下几个方面：一是它极大地降低了信息传播的门槛，使得更多的人能够轻松地参与到自媒体的创作与传播中来；二是它显著提高了信息传播的效率，借助网络平台，自媒体内容能够以前所未有的速度迅速传播到世界的每一个角落；三是它极大地丰富了信息传播的形式，图文、音频、视频等多种媒体形式的出现，不仅为自媒体创作者提供了更多的表达手段，也为自媒体环境的发展注入了新的活力。

### （二）移动互联网与自媒体环境的关系

移动互联网的兴起为自媒体环境的发展注入了新的活力，相较于传统互联网，移动互联网以其更高的便捷性、实时性和个性化特点，为自媒体创作者和用户搭建了一个更加广阔与高效的平台。这种关系具体表现在多个方面：移动互联网的普及促使用户规模迅速扩大，为自媒体内容提供了庞大的受众群体，使得内容能够更广泛地传播和触达；同时，移动设备的普及降低了自媒体创作与传播的门槛，创作者可以随时随地进行内容创作和分享，用户也能更加便捷地获取和互动；此外，移动应用的不断创新为自媒体环境带来了更多可能性，如短视频、直播等新兴媒体形式的兴起，极大地丰富了自媒体的内容形态和传播方式，进一步推动了自媒体环境的多样化和繁荣。

### （三）大数据在自媒体环境中的应用

大数据技术为自媒体环境带来了前所未有的机遇，通过对海量数据的深入挖掘与分析，自媒体创作者能够更全面地了解用户需求，进而优化内容创作，显著提升传播效果。大数据在自媒体环境中的应用主要体现在以下几个方面：一是用户画像的构建。借助大数据分析，自媒体创作者能够构建出详尽的用户画像，为内容创作提供精准的受众定位，确保内容更具针对性和吸引力。二是内容推荐算法的优化。大数据技术使得内容推荐算法得以不断优化，提高了自媒体内容的个性化程度，让用户能够更方便地获取符合自己兴趣的内容。三是传播效果的评估。通过大数据分析，自媒体创作者可以实时、准确地评估内容的传播效果，包括受众覆盖范围、用户互动情况等，从而帮助他们及时调整策略，进一步提升内容质量。

### （四）云计算与自媒体环境的融合

云计算技术为自媒体环境注入了强大的技术支持，推动了行业的快速发展。通过云计算，自媒体创作者可以轻松实现数据存储、计算和资源共享，极大地降低了创作成本，提高了创作效率。云计算与自媒体环境的融合表现在多个方面：一是创作工具的云端化，使得自媒体创作者能够随时随地通过互联网访问和使用各种创作工具，不再受限于设备和地点，极大地提升了创作的便捷性和灵活性；二是数据资源的共享，云计算平台为自媒体创作者提供了丰富的数据资源和素材库，使得创作者可以更加便捷地获取和利用这些资源，丰富创作内容；三是平台服务的优化，云计算技术为自媒体平台提供了强大的计算和存储能力，使得平台能够更好地支撑大规模用户访问和数据处理，提高了自媒体内容传播的效率，为创作者提供了更加稳定、高效的服务。

## （五）人工智能技术对自媒体环境的影响

通过智能算法的应用，自媒体内容实现了自动化生产、精准化推荐和个性化定制，极大地丰富了用户体验。人工智能技术对自媒体环境的影响主要体现在以下几个方面：一是内容创作智能化。借助人工智能技术，自媒体创作者可以更高效地进行内容创作，提高生产效率，同时保证内容的质量和多样性。二是内容推荐个性化。人工智能技术能够根据用户的兴趣和行为，实现内容的个性化推荐，满足用户多样化的需求，提升用户满意度。三是传播策略智能化。通过人工智能技术，自媒体可以更精准地制定传播策略，提升内容的传播效果，扩大影响力。然而，人工智能技术也为自媒体环境带来了新的挑战，如信息安全和隐私保护等问题。

## 三、自媒体环境的传播机制

### （一）自媒体环境的信息生产与传播模式

在自媒体环境中，信息生产与传播模式展现出前所未有的活力与多样性，个体或小团队通过互联网平台，如微博、微信、抖音等，成为信息的主要生产者与传播者。这种模式打破了传统媒体的界限，实现了内容创作的平民化与草根化。内容生产方面，自媒体环境鼓励多元化的创作路径。用户生成内容（User Generated Content，UGC）是核心，普通用户能够根据自身兴趣与专长，创作并分享各类信息，如生活分享、教育科普、时事评论等，极大地丰富了信息生态。同时，专业生产内容（Professional Generated Content，PGC）和职业生产内容（Occupationally Generated Content，OGC）也并行发展，专业团队和职业创作者提供高质量、专业化的内容，满足了用户对深度和专业性的需求。此外，知识二次创作成为新趋势，创作者将文字知识转化为短视频、音频等形式，增强了内容的可理解性和传播力。传播模式上，自媒体借助社交媒体平台的强大影响力，实现了信息的快速扩散与精准触达。社交媒体平台的算法机制，能够基于用户行为和兴趣偏好，进行个性化内容推荐，提升了用户体验。同时，自媒体创作者通过互动形式如评论、投票、问答等，增强用户参与感，形成内容共创与传播的正向循环。

此外，随着技术的不断进步，自媒体内容生产与传播模式也在不断演进。5G、人工智能、大数据等新兴技术的应用，为自媒体提供了更丰富的表现形式和更高效的传播手段。内容创作者可以利用智能工具进行内容创作与编辑，提高生产效率；平台则通过数据分析，优化内容推荐策略，实现精准的用户触达。

**（二）自媒体环境下的议程设置理论**

自媒体环境下的议程设置理论最初由美国学者麦库姆斯和唐纳德·肖于1972年提出，核心观点在于大众媒介通过选择和安排议题，影响公众对重要问题的认知和关注。然而，随着自媒体的兴起，议程设置的主体、方式及效果均发生了深刻变革。在自媒体时代，议程设置的主体不再局限于传统媒体，而是扩展至广大网民、意见领袖及自媒体平台。每个用户都可以成为信息的发布者和传播者，通过微博、微信、抖音等平台发表观点、设置议题，形成多元化的议程设置格局。这种变化使得议程设置的主体更加广泛和多元，话语权进一步分散。另外，议程设置的方式也发生了显著变化，在传统媒体时代，议程设置主要依赖媒体的把关和筛选，而自媒体则打破了这一单向模式。用户通过转发、评论、点赞等行为，主动参与议程的扩散和讨论，形成多向互动的传播网络。这种"裂变式"的传播方式使得议程设置更加迅速和高效，同时也增加了议程的不确定性和动态性。从效果层面看，自媒体环境下的议程设置效果得到了显著增强。一方面，由于自媒体的即时性和互动性，新议题能够迅速在网络上形成热点，引发广泛关注和讨论。另一方面，自媒体平台通过算法推荐等技术手段，实现个性化信息推送，使得议程设置精准和有效。这种精准推送不仅提高了信息的触达率，还增强了议程设置对公众认知和行为的影响。

**（三）网络舆论形成与传播的规律**

网络舆论的形成往往始于某一突发事件或热点话题的曝光，这些事件通过媒体报道、社交媒体分享等途径迅速进入公众视野，成为舆论关注的焦点。随着信息的不断汇聚和扩散，网民开始积极参与讨论，表达个人观点和情感倾向，从而形成初步的网络舆论。在传播过程中，网络舆论展现出明显的汇聚效应和放大效应。互联网强大的信息汇聚能力使得同类信息得以迅速整合并广泛传播，形成强大的舆论声势。同时，网络媒体往往更倾向于放大新闻的负面效应，使得某些事件在短时间内引发广泛关注和讨论。

网络舆论的传播还受到多种因素的影响，包括信息来源的可信度、传播渠道的特性、受众群体的特征等。新闻媒体和专业网站通常被视为更可信的信息来源，而社交媒体则以其便捷性和互动性成为舆论传播的重要平台。不同受众群体对信息的接受程度和反应方式各异，这也使得网络舆论的传播效果呈现出多样化的特点。此外，网络舆论的传播还受到意见领袖的显著影响。意见领袖凭借其专业知识和影响力，能够引导公众对某一事件的看法和态度，从而在一定程度上塑造网络舆论的走向。

### （四）自媒体环境下的谣言传播与治理

自媒体环境下的谣言传播展现出前所未有的速度与广度，对社会稳定和信息真实性构成了严峻挑战，这一环境下，谣言借助微博、微信、短视频平台等自媒体工具，以惊人的速度在人群中蔓延，其传播模式由传统的"点对点"演变为"面对面"的网状结构，使得信息覆盖更为广泛，影响更为深远。谣言的滋生与传播，往往源于信息的不透明与公众对真相的渴望。在自媒体平台上，信息的发布门槛低，审核机制相对宽松，为谣言提供了滋长的土壤。同时，部分自媒体为追求点击率与关注度，不惜夸大事实、编造虚假信息，进一步加剧了谣言的传播。

针对自媒体环境下的谣言传播，治理起来需从多方面入手：第一，强化信息公开与透明度，及时发布权威信息，压缩谣言的生存空间。政府部门与主流媒体应发挥主导作用，利用自媒体平台快速、准确地传递真实信息，引导公众理性思考。第二，完善法律法规体系，加大对谣言制造与传播者的惩处力度。通过立法明确谣言的法律界定与责任追究机制，为谣言治理提供法律保障。第三，加大执法力度，对恶意制造、传播谣言的行为予以严厉打击，形成有效的震慑效应。第四，提升公众媒介素养与辨别能力也是治理谣言的重要途径。通过教育引导公众树立正确的信息观念，提高辨别谣言的能力，减少谣言的受众基础。同时，鼓励公众积极参与谣言治理，通过举报、辟谣等方式维护网络环境的清朗。

### （五）自媒体环境下的信息过载问题

随着互联网的迅猛发展，自媒体平台雨后春笋般涌现，为人们提供了前所未有的信息获取渠道。然而，这种信息的极度丰富却也带来了一个棘手的问题——信息过载。在自媒体环境中，每个人都可以成为信息的发布者和传播者，这导致了信息量的爆炸式增长。从新闻时事到生活琐事，从专业知识到娱乐八卦，各种类型的信息充斥着人们的视野。这种信息的海量涌现，使得人们在有限的时间内难以处理和消化，进而产生了信息过载的困扰。信息过载不仅影响了人们的信息获取效率，还可能对人们的心理健康造成负面影响。面对海量的信息，人们往往感到无所适从，不知道该如何选择和筛选。这种迷茫和焦虑感，使得人们在信息获取的过程中感到疲惫和无奈。

为了应对自媒体环境下的信息过载问题，人们需要采取一系列有效的策略。首先，提高信息筛选能力是关键。在海量的信息中，学会辨别信息的真伪、价值和重要性，是避免信息过载的重要一步。其次，合理利用工具也是必不可少的。各种信息聚合、过滤和推荐工具可以帮助人们更有效地管理和筛选信息，提高信息获取的效率。同时，培养良好的信息消费习惯也是缓解信息过载的有效途径。人们需要学会控制自己的信息获取欲望，避免盲目追求信息的数量和新鲜度。而是要根据自己的实际需求和兴趣，有针对性地选择信息，实现信息的精准获取。

## 四、自媒体环境的内容特点

### （一）自媒体环境内容形式的多样性

自媒体时代，内容形式展现出了前所未有的丰富多样性，涵盖了文字、图片、音频、视频等多种表现形式。这种多样性不仅极大地满足了不同用户的个性化需求，也为自媒体创作者提供了更为广阔的创作空间，激发了他们的创作灵感。在这个充满活力的环境下，用户可以轻松地根据自己的兴趣和偏好，找到并享受各种形式的内容。同时，内容形式的多样性也极大地推动了自媒体行业的创新与发展。创作者们不断探索新的表达方式，尝试将不同形式的内容进行有机融合，以打造出更具吸引力和影响力的作品。

### （二）自媒体环境内容生产的个性化

在自媒体环境中，内容生产者拥有了前所未有的自由度，他们可以根据自己的兴趣和专业领域，自由地创作独具特色的内容。这种个性化的生产方式彻底打破了传统媒体对内容生产的束缚和限制，使得自媒体内容变得更加丰富和多元。在这里，每个内容生产者都能以自己独特的方式和视角来诠释世界，分享见解。用户在浏览自媒体内容时，不仅能获取到多样化的信息，更能深刻感受到作者的热情和独特见解，这种真挚的表达往往能触动用户的心灵，形成强烈的共鸣。

### （三）自媒体环境内容消费的碎片化

随着生活节奏的加快，用户对内容消费的需求日益呈现出碎片化的特点。自媒体平台凭借强大的算法和用户数据分析能力，能够根据用户的阅读习惯和兴趣偏好，精准推荐符合其需求的内容。这种个性化的推荐机制，使得用户即使在时间紧迫的情况下，也能在短时间内获取大量有用且感兴趣的信息。这种碎片化的内容消费方式，不仅有效满足了用户对信息的即时需求，还极大地提高了信息传播的效率。自媒体平台通过不断优化推荐算法，进一步提升了内容推荐的精准度和用户满意度，从而在这种碎片化的内容消费趋势中占据了重要地位。

### （四）自媒体环境内容传播的社交化

自媒体时代，内容传播的方式发生了深刻变革，不再局限于单向传播，而是呈现出显著的社交化特点。用户在阅读自媒体内容时，拥有了更大的参与度和互动性，他们可以通过评论、转发、点赞等多种方式与他人进行实时互动，分享自己的观点和看法。这种社交化的内容传播方式，不仅极大地促进了信息的迅速扩散，使得有价值的内容能够更快地触达更广泛的受众，同时也为自媒体创作者提供了宝贵的反馈意见。创作者可以通过用户的互动数据，了解内容的受欢迎程度和受众的偏好，从而不断调整和优化创作策略，提升内容的质量和吸引力。

### （五）自媒体环境内容评价的多元化

在自媒体环境中，内容评价的方式已经发生了深刻变化，不再仅仅依赖于传统媒体的权威性，而是呈现出多元化的趋势。用户作为内容消费的主体，可以根据自己的喜好、认知和价值观对内容进行评价，表达自己的观点和态度。这种多元化的评价方式，不仅有助于形成更加公正、客观的内容评价体系，也使得自媒体创作者能够更全面地了解用户的反馈和需求。同时，这种多元化的评价方式也为自媒体创作者提供了更多的改进空间。

## 五、自媒体环境的用户特征

### （一）自媒体环境用户群体的构成

从年龄层次来看，年轻人占据了主导地位，其中 90 后、00 后更是成为自媒体用户中的主要力量，他们活跃在各种自媒体平台上，积极参与内容的创作与传播。从职业背景来看，自媒体用户涵盖了各行各业的广泛群体，无论是学生、白领还是企业家，都能在自媒体环境中找到属于自己的发声渠道。而从地域分布来看，一线城市和沿海地区的用户表现得尤为活跃，他们在自媒体上的活跃度和影响力都相对较高。此外，自媒体用户在兴趣、爱好、价值观等方面也表现出了极大的多样性，这种多样性不仅丰富了自媒体的内容生态，也为自媒体内容的广泛传播提供了坚实的基础

### （二）自媒体环境用户行为分析

在信息获取上，用户往往倾向于关注自己感兴趣的话题和领域，追求内容的个性化和实时性，以满足自身的信息需求。在内容生产方面，用户积极参与创作过程，通过文字、图片、视频等多种形式表达自己的观点和态度，成为自媒体内容的重要生产者。社交互动方面，用户喜欢在自媒体平台上进行点赞、评论、分享等操作，与其他用户进行交流与互动，形成良好的社交氛围。而在

消费决策方面，用户的行为容易受到自媒体内容的影响，他们在浏览和接收信息的过程中，可能会产生购买意愿进而实施购买行为。

### （三）自媒体环境用户需求与满足

自媒体用户的需求呈现出多元化的特点，主要包括信息需求、社交需求、娱乐需求和自我实现需求。为了满足这些多样化的需求，自媒体平台提供了丰富多样的内容，涵盖了新闻、知识、生活等各个领域，使用户能够在短时间内快速获取所需信息，保持对世界的实时了解。同时，自媒体平台还注重社交功能的打造，提供了便捷的社交工具，使用户能够与志同道合的人进行互动交流，分享彼此的观点和心得，满足社交需求。此外，自媒体平台还积极鼓励用户展示自己的才华和特长，提供创作和分享的平台，让用户能够通过自媒体展示自己的作品和成果，实现自我价值，满足自我实现的需求。

### （四）自媒体环境用户的互动与参与

在自媒体环境中，用户的角色发生了根本性转变，他们不再是被动接受信息的对象，而是积极参与到内容生产和传播的全过程中。用户通过点赞、评论、转发等多样化的互动方式，与其他用户进行频繁的交流与互动，共同推动优质内容的广泛传播。此外，用户还可以积极参与到话题讨论、活动策划等环节中，为自媒体平台注入更多的活力和创意，进一步提升平台的活跃度和影响力。在这种深度互动与广泛参与的过程中，用户不仅有效满足了自身的社交需求，还显著提升了在自媒体平台上的归属感和认同感。

### （五）自媒体环境用户隐私与信息安全

自媒体平台在为用户提供便捷服务的同时，也不可避免地收集了大量用户的个人信息，包括兴趣爱好、消费习惯等敏感数据。这就要求自媒体平台必须承担起加强用户隐私保护的责任，采取有效的技术措施和管理手段，确保用户信息的安全性和保密性。同时，用户自身也应增强自我保护意识，谨慎分享个人信息，避免在不安全的网络环境中泄露隐私。在我国相关法律法规的严格约束下，自媒体平台与用户需要共同努力，共同维护一个安全、健康的自媒体环境。

# 第三章

# 高校思想政治教育基本理论解读

CHAPTER 3

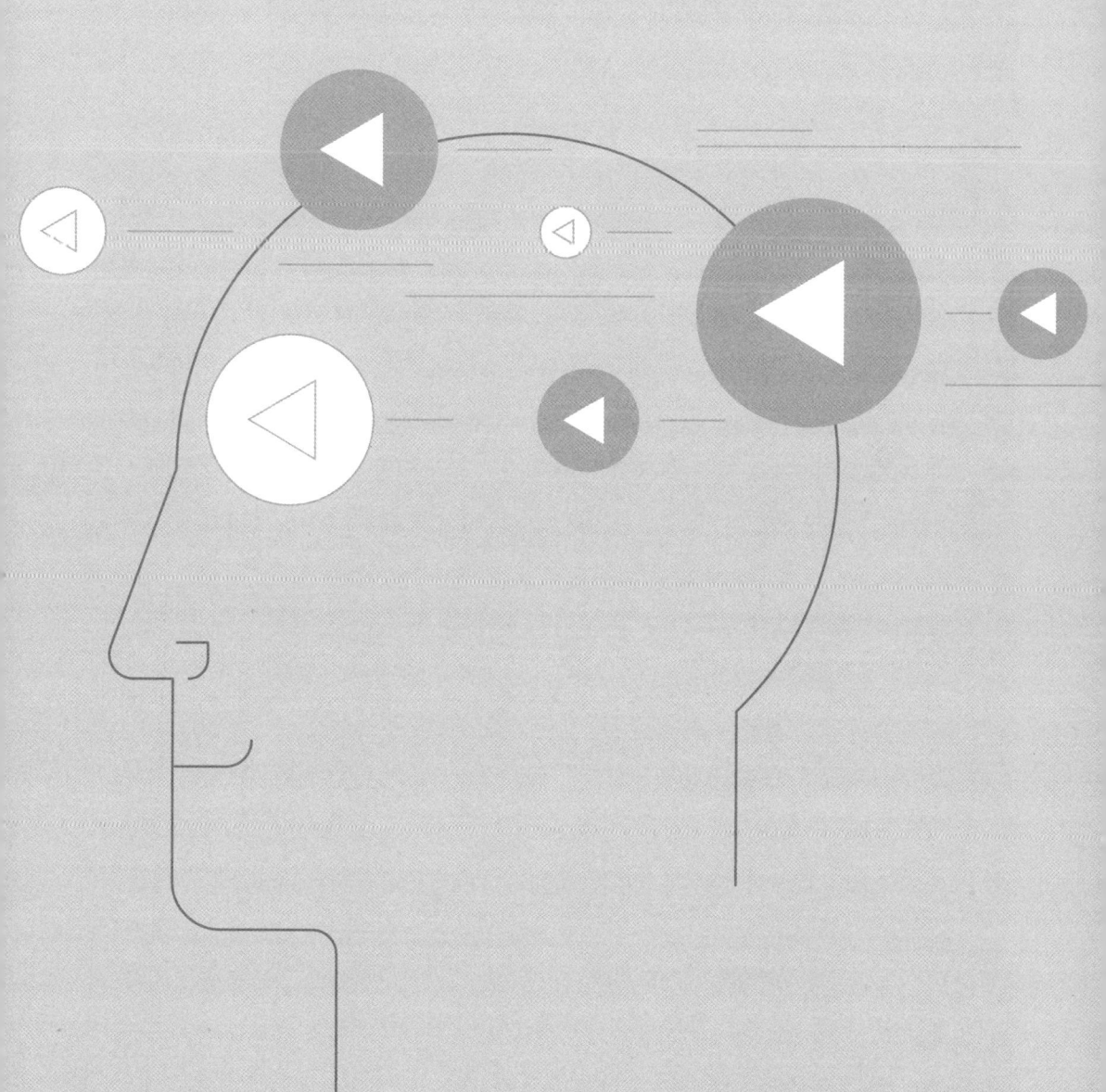

## 第一节 高校思想政治教育的内涵

### 一、高校思想政治教育的概念与特征

#### （一）定义

高校思想政治教育，简而言之，是面向大学生开展的一项至关重要的工作，其核心在于进行思想政治道德素养的培育。这一教育过程致力于引导大学生逐步树立正确的世界观、人生观和价值观，旨在将他们培养成为我国全面发展的建设者和接班人。为了实现这一目标，高校思想政治教育深入贯穿于大学生的整个学习生活之中，不仅仅局限于课堂教学，还广泛涵盖各类实践活动以及校园文化建设等多个方面。通过系统的理论教学，学生能够掌握基本的思想政治理论知识；而通过丰富多样的实践活动，学生则能在实践中深化理解，提升自我修养；同时，良好的校园文化建设也为学生提供了一个潜移默化的教育环境，有助于他们形成积极向上的精神风貌。

#### （二）核心要素

高校思想政治教育的核心要素涵盖了多个重要方面，其中，理论教育是关键，它坚持以马克思主义为指导，对大学生进行系统而深入的思想政治理论教育，旨在帮助他们建立坚实的理论基础。价值观教育同样不可忽视，它致力于引导大学生树立正确的价值观，培养他们的爱国主义情怀和集体主义精神。道德教育也是核心要素之一，它注重培养大学生具备良好的道德品质，如诚信、友善、勤奋等，以促进其道德素质的提升。同时，心理健康教育日益受到重视，它关注大学生的心理健康状态，通过提供必要的心理辅导和支持，促进他们的全面发展。最后，法治教育也是不可或缺的一部分，它旨在增强大学生的法治观念，提高他们遵纪守法的自觉性，使他们成为具备法治素养的现代社会公民。

## 二、高校思想政治教育的目标与任务

### （一）总体目标

高校思想政治教育的总体目标，聚焦于培养有理想、有道德、有文化、有纪律的高素质人才，为社会主义现代化建设输送德才兼备的接班人。这一目标深刻体现了教育服务于国家发展和社会进步的宗旨。具体而言，它要求学生热爱社会主义祖国，拥护党的领导和党的基本路线，确立献身于祖国的发展。在思想层面，学生需努力学习马克思主义，逐步树立科学的世界观和方法论，培养理论联系实际、与工农相结合的实践精神。同时，强调为人民服务，培养学生具有艰苦奋斗的精神和强烈的使命感、责任感，自觉遵纪守法，具备良好的道德品质和健康的心理素质。

在知识与能力方面，高校思想政治教育鼓励学生勤奋学习，勇于探索，努力掌握现代科学文化知识，并致力于从中培养一批具有共产主义觉悟的先进分子。这一过程不仅注重学生的全面发展，还强调思想政治教育的针对性与亲和力，力求形成全员、全过程、全方位的育人格局。

### （二）具体任务

#### 1. 理想信念与价值观塑造

通过深入学习马克思主义、毛泽东思想、邓小平理论、"三个代表"重要思想、科学发展观以及习近平新时代中国特色社会主义思想，引导学生坚定共产主义远大理想和中国特色社会主义共同理想。同时，加强社会主义核心价值观教育，帮助学生树立正确的世界观、人生观和价值观，增强"四个自信"，即道路自信、理论自信、制度自信、文化自信。通过系统的理论学习和实践锻炼，培养学生的社会责任感和历史使命感，鼓励他们为实现中华民族伟大复兴的中国梦贡献青春力量。

#### 2. 思想道德素质提升

提升学生的思想道德素质是高校思想政治教育的核心任务之一，主要包括加强学生的道德情操、道德观念和道德行为的培养。通过开设思想道德修养与法律基础课程，结合中华优秀传统文化、革命文化和社会主义先进文化的教育，引导学生树立正确的道德观念，培养高尚的道德情操。同时，注重学生的心理健康教育，帮助学生建立积极向上的心态，提高应对挫折和压力的能力。通过组织丰富多彩的校园文化活动和社会实践活动，让学生在实践中锻炼道德品质，提升思想道德素质。

### 3. 科学文化素质与专业能力培养

高校思想政治教育在注重学生思想道德素质提升的同时，也不忽视科学文化素质和专业能力的培养。通过优化课程设置，加强专业基础知识的教学和实践环节的训练，提高学生的专业素养和实践能力。同时，鼓励学生积极参与科研活动和学术交流，培养他们的创新精神和实践能力。此外，还注重跨学科知识的融合，拓宽学生的知识面和视野，提高他们的综合素质和竞争力。

### 4. 实践教育与创新能力培养

实践教育与创新能力培养是高校思想政治教育的重要组成部分，高校教师在进行思想政治教学中，可以通过组织社会实践活动、志愿服务活动、创新创业项目等，使学生在实践中锻炼能力、增长才干。这些活动不仅能够帮助学生将所学知识应用于实际问题的解决中，还能够培养他们的团队合作精神、沟通协调能力和创新能力。同时，高校还注重创新创业教育的开展，通过开设创新创业课程、建立创新创业基地等方式，激发学生的创业热情和创新精神，为他们未来的职业发展打下坚实基础。

## （三）阶段划分

### 1. 初级阶段

此阶段的高校思想政治教育聚焦于基本理论、基本知识和基本方法的教育，旨在为学生构建坚实的理论基础，并培养其基本的道德观念和法治意识。通过系统地讲授马克思主义理论课程，学生被引导深入理解马克思主义的基本原理及其在中国实践中的运用和发展，从而为他们树立正确的世界观提供理论支撑。同时，思想道德修养与法律基础课程也是此阶段的重要内容，它旨在帮助学生初步掌握社会主义核心价值体系，明确社会主义核心价值观的内涵和要求。在这一过程中，教育注重引导学生树立正确的人生观和价值观，强调个人价值与社会价值的统一，鼓励他们将个人理想融入国家和民族的事业之中。通过课堂教学、专题讨论、案例分析等多种形式，学生被培养起对道德问题的敏感性和判断力，学会在复杂多变的社会环境中坚守道德底线，追求高尚的道德目标。

此外，此阶段还特别强调法治意识的培养。法律基础知识的传授不仅限于法律条文和制度的了解，更注重引导学生树立法治观念，理解法律在社会生活中的重要作用，学会运用法律手段维护自身权益和社会公正。通过模拟法庭、法律诊所等实践教学活动，学生能够在实践中体验法治精神，增强法治观念，为将来成为遵纪守法的公民和合格的社会建设者打下坚实基础。

### 2. 中级阶段

在教育进程的中级阶段，随着学生认知能力的显著提升，教育的重点逐渐转向培养学生的政治觉悟、道德品质和公民素养，旨在塑造全面发展的个体，为社会的持续进步和国家的繁荣富强奠定坚实基础。这一阶段的教育着重于深化马克思主义理论教育，通过系统而深入的学习，使学生掌握马克思主义的基本原理和核心观点，为其后续的理论学习与实践探索提供坚实的思想基础。同时，加强中国特色社会主义理论体系的学习成为不可或缺的一部分。这一理论体系是中国共产党在长期实践中形成的宝贵思想财富，对于理解国家的发展历程、现状和未来方向具有重要意义。通过学习，学生能够更加深刻地认识到中国特色社会主义的历史必然性、科学真理性和制度优越性，从而坚定走中国特色社会主义道路的信心和决心。此外，教育还注重提升学生的道德品质和社会责任感。道德品质是个人立身之本，也是社会和谐之基。通过课堂教育、校园文化熏陶以及师德师风的引领，学生被鼓励培养诚实守信、尊老爱幼、勤劳节俭等传统美德，以及现代公民应具备的法治意识、契约精神等。

### 3. 高级阶段

在高级阶段，高校思想政治教育目标得到进一步提升，更加注重学生的综合素质提升和使命担当意识的强化。为实现这一目标，高校开设了一系列高级政治理论课程，旨在深化学生对马克思主义理论、中国特色社会主义理论体系以及党的最新理论成果的理解和掌握。这些课程不仅注重理论知识的传授，还强调理论与实践的结合，引导学生运用所学理论分析现实问题，提升他们的政治敏锐性和鉴别力。除了课堂教学，高校还积极组织专题研讨和社会实践活动。专题研讨活动围绕当前社会热点、难点问题展开，鼓励学生从不同角度、不同层面进行深入探讨，培养他们的批判性思维和创新能力。这一阶段还特别注重引导学生将个人理想与社会发展相结合。通过开设职业生涯规划课程、举办杰出校友讲座、组织社会服务活动等方式，高校努力让学生认识到个人成长与国家发展、民族振兴的紧密联系。

### （四）评价体系

高校思想政治教育评价体系的构建是一个系统工程，其核心在于全面、客观地评估教育成效，以促进学生思想政治素质的全面发展。该评价体系应涵盖以下关键方面：

第一，学生的思想政治素质，这是评价体系的基石。具体包括学生的政治立场是否坚定，道德品质是否高尚，公民素养是否完备等。这些素质是衡量学生思想政治教育成效的直接指标，也是评价教育质量的重要依据。

第二，教育过程的质量，这是评价体系的核心环节。它涉及课程设置的合理性、教学方法的创新性、实践活动的丰富性和有效性等多个方面。通过对教育过程的细致评估，可以揭示教育实践中存在的问题和不足，为后续改进提供有力依据。

第三，教育效果，这是评价体系的最终归宿。它关注学生的理想信念是否坚定，价值观是否正确，行为表现是否符合社会期望等。教育效果的评估需要注重长期性和全面性，既要考查学生的即时反应，也要关注其长远发展。

在构建评价体系时，应注重定量与定性相结合，形成性评价与终结性评价相结合。定量评价可以通过问卷调查、数据分析等方式进行，以提供客观、可比较的结果；定性评价则可以通过深度访谈、案例分析等方式进行，以揭示教育现象的本质和规律。同时，形成性评价关注教育过程中的动态变化，及时发现问题并调整策略；终结性评价则关注教育成果的最终呈现，为教育质量的全面评估提供依据。

## 三、高校思想政治教育的意义

高校思想政治教育不仅能保障中国特色社会主义思想政治教育教学实践活动的开展，同时，它对培养高校学生马克思主义价值观点、立场、方法、形成社会主义核心价值观，对践行中国理想信念、价值、精神的入脑入心的教学活动有着重要的意义。

### （一）解决高校学生成长过程中各种思想困惑

#### 1. 引导学生成长过程中的思想解惑

思政教育教学并非简单地对学生进行正面灌输和传播思想理论知识，其核心在于在学生成长、成才的过程中给予正向的引导，并培养其有效解决问题的能力。这一过程实质上就是对学生成长过程中遇到的各种难题和困惑进行解答的过程。思政教育的特点决定了解惑这一方法功能的重要性。高校学生正处于成长、成才的关键时期，他们的思想价值观念正在形成阶段，学习、生活以及社会实践都会给他们带来各种各样的困惑。只有对学生产生的种种困惑给予积极引导和及时解答，才能真正提高教学的实效性和针对性。因此，思政教育需要注重培养学生的逻辑辩证思维，要求他们及时、科学地解答自己产生的困惑，并引导学生坦然面对问题，对问题进行全面的把握。

#### 2. 困惑的积极面

困惑的产生并非全然是负面的，它同样具有积极的一面。对于学生而言，困惑的产生有助于推动他们积极思考，寻找解决问题的途径。而对于教学工作而言，学生的困惑也是推动教学改革和发展的重要动力。因此，在教学过程中，教师除了要重视对理论知识进行正面传授的课堂教学外，更要重视时刻解答学生在领悟理论知识的过程中产生的困惑。这不仅有助于学生在更深层面认识和把握理论知识，也有助于增强教学中的问题意识引导，提高教学的实效性和针对性。为了实现这一目标，教师需要不断更新教学理念和方法，注重与学生的互动和交流，及时了解他们的困惑和需求，从而为他们提供更加有针对性和实效性的帮助。

### 3.全面把握解惑方法

为了全面把握解惑方法在思政教育中的重要性，教师需要不断提升自身的专业素养和教学能力。他们需要深入了解学生的思想动态和学习需求，关注他们在成长过程中遇到的各种困惑，并积极探索有效的解惑方法。在教学过程中，教师应注重理论与实践的结合，引导学生通过实践活动来领悟理论知识，并解决他们在实践中遇到的问题。同时，教师还应注重培养学生的自主学习能力和批判性思维，鼓励他们勇于质疑、敢于探索，在解惑的过程中不断提升自己的思想水平和综合素质。此外，教师还应积极关注社会热点和时事动态，将社会现实与理论教学相结合，为学生提供一个更加广阔和深入的学习平台。通过这些努力，教师可以更好地发挥解惑方法在思政教育中的作用，增强学生的思想素质和综合能力，为他们的成长和成才提供有力的支持。

### （二）帮助高校学生树立正确的理想信念

#### 1.科学理论引导学生坚定信念

通过系统的思政课程教学，学生能够科学准确地理解和把握马克思主义的基本原理，从而为树立正确的理想信念打下坚实的理论基础。在思政课堂上，教师通过深入浅出地讲解马克思主义的核心理论，帮助学生建立起对这一科学理论体系的整体认知。例如：在讲解唯物史观时，教师可以结合具体的历史事件和当前的社会现实，让学生认识到人民群众在历史发展中的决定性作用；在探讨剩余价值理论时，则可以通过分析现代社会的劳动分配情况，让学生理解资本与劳动之间的关系。这种理论联系实际的教学方式，不仅能够让学生更好地理解马克思主义的精髓，还能够引导他们运用这些理论去分析现实生活中的种种现象，从而逐步树立起科学的世界观。

#### 2.方法论培养提高学生分析能力

在思想政治理论课中，教师不仅向学生传授马克思主义的基本理论，还注重培养学生的科学方法论，即教会学生如何运用马克思主义的观点和方法来分析问题和解决问题。这种方法论的培养贯穿于整个教学过程之中，包括理论讲解、案例分析、讨论辩论等多个环节。例如：在讲解矛盾论时，教师可以引导学生分析校园生活中的具体矛盾，如学习与休息、个人与集体之间的关系等，让学生学会用对立统一的观点来看待问题；在探讨阶级斗争理论时，则可以通过分析国际政治经济格局的变化，让学生认识到阶级斗争在当今世界仍然存在的客观事实。通过这些实践活动，学生不仅能够掌握分析问题的方法，还能够在实际操作中不断提高解决问题的能力。这种能力的提升，不仅有助于学生在校期间的学习，更为其未来步入社会、面对复杂多变的环境提供了有力支撑。

**3. 持续教育助力理想信念深化**

思政课程的教学不仅仅是理论知识的传授，更是一个持续教育的过程，旨在引导学生不断加深对马克思主义理论的理解，并在此基础上牢固确立正确的理想信念。这一过程需要教师与学生共同努力，通过多种途径和方式不断强化教育效果。例如：定期举办主题讲座或研讨会，邀请专家学者与学生面对面交流，分享最新的研究成果和社会实践经验；开展社会实践活动，让学生走进基层、深入群众，亲身体验社会主义建设的伟大成就，增强其对中国特色社会主义制度优越性的认同感；组织红色旅游活动，带领学生参观革命纪念地，缅怀先烈，传承红色基因。通过这些形式多样、内容丰富的教育活动，学生不仅能够在理论学习上取得进步，还能够在情感体验上获得升华，从而真正将马克思主义内化于心、外化于行，形成坚定不移的理想信念。

## （三）提高高校学生的思想觉悟

思政教育是思维从抽象上升到具体的通道，对思想政治理论课教学理论进行规范，可以使高校学生提高思想政治觉悟及坚定正确的政治方向。目前，随着教学手段的不断发展，实践活动内容多样，形式各异。思政教育作为教学的理性认识和基本理论单元，是教学的每一环节产生、变化、发展的基础，对教学中诸要素的位置、作用都有明确的规定，它对教学的指导作用是教学效果和目的达成的保障。思政教育对教师所采用的教学方式和方法也具备指导作用，也是教学方向的重要影响因素，要保证教学内容和对学生思想的引导方向是正确的，是与马克思主义所提倡的思想、价值观念保持一致的，保证对高校学生培养的是正确的价值理念和政治方向。

## （四）有助于坚持社会主义办学方向

### 1.思想政治教育引导学生正确发展方向

在新时代背景下，高校学生正处在人生观、价值观形成的关键时期，面对着日新月异的社会变化和信息爆炸式的增长，加强思想政治教育教学显得尤为重要。思想观念的正确与否，直接影响到学生个人发展的方向与质量，是其自我成长与进步的内在动力。思想政治教育不仅在于知识的传授，更是思维的训练和认知客观世界的工具。它帮助学生建立正确的世界观、人生观和价值观，引导学生学会用辩证唯物主义和历史唯物主义的观点去分析和解决问题，提高他们对社会现象的认知能力和判断力。

### 2.思想政治教育促进学生道德品质与创新精神培养

思想政治教育不仅是学生智力发展的基石，更是培养学生道德品质和创新精神的重要途径。它鼓励学生追求真理、崇尚科学，倡导公平竞争、团结协作的社会风尚，为学生的全面发展提供了坚实的思想基础和精神支撑。在教学过程中，教师可以通过讲述革命先辈的事迹、先进模范人物的故事，让学生感受到无私奉献、艰苦奋斗的精神，激发他们为实现中华民族伟大复兴而团结奋斗的决心。同时，通过组织各类科技创新竞赛和社会实践活动，鼓励学生积极参与，培养其创新意识和实践能力。这种理论与实践相结合的教学方式，不仅能够让学生在学习中获得成就感，还能够增强他们的社会责任感和使命感。更重要的是，思想政治教育能够帮助学生树立正确的道德观念，使他们在面对各种诱惑和挑战时能够坚守原则，做到自尊自爱、诚实守信。

### 3.创新教学方法助力学生全面发展

为了更好地适应新时代的要求，高校思想政治教育工作需要不断创新发展，探索更加贴近学生实际的教学方法和手段。例如：利用多媒体技术制作生动有趣的教学课件，通过视频、动画等形式展现抽象的理论概念，使学生在轻松愉快的氛围中掌握知识；开展互动式教学活动，如小组讨论、角色扮演等，让学生在参与中加深对理论的理解；组织学生参加志愿服务、社会实践等第二课堂活动，让学生在服务社会的过程中培养团队协作精神和社会责任感。通过这些创新举措，思想政治教育不再局限于课堂之上，而是延伸到了学生的日常生活之中，真正实现了全程育人、全方位育人。此外，高校还可以利用大数据分析技术，精准掌握学生的思想动态，为个性化教育提供依据，确保思想政治教育工作更加科学、有效。

### （五）培育和弘扬社会主义核心价值观体系

#### 1.引导与塑造的力量

思想政治教育在本质上是一项关于人的工作，其核心任务不仅在于满足人的精神需求，更在于给予人们正确的思想引导。在这一过程中，将社会主义核心价值观作为有效解决问题、消除矛盾的行动指南显得尤为重要。高校学生正处于价值观形成的关键时期，他们的价值观开始反思、裂变并最终成型，迫切需要社会主义核心价值观来进行正确的引导。面对价值选择的困惑，高校学生需要得到教育和开导，学会正确的选择和取舍。这一任务自然落在了思想政治教育的肩上。思想政治教育教学过程不仅是知识的传授，更是培养和弘扬社会主义核心价值观的实践过程。这一实践过程需要理论的指导，与教学发展状况和水平有着密不可分的关系。它体现了思想政治教育教学规律，通过对这一规律的学习掌握，可以更好地发挥师生的主观能动性，增强学生树立社会主义核心价值观的决心和自觉性。在教学过程中，教师应注重将理论知识与现实生活相结合，引导学生从实践中感悟社会主义核心价值观的真谛，从而将其内化为自己的行为准则。

#### 2.理论认知与价值观形成

思想政治教育教学的研究直接影响其理论体系的构建，而学生价值观的形成与其对知识理论的认知程度有着重要联系。学生对马克思主义理论的认知和认可度越高，其对社会主义核心价值观的认知度也就越高，价值观的培养和弘扬工作的完成度也就越高。因此，提升学生对马克思主义理论的认知和认可度是培养和弘扬社会主义核心价值观的关键。为了实现这一目标，思想政治教育需要不断创新教学方法和手段，使理论知识更加贴近学生的生活实际和思想实际。教师可以通过案例分析、小组讨论、社会实践等多种形式，引导学生深入理解马克思主义理论和社会主义核心价值观的内涵和意义。同时，教师还应注重培养学生的批判性思维和独立思考能力，使他们能够在多元价值观的冲击下保持清醒的头脑，坚守社会主义核心价值观的底线。在这个过程中，学生也需要发挥自己的主观能动性，积极参与教学过程，主动思考和探索社会主义核心价值观的真谛。通过不断学习和实践，学生可以将社会主义核心价值观内化为自己的行为准则和价值追求，成为具有高尚品德和坚定信念的新时代好青年。这样，思想政治教育才能真正实现其引导与塑造的力量，为培养德智体美劳全面发展的社会主义建设者和接班人贡献力量。

## 四、高校思想政治教育的主体与客体

### （一）主体构成

高校思想政治教育的主体构成多元且富有层次，其中思想政治理论课教师占据核心地位。他们肩负着传授马克思主义理论的重任，通过系统的教学，引导学生深入理解和掌握我国发展的路线与方针，从而帮助大学生树立正确的世界观、人生观和价值观。这一群体不仅是知识的传递者，更是学生思想成长的引路人。除此之外，辅导员和班主任也是高校思想政治教育不可或缺的主体。他们与学生朝夕相处，负责日常思想政治教育工作的开展。这包括关注学生的思想动态，及时发现并解决学生在学习和生活中遇到的问题，以及引导学生形成健康的心理和健全的人格。辅导员和班主任的工作对于维护校园稳定、促进学生全面发展具有重要意义。

### （二）客体特点

高校思想政治教育的客体主要是广大在校大学生，这一阶段的学生群体具有鲜明的特点：他们普遍拥有较高的文化素养，展现出强烈的求知欲和独立思考能力。然而，与此同时，他们也面临着一定的心理和思想困惑，需要在思想政治教育过程中得到适当的关注和引导。在具体的教育实践中，大学生们表现出以下几个显著特点：一是思想活跃，对于新事物和新观念具有较高的接受度，愿意积极探索和尝试；二是价值观呈现多元化趋势，需要在教育过程中得到正确的引导和塑造，以形成积极向上的价值观念；三是个性鲜明，注重自我表达和个性展示，希望在思想政治教育中能够得到充分的尊重和认可；四是具有较强的社会责任感和使命感，对于国家和社会的未来发展充满关注和期待，愿意为实现中华民族伟大复兴的中国梦贡献自己的力量。

### （三）主客体关系

在高校思想政治教育中，主体与客体之间的关系展现出一种深刻的相互影响与相互制约的特性。教育主体，包括教师、辅导员等，通过多样化的教学手段，如传授知识、引导实践、开展丰富多彩的活动，积极地对客体，即学生，进行深入的思想政治教育。他们不仅传递理论知识，更注重引导学生将所学内化于心、外化于行。与此同时，客体并非被动接受，其思想观念、行为表现等也会对教育主体产生重要的反作用。学生的反馈、需求和思想动态变化，要求教育者必须保持高度的敏感性和响应性。这种主客体之间的动态关系，强调了教育过程中的双向互动与共鸣。因此，教育者需精心设计教育内容和方法，确保其既符合教育目标，又能贴近学生的实际需求。

### （四）主客体的互动

高校思想政治教育的主客体互动是一个多维度的过程，主要体现在以下几个方面：一是教育者与受教育者之间保持密切的沟通与交流，教育者通过倾听学生的声音，深入了解学生的思想动态，及时解答学生在学习和生活中遇到的疑问，建立起一种基于理解和尊重的师生关系。二是通过课堂讨论、实践活动等多种形式，教育者积极激发学生的主体意识，鼓励他们主动参与到教育过程中来，通过自主学习、合作探究等方式，培养学生的自主学习能力和批判性思维能力。三是搭建线上线下相结合的教育平台，充分利用现代信息技术的优势，拓宽主客体互动的渠道，打破时间和空间的限制，使教育者和受教育者可以随时随地进行交流和互动，从而提高教育的效果和影响力。

## 五、高校思想政治教育的载体与方法

### （一）传统载体

高校思想政治教育的传统载体承载着丰富的教育内容和深刻的教育意义，这些载体在历史长河中逐渐形成并不断完善，对于培养学生的思想政治素质发挥着重要作用。具体来说，传统载体主要包括以下几个方面：

**1. 理论教育载体**

通过系统的课堂教学，向学生传授马克思主义理论、中国特色社会主义理论体系等核心知识，帮助学生树立正确的世界观、人生观和价值观。理论教育载体是高校思想政治教育的基础，为学生提供了坚实的理论支撑。

**2. 谈话与心理辅导载体**

通过面对面的交流和心理辅导，深入了解学生的思想动态和心理需求，有针对性地进行思想政治教育。这种载体形式灵活多样，能够根据学生个体差异实施精准教育，增强学生的认同感和归属感。

**3. 开会与集体讨论载体**

通过组织各种形式的会议和集体讨论活动，引导学生积极参与思想交流和观点碰撞，促进学生之间的思想互动和共同进步。这种载体能够培养学生的团队协作能力和批判性思维，增强他们的集体荣誉感和责任感。

### （二）现代载体

高校思想政治教育的现代载体丰富多样，体现了时代发展与教育创新的紧密结合。其中，数字媒体平台成为重要的传播渠道，如官方网站、微信公众号、微博等，这些平台能够迅速传递党的方针政策、时事热点和理论成果，同时提供多样化的学习资源，如在线课程、视频讲座、互动论坛等，满足学生个性化学习需求。另外，多媒体教学设备也是不可或缺的现代载体，如投影仪、电子白板、虚拟现实设备等，它们为课堂教学注入新的活力。通过图像、音频、视频等多种形式的展示，抽象的理论知识变得生动具体，增强了学生的感官体验和认知效果。特别是在模拟实践环节，虚拟现实技术能够让学生身临其境地感受历史场景、社会现象，从而深化对思想政治理论的理解和认同。

## （三）实践载体

高校思想政治教育的实践载体是丰富多样的，这些载体不仅为学生提供了将理论知识应用于实践的平台，还促进了学生综合素质的全面提升。以下是几种主要的实践载体：

### 1. 校园文化活动

高校通过举办各种校园文化活动，如学术讲座、文化节、艺术展览、体育竞赛等，将思想政治教育融入其中。这些活动不仅丰富了学生的课余生活，还营造了积极向上的校园文化氛围，使学生在参与中受到熏陶和感染，增强了对社会主义核心价值观的认同和践行。

### 2. 社会实践活动

组织学生参与社会实践活动，如志愿服务、社会调查、实习实训等，让学生走出校园，深入社会基层，了解国情民情，增强社会责任感和使命感。通过实践活动，学生可以亲身体验社会现实，加深对理论知识的理解和应用，同时提升分析问题和解决问题的能力。

### 3. 网络新媒体平台

随着信息技术的发展，网络新媒体成为高校思想政治教育的重要实践载体。高校利用校园网、微信公众号、短视频平台等新媒体工具，开展线上思想政治教育活动，如网络主题班会、在线研讨、微党课等。这些平台具有传播速度快、覆盖范围广、互动性强等特点，能够更好地吸引学生的关注和参与，提高思想政治教育的针对性和实效性。

### 4. 专业实习与实训

结合学生的专业特点，组织专业实习和实训活动，让学生在实践中学习专业知识，同时融入思想政治教育元素。通过专业实习和实训，学生可以深入了解行业现状和发展趋势，培养职业素养和创新精神，同时增强对国家和社会的责任感和使命感。

## （四）创新方法

高校思想政治教育载体的创新方法，是应对新时代挑战、提升教育实效性的关键途径。这些方法涵盖了多个维度，旨在构建更加多元、互动、个性化的教育体系。一方面，充分利用数字媒体平台，如官方网站、社交媒体等，打造思想政治教育的新阵地。通过定期发布高质量的教育内容，运用大数据分析学生兴趣点，实现个性化推送，增强教育的吸引力和针对性。同时，开发在线课程、互动论坛等模块，促进师生间的交流与讨论，形成线上线下的教育合力。另一方面，创新课程载体，将思想政治教育融入专业课程之中，实现"课程思政"的全覆盖。通过挖掘专业课程中的思政元素，设计富有时代感和现实意义的教学案例，引导学生在专业学习中思考社会问题，培养批判性思维和责任感。

此外，注重实践活动的创新，组织学生参与社会实践、志愿服务等活动，让学生在亲身体验中感受社会现实，增强社会责任感和使命感。通过构建校企合作、校地合作等模式，为学生提供更多接触社会、了解国情的机会，促进理论与实践的深度融合。同时，加强校园文化建设，通过举办主题讲座、学术研讨会、文艺演出等活动，营造积极向上的校园文化氛围。这些活动不仅能够丰富学生的课余生活，还能够在潜移默化中传递正能量，引导学生树立正确的价值观和人生观。

## 第二节　高校思想政治教育的原则与特点

### 一、高校思想政治教育的原则

#### （一）方向性原则

方向性原则在高校思想政治教育中占据核心地位，它强调教育必须坚持正确的政治方向，这一方向的核心便是坚持马克思主义的指导地位，同时深入贯彻党的教育方针。这一原则要求高校在教育内容、方法和评价体系上，都要与党的路线、方针、政策保持高度一致，确保所培养出的人才不仅具备扎实的专业知识，更拥有坚定的政治立场和明确的政治方向。

为了实现这一原则，高校需要通过多种渠道和方式来落实。课堂教学是其中的重要环节，通过系统的理论教学，学生可以深入理解马克思主义的基本原理及其在中国实践中的运用，从而为树立正确的世界观、人生观和价值观打下坚实的理论基础。与此同时，校园文化也扮演着不可或缺的角色。高校应营造积极向上的校园文化氛围，通过举办各类学术讲座、文化节、艺术展览等活动，将思想政治教育融入其中，使学生在丰富多彩的校园文化生活中受到熏陶和感染。除了课堂教学和校园文化，社会实践也是方向性原则的重要实现途径。高校应组织学生参与各种社会实践活动，如志愿服务、社会调查、实习实训等，让学生走出校园，深入社会基层，了解国情民情，增强社会责任感和使命感。

### （二）理论联系实际原则

理论联系实际原则是高校思想政治教育的重要指导方针，它强调理论知识与实践活动的有机结合，旨在培养学生的实际应用能力和综合素质。在教学过程中，教师应注重将抽象的理论知识与具体的现实问题相联系，引导学生运用所学理论分析社会现象、解读政策方针，从而提高他们的政治敏锐性和鉴别力。这不仅有助于学生深刻理解理论知识，还能帮助他们形成正确的世界观、人生观和价值观。

为了实现理论与实践的有效结合，高校应积极探索多样化的教学方法。例如，可以采用案例教学，选取具有代表性和时效性的社会热点问题进行剖析，让学生在分析案例的过程中掌握理论知识，并学会如何将其应用于实际问题的解决中。同时，还可以组织专题讨论、辩论等活动，鼓励学生围绕特定主题展开深入思考，培养他们的批判性思维和口头表达能力。除了课堂教学方法的创新，高校还应积极组织学生参与社会实践活动。通过社会实践，学生可以将所学理论知识应用于实际情境中，深化对知识的理解和掌握。例如，可以安排学生参加社会调查、志愿服务、公益活动等，让他们在实践中亲身体验社会责任和公民义务，从而增强他们的社会责任感和使命感。此外，还可以与企业、社区等建立合作关系，为学生提供更多的实践机会和平台，使他们在实践中不断锻炼和提升自己的能力。

### （三）疏导结合原则

这一原则要求教师不仅要传授理论知识，更要通过耐心细致的疏导工作，帮助学生解决思想困惑和心理问题，引导他们走向健康成长的道路。为了实现疏导结合原则，教师需要具备高度的责任心和敏锐的洞察力，能够及时发现学生在思想上的波动和心理上的困扰。他们应倾听学生的心声，理解他们的困惑和烦恼，并通过耐心交流和引导，帮助学生理清思路，找到解决问题的方法。在这个过程中，教师需要注重情感沟通，以平等的态度和学生进行交流，让他们感受到教师的关心和支持，从而建立起相互信任和相互尊重的师生关系。同时，高校还应建立健全的心理辅导体系，为学生提供专业的心理咨询服务。这包括设立心理咨询中心，配备专业的心理咨询师，为学生提供个性化的心理咨询和辅导。心理咨询师应通过专业的技能和方法，帮助学生解决心理问题，提升他们的心理素质和应对能力。此外，高校还可以通过开设心理健康教育课程、举办心理健康讲座等方式，普及心理健康知识，增强学生的心理健康意识和自我调节能力。

### （四）渗透性原则

渗透性原则在高校思想政治教育中扮演着至关重要的角色，它要求思想政治教育不仅仅局限于专门的课程，而是要全面渗透到学校工作的各个方面和各个环节中去。这意味着，除了设立专门的思想政治教育课程之外，高校还需要积极探寻将思想政治教育融入其他课程的有效途径，如专业课、公共课等，实现思想政治教育与知识传授的有机结合。在这样的教学模式下，学生在学习专业知识的同时，也能够潜移默化地接受思想政治教育，从而更好地理解并践行社会主义核心价值观。

为了实现这一目标，高校教师应深入挖掘各类课程中的思想政治教育资源，将其与课程内容有机结合，使学生在学习专业知识的过程中，能够自然地感受到思想政治教育的力量。例如，在专业课程中，教师可以结合行业发展的历史背景、社会责任等内容，引导学生思考专业知识的社会价值和应用前景，培养他们的社会责任感和使命感。除了课程渗透，高校还应充分利用校园文化建设这一重要载体，将思想政治教育融入其中。通过举办丰富多彩的校园文化活动，如主题讲座、学术研讨会、文艺演出等，高校可以营造一个积极向上的校园文化氛围，使学生在参与活动的过程中，潜移默化地受到思想政治教育的熏陶。同时，学生社团活动也是进行思想政治教育的重要途径。高校可以鼓励学生自发组织或参与各类社团活动，如志愿服务、社会公益等，使学生在实践中锻炼自己的能力和素质，同时培养他们的社会责任感和团队合作精神。

### （五）求实原则

#### 1. 求实原则的内涵

求实原则在思想政治教育中占据核心地位，它强调一切从实际出发、理论联系实际、实事求是的思想路线。这一原则不仅是马克思主义理论的精髓，也是大学生思想政治教育的基本原则之一。求实原则要求教育者在开展思想政治教育活动时，必须深入社会现实，了解受教育者的思想实际，运用马克思主义的基本理论去分析和解决社会问题和受教育者的思想问题。通过这样的方式，教育者能够发现问题的本质和规律，从而更有效地指导大学生思想政治教育的实践活动。

#### 2. 求实原则的具体要求

求实原则的实施需要遵循一系列具体的要求和实践步骤。一方面要一切从实际出发，坚持主观与客观、主体与客体的统一。这意味着在制定工作目标和计划时，必须充分考虑实际情况，选择恰当的方法。另一方面，要按照正确解决问题的步骤来办事，包括及时发现问题、切实弄清问题、正确解决问题。为了做到这一点，教育者需要善于调查研究，准确观察和分析问题，不回避矛盾。在发现问题后，还需要深入地分析、研究和核实，抓住问题的核心。而且，在弄清实际问题后，教育者应及时联系相关人员，运用相关理论，实事求是地解决问题。这样的实践步骤有助于确保求实原则在思想政治教育中的有效贯彻。

#### 3. 求实原则在大学生思想政治教育中的应用

通过从实际出发，教育者能够更准确地了解学生的思想状况和需求，从而制定更符合学生实际的教育内容和方法。其次，求实原则有助于培养学生的实践能力和创新精神。通过理论联系实际的教学方式，学生能够更好地将所学知识应用于实际生活中，提升解决问题的能力。同时，求实原则还鼓励学生勇于探索、敢于创新，培养他们的创新意识和实践能力。而且，求实原则的应用有助于推动大学生思想政治教育的持续发展。通过不断地从实际出发、理论联系实际、实事求是地解决问题，教育者能够不断总结经验、创新方法，推动大学生思想政治教育的不断创新和发展。这样的应用不仅有助于提升学生的综合素质和能力水平，还能为社会的和谐稳定发展贡献更多的力量。

### （六）教书与育人相结合原则

#### 1. 教书与育人相结合原则的重要性

教书与育人相结合原则是学校教育中的一项基本原则，它强调在传授知识的同时，注重培养学生的思想品德和综合素质。这一原则体现了学校教育育人为本、德育为先的教育理念，把人才培养作为根本任务，把思想政治教育摆在首要位置。而且，高校各门课程都具有育人功能，要把思想政治教育融入大学生专业学习的各个环节。这一原则的贯彻实施，有助于实现学校教育的全面目标，培养德智体美劳全面发展的社会主义建设者和接班人。

#### 2. 寓思想教育于教学之中的作用

寓思想教育于教学之中是教书与育人相结合原则的具体体现。在教学过程中，教师要把思想教育工作渗透到各个环节中去，把传道、授业、解惑结合起来。这要求教师在传授知识的过程中，注重发挥和挖掘教材的思想性、知识性和趣味性，有机地结合社会实际和大学生思想实际，调动大学生的学习积极性。同时，教师还要帮助大学生处理好德育与智育的关系，把思想政治教育工作渗透到大学生的各项学习活动之中。通过这样的实践策略，可以使大学生在专业知识学习的同时，受到思想品德的熏陶和综合素质的培养。

#### 3. 正确处理思想政治教育和大学生学习活动的辩证关系

在教书与育人的过程中，要正确处理思想政治教育和大学生学习活动的辩证关系。教书与育人二者是相互联系、相互促进的。无论是自然科学还是社会科学的教师，都要结合教材特点，加强对学生的全面教育和培养，自觉地做到教书育人。同时，教师还要发挥思想政治教育对大学生学习活动的方向引导作用和内在激励作用。为了正确把握大学生思想政治教育和知识学习活动相结合的程度、方式，教师需要不断探索和实践，以利于大学生思想政治工作作用的发挥和大学生全面发展的需要。通过这样的方式，可以实现教书与育人的有机结合，培养出既具有专业知识又具有高尚品德的优秀人才。

### （七）教育与自我教育相结合原则

#### 1. 教育与自我教育相结合原则的意义

教育与自我教育相结合的原则，是大学生思想政治教育中的一项基本原则。它强调在教育过程中，既要充分发挥教师的主导作用，又要充分激发学生的主观能动性，使教育成为一个由教师教书育人与学生自主学习、成才两个子过程交织而成的复合过程。这一原则的贯彻实施，有助于实现教育目标的全面性，促进大学生在思想道德、知识技能等方面的全面发展。同时，它也有助于提升教育的实效性，使教育更加贴近学生的实际需求和社会发展现实。在大学生思想政治教育中，坚持教育与自我教育相结合的原则，既是对传统教育理念的继承和发展，也是对现代教育理念的积极回应和实践探索。

#### 2. 建立平等互助的新型师生关系以促进教育与自我教育的结合

在大学生思想政治教育过程中，建立平等互助的新型师生关系是实现教育与自我教育相结合的关键。这种新型关系强调教师与学生之间的平等互动、互相尊重和互相学习，通过有效的交流和行动的积极参与，调动教师实施教育与学生接受教育两个方面的积极性。为了实现这一目标，教师需要转变传统的角色定位，从知识的传授者转变为学生学习的引导者和伙伴。同时，学生也需要积极参与教育过程，发挥自己的主观能动性，与教师共同探索和学习。在这样的师生关系下，教育不再是单向的知识灌输，而是双向的知识交流和情感沟通，从而促进了教育与自我教育的有机结合。

#### 3. 多维度促进大学生自我教育的实现

在坚持教育与自我教育相结合的原则下，多维度促进大学生自我教育的实现是至关重要的。一方面，要注重启发大学生的自我教育意识，引导他们通过自主学习、自觉参与以及反省、反思等自我修养途径，不断提高自己的思想道德水平。这需要教育者在教学过程中注重培养学生的自主学习能力和自我反思能力，鼓励他们主动探索和学习。另一方面，要打好学生的理论基础，使他们具备坚实的理论基础来指引自己的行为。理论教育法是大学生思想政治教育中最主要、最基本的方法，也是大学生打好理论基础最直接的方法。因此，教育者需要注重理论教学的系统性和深入性，帮助学生建立正确的理论框架和思维体系。而且，树立成功的榜样也是促进大学生自我教育的重要途径。榜样示范法具有形象、生动的特点，能够产生更强的感染力和说服力。教育者需要实事求是地选择对大学生有影响力的典型榜样，引导他们向榜样学习、努力奋斗。并且，要创造有利于大学生进行自我教育的条件，积极引导和支持他们的自我教育活动。这包括提供各种渠道和形式对大学生的自我教育活动进行支持和引导，鼓励他们开展各种健康有益的活动、引导他们开展批评和自我批评以及在民主生活和社会实践中得到锻炼等。通过这些措施的实施，可以有效地促进大学生自我教育的实现和发展。

### （八）灵活变通原则

#### 1.思想政治教育中的灵活变通原则

在高校思想政治教育过程中，坚持灵活变通的原则意味着将教育目标和内容的规定性与教育过程和方法的灵活性有机结合。这一原则强调了在与学生沟通思想、交流情感的过程中，应采用灵活多样的方式来实现教育目的。大学生的思想和情感是丰富且复杂的，这就要求教育者在实施思想政治教育时，避免采用生硬、呆板的方法，而是要根据不同学生的实际情况和个性特征，有针对性地选择教育方法。例如：对于喜欢互动交流的学生，可以采用小组讨论、角色扮演等形式；而对于偏好独立思考的学生，则可以通过阅读指导、撰写心得体会等方式来进行教育。灵活变通不仅体现在方法的选择上，还表现在对教育内容的呈现方式上，教育者需要根据时代背景和社会发展动态，适时调整教育内容，使之更加贴近学生的生活实际，从而增强教育的吸引力和说服力。

**2. 适应学生个性特征的教育方法**

大学生思想政治教育过程中,灵活变通原则的核心在于尊重学生的个性差异,因材施教。这意味着教育者需要深入了解每一位学生的思想状况和性格特点,根据其具体需求来设计教育活动。比如:对于好奇心强、求知欲旺盛的学生,可以通过举办学术讲座、主题沙龙等活动,激发他们对知识的渴望;而对于较为内向、不善于表达的学生,则可以通过一对一辅导、心理咨询服务等形式,帮助他们打开心扉,逐步建立自信。此外,教育者还应鼓励学生积极参与社会实践,通过亲身经历来加深对理论知识的理解,实现理论与实践的有机结合。这种基于学生个性特征的教育方法,不仅能够提高教育的针对性和有效性,还能促进学生全面发展,培养其独立思考和解决问题的能力。

**3. 与时俱进的思想政治教育创新**

随着信息技术的发展和社会环境的变化,大学生的思想观念也在不断更新,这要求教育者始终保持敏锐的洞察力,及时捕捉时代脉搏,调整教育策略。例如,面对自媒体环境下信息传播速度快、覆盖面广的特点,教育者可以充分利用新媒体平台开展宣传教育工作,如通过微博、微信公众号等渠道发布正能量内容,引导学生形成正确的价值观;同时,还可以借助大数据分析技术,精准掌握学生的思想动态,为个性化教育提供依据。此外,教育者还应鼓励学生主动探索未知领域,培养其创新意识和实践能力,使其在未来社会发展中能够勇立潮头。总之,坚持灵活变通原则,不仅能够使高校思想政治教育更加贴近学生实际,还能促进教育理念与方法的不断进步,为培养德智体美劳全面发展的社会主义建设者和接班人奠定坚实基础。

## 二、高校思想政治教育的特点

### (一)时代性

在当前的历史阶段,我国高校思想政治教育正紧密跟随时代的步伐,积极响应国家的发展战略,致力于强化社会主义核心价值观的教育,旨在培养具有鲜明时代特色的新时代中国特色社会主义事业的建设者和接班人。为了实现这一目标，高校思想政治教育需要在多个层面进行改革创新。在理论创新方面，要不断探索和丰富思想政治教育的理论内涵，使其更加符合时代发展的新要求。在制度创新上，要建立健全与新时代相适应的教育制度和机制，为思想政治教育的有效实施提供有力保障。同时，在方法创新层面，要积极采用现代化的教育技术和手段，如网络教学、多媒体教学等，以增强教育的吸引力和感染力，提高教育的实效性。除了改革创新，高校思想政治教育还应注重教育评价体系的完善。建立一套科学、合理、有效的评价机制，这对于激发教育工作者和学生的积极性、主动性和创造性具有重要意义。这一评价机制应能够全面反映思想政治教育的成效，包括学生的思想政治素质提升、价值观形成以及社会实践能力等多个方面。

### （二）针对性

教师深知，不同年级、专业、兴趣和价值观的学生，其思想状况、认知水平和关注点都存在显著差异。因此，他们精心制订有针对性的教育方案，力求使思想政治教育更加贴近学生实际，满足学生个性化的需求。对于低年级学生，教育者可能更注重基础性的思想引导，帮助他们树立正确的世界观、人生观和价值观，为后续的学习和生活打下坚实的基础。而对于高年级学生，教育者则可能更侧重于深入的理论探讨和实践能力的培养，引导他们将所学知识应用于实际，解决社会现实问题。同时，高校思想政治教育还特别注重针对社会热点问题进行引导。在当今社会，信息爆炸，各种思潮涌动，社会热点问题层出不穷。这些问题往往直接关系到学生的切身利益，也是他们最为关注的焦点。教育者通过深入剖析这些问题，引导学生运用马克思主义的立场、观点和方法进行分析，帮助他们认清问题的本质，明辨是非。在这一过程中，学生不仅能够增强理论素养，提升分析问题、解决问题的能力，还能够更加坚定地树立正确的世界观、人生观和价值观。

### （三）系统性

高校思想政治教育具有鲜明的系统性特征，它不仅仅局限于某一特定领域或方面，而是涵盖了政治理论、道德品质、心理健康、法治教育等多个重要维度，形成了一个完整而全面的课程体系。这一课程体系的设计，旨在通过多元化的教学内容和方法，全方位地提升学生的思想政治素质和综合素养。在政治理论方面，高校思想政治教育注重传授马克思主义基本原理和中国特色社会主义理论体系，帮助学生树立正确的世界观、人生观和价值观。道德品质教育则侧重于培养学生的高尚品德和良好行为习惯，引导他们形成正确的道德观念和伦理规范。同时，心理健康教育也是不可或缺的一部分，它关注学生的内心世界，帮助他们建立积极健康的心态，提高应对压力和挫折的能力。法治教育则致力于增强学生的法律意识和法治观念，使他们成为知法、守法、用法的合格公民。除了课程体系的完善，高校思想政治教育还注重与专业教育的有机结合。这种全员、全过程、全方位的育人格局，确保了学生在校园生活的每一个角落都能感受到思想政治教育的熏陶和影响。

### （四）创新性

在教育教学方法、课程设置以及实践活动等多个方面，教育者不断探索创新，以适应新时代学生的需求和特点。他们深知，传统的教育方式已经难以满足当今学生的多元化和个性化发展需求，因此必须寻求新的教育路径和方法。

在教育教学方法上，高校思想政治教育者积极尝试各种新颖的教学方式，如情境教学、案例教学、小组讨论等，以激发学生的学习兴趣和主动性。他们鼓励学生参与课堂互动，发表自己的观点和看法，从而培养学生的批判性思维和创新能力。

在课程设置上，高校思想政治教育也不断进行创新和调整。教育者根据学生的实际需求和社会发展的最新趋势，不断增设新的课程，如心理健康教育、创新创业教育等，以丰富和完善思想政治教育的内容体系。同时，他们也注重课程的跨学科性和综合性，将思想政治教育与其他学科有机结合起来，形成具有特色的课程体系。

在实践活动方面，高校思想政治教育者同样注重创新。他们积极组织学生参加各种社会实践活动、志愿服务活动等，让学生在实践中锻炼自己的能力和素质。同时，他们也注重将实践活动与课堂教学相结合，让学生在实践中深化对课堂知识的理解和掌握。

此外，高校思想政治教育还紧跟科技发展的步伐，积极运用现代教育技术手段来提高教育的吸引力和感染力。他们利用网络、大数据等现代信息技术手段，打造智慧课堂、在线教育平台等新型教育载体，为学生提供更加便捷、高效的学习体验。同时，他们也注重培养学生的创新意识和创造能力，鼓励学生在学习中不断探索和创新。

### （五）实效性

**1. 树立以大学生为主体的教育理念**

高校思想政治教育的根本目的，就是促进大学生成长成才，因此必须确立以大学生为中心的思想，充分尊重大学生的主体地位和个性特征；应当摒弃过去忽视大学生个体差异而采取居高临下、空洞冗长的说教式、灌输式思想教育的方法；要在贴近大学生实际、深入了解大学生各方面情况的基础上，找准教育引导的切入点和着力点，从大学生的个性发展和实际需求出发，有针对性地做好大学生思想政治工作。

**2. 调动大学生内在的积极性和主动性**

高校思想政治教育工作就是将作用于大学生身上的外部压力转化为大学生的内部压力，而完成这种转化不能仅仅依靠教育者的努力，更需要依靠大学生的自我感悟和自我教育。所以按照教育与自我教育相结合的原则，高校思想政治教育工作的各项措施都要符合当代大学生的心理需要，以入学生全面发展为本，在发挥好学校教育引导作用的同时，培养大学生积极主动的人生态度，能动地实现学生自我学习、自我教育和自我提高的目的，促进学生全面发展和健康成长。

**3. 分层递进的思想政治教育层次性目标**

学生在面对没有层次性的、过高的目标要求时，很容易出现茫然与混乱的现象。因此，高校思想政治教育需分层次、有步骤地引导学生从低级向高级，脚踏实地地从基本的道德要求向较高的道德追求迈进。在整个大学教育过程中，高校应合理规划各年级的教育重点。对刚入学的新生来说，学校教育的重点应该是遵章守纪和怎样读好大学，教育学生遵守学校的各项规章制度，并以此约束学生的思想与行为，使之在取得学习进步的同时，逐步学会做人做事，恪守德行操守；对大二学生来说，学校应重点督促学生集中精力学好每一门课程，无论是公共课、专业课还是选修课，都要求每一位学生认真学、不分心、不偏科，教育学生正确处理好读书与积极参加社会活动的关系，正确处理好学习与生活的关系，通过全身心地投入学习，力求各门功课都学得比较扎实；对大三大四的学生来说，学校教育的重点在于在勉励每一位学生认真学习的同时，使其逐步接受就业教育，引导学生树立正确的就业观，处理好就业、择业和创业的关系，积极倡导学生先就业，后择业，再创业。纵观整个大学阶段，除了上述针对各学年特点开展的重点教育外，理想信念教育及世界观、人生观和价值观的教育应贯穿于高校各个阶段教育的始终。

#### 4. 提高思想政治教育的吸引力和感染力

高校思想政治教育要贴近实际、贴近生活、贴近学生。切实提高高校思想政治教育的吸引力和感染力，不是空喊口号，而是应当进一步改进思想政治理论课的教学方法。要采取灵活多样的政治理论学习方式，更加有效地发挥思想政治理论课的主渠道作用；要将教师的言传身教与学生的能动思考有机地结合起来，贴近大学生的思想特点和思维习惯；还要积极地把思想政治教育工作理念贯穿于各项主题活动中，通过一系列创新性校园与社会实践活动，使学生在实际参与中获得自我提升；要把"以学生为本"与"以教学为中心"统一起来，把注意力放在提高教学质量上，通过真正把"以学生为本"的教育理念落实到日常教学中，加强学风建设，提高教学质量；通过真正把"以学生为本"的教育理念落实到大力加强德育工作中，推进素质教育，切实提高高校思想政治教育工作的影响力和实效性。

### （六）科学性

#### 1. 科学的指导思想

高校思想政治教育的指导思想源自党的政治路线、思想路线和组织路线。因此，高校思想政治教育坚持以中国特色社会主义理论体系为指导，坚持全面落实党的教育方针，以理想信念教育为核心，以爱国主义教育为重点，以思想道德建设为基础，以大学生全面发展为目标，解放思想、实事求是、与时俱进、求真务实，坚持以人为本，贴近实际、贴近生活、贴近学生。

2. 科学的内容

内容的科学性体现在理论要彻底，理论只要能说服人，就能掌握群众；理论只要彻底，就能说服人。而开展高校思想政治教育理论课教学是大学生思想政治教育的主导内容，是帮助大学生树立正确的世界观、人生观和价值观的重要途径。因此，思想政治教育既要注重引导大学生追求正确的"三观"，也要注意引导他们辨别各种错误思潮并与其划清界限。

3. 科学的方法

在时代发展的前提下，要准确把握思想政治教育的规律性，增强其实效性。高校思想政治教育是在特定的环境下，在特定的群体中进行的，不同学校在培养目标、专业方向设置上有很大的差异。同样，同一专业不同年级又有不同的特点，同一年级的不同对象的思想品德状况又不尽相同。因此，在思想政治教育方法的选择上这些特殊情况都要充分考虑到。当然，从一般意义上来说，不管教育方法如何千变万化，思想教育的目标无非都是通过群体教育和个体教育、直接教育和间接教育的形式去实现的。因此，不论最后采取什么方法都应该从高校及学生的实际出发，有针对性地进行取舍，只有这样，高校思想政治教育才会事半功倍。

## 第三节 高校思想政治教育的过程与规律

### 一、高校思想政治教育的过程分析

#### （一）教育目标的设定

在设定教育目标时，必须确保其与国家教育方针相契合，同时也要紧密结合高校的实际情况，体现教育的针对性和实效性。在这一过程中，特别要强调培养学生的社会主义核心价值观，这是新时代赋予高校思想政治教育的历史使命。通过教育目标的设定和实施，要进一步强化学生的国家意识、民族意识和文化意识，使他们成为具有深厚爱国情怀、强烈民族自豪感和高度文化自信的新时代青年。教育目标的设定不是一成不变的，而应具备层次性、阶段性和动态性。层次性意味着教育目标要针对不同年级、不同专业的学生设定不同的要求，做到因材施教，有的放矢。阶段性则要求教育目标要随着学生成长的不同阶段进行调整，既要考虑学生的当前需求，也要预见并引导他们未来的发展。动态性则强调教育目标要随时关注社会发展和教育环境的变化，及时吸纳新的教育理念和教育内容，确保教育目标的时代性和前瞻性。通过这样的教育目标设定，高校思想政治教育能够更好地适应学生个体差异和教育环境的变化，实现教育的精准化和有效化。同时，也能够更好地发挥思想政治教育在培养学生综合素质、提升学生社会责任感和历史使命感方面的重要作用。

### （二）教育内容的设计

高校思想政治教育内容的设计是实现教育目标的关键环节，它承载着塑造学生思想观念、价值取向和行为习惯的重要使命，为了确保教育内容的全面性和系统性，设计过程中必须涵盖多个核心方面。马克思主义理论作为指导思想，为高校思想政治教育提供了理论基础和方法论指导，是学生认识世界、改造世界的强大思想武器。中国特色社会主义理论则是马克思主义中国化的最新理论成果，它结合中国实际，阐明了中国特色社会主义的道路、理论、制度和文化，是学生理解国家发展、参与社会建设的重要理论支撑。法律法规教育则是培养学生法治意识、提高其遵纪守法能力的重要途径。道德规范教育则侧重于引导学生树立正确的道德观念，培养良好的道德品质和社会责任感。在注重内容全面性的同时，高校思想政治教育内容的设计还应强调深入性，即将思想政治教育与专业教育有机结合。这意味着要深入挖掘各类课程中的思想政治教育资源，实现知识传授与价值引领的统一。通过专业知识的传授，引导学生认识专业发展的历史背景、社会价值和伦理要求，从而增强其专业认同感和使命感。同时，结合专业特点开展思想政治教育活动，使学生在学习专业知识的过程中，不断受到思想的洗礼和精神的升华。

### （三）教育方法的选择与应用

为了实现既定的教育目标，高校应综合运用多种教育方法，包括讲授、讨论、实践、研究等，这些方法各有千秋，能够相互补充，共同促进教育目标的实现。在讲授中，教师可以通过系统、深入的讲解，向学生传授理论知识和价值观念；在讨论中，学生可以围绕特定主题展开交流，通过思想的碰撞和观点的交锋，深化对问题的理解；在实践中，学生可以将所学知识运用于实际，通过亲身体验和感悟，增强对理论的认同感和实践能力；在研究中，学生可以培养探究精神和创新思维，学会自主地发现问题、分析问题和解决问题。除了传统教育方法外，高校还应注重启发式、探究式、参与式教学等现代教育理念的运用。启发式教学能够激发学生的思维活力，引导他们主动探索知识；探究式教学则鼓励学生通过自主探究和合作学习，发现知识的内在联系和规律；参与式教学则强调学生的主体性和创造性，让他们在参与中体验学习的乐趣和成就感。同时，高校还应充分利用现代教育技术手段，如网络、多媒体等，提高教育的影响力和吸引力。通过网络平台，学生可以随时随地获取学习资源，与教师和其他学生进行互动交流；而多媒体技术的运用，则可以让教育内容更加生动、形象，增强学生的学习体验和感受。当然，教育方法的创新也是实现教育目标不可或缺的一环。高校应不断探索适应时代发展的新型教育方法，如翻转课堂、慕课、微课等，这些方法能够打破传统教育的时空限制，提供更加灵活、多样的学习方式和路径。

### （四）教育过程的组织与管理

高校在思想政治教育过程中，应当建立健全的管理体系，明确各级各部门的责任分工，加强部门之间的协同合作，形成全员参与、全过程覆盖、全方位渗透的育人格局。这一管理体系的构建，要求高校从顶层设计出发，将思想政治教育纳入学校整体发展规划，确保其在资源配置、政策支持等方面得到充分保障。

在课程设置方面，高校应根据思想政治教育的内容和目标，科学合理地设计课程体系，确保课程内容的全面性和系统性。同时，注重课程的时效性和针对性，及时将最新的理论成果、社会热点问题等纳入教学内容，增强课程的吸引力和感染力。

在教学安排方面，高校应合理安排教学时间、教学形式和教学方法，确保思想政治教育的有序进行。注重理论与实践相结合，通过课堂教学、社会实践、志愿服务等多种形式，使学生在理论学习的同时，能够在实践中深化对理论的理解和认识。

师资队伍建设是提升思想政治教育质量的关键。高校应加强对思政课教师的选拔、培养和管理，打造一支政治素质高、业务能力强的教师队伍。同时，鼓励和支持教师开展学术研究、教学创新，不断提升其教学水平和育人能力。

教学质量评价是检验教育效果、推动教学改进的重要手段。高校应建立完善的教学质量评价体系，定期对思想政治教育的教学质量进行评估和反馈。通过学生评价、同行评审、教学督导等多种方式，全面了解教学情况，及时发现并解决存在的问题

### （五）教育效果的评价与反馈

构建科学、合理、全面的评价体系是这一环节的核心任务，该体系不仅要关注学生的知识掌握程度，衡量其对理论知识的理解和应用能力，还要深入关注学生的思想道德素质和行为表现等方面，全面评估学生在思想政治教育过程中的成长和进步。通过这样的评价体系，可以更加准确地了解教育目标的实现程度，及时发现教育过程中存在的问题和不足，为教育者提供有针对性的改进方向，也为提高整体教育质量提供有力依据。

在实施评价的过程中，高校应采用多样化的评价方法和手段，确保评价的客观性和公正性。这包括定量评价与定性评价相结合，既通过考试成绩、问卷调查等量化数据反映学生的知识掌握情况，又通过观察、访谈等质性研究方法深入了解学生的思想动态和行为表现。同时，评价还应注重过程性评价与结果性评价的有机结合，既关注学生的学习成果，又重视其在学习过程中的态度、方法和努力程度。

建立健全反馈机制是评价与反馈环节的另一重要内容，高校应及时将评价结果反馈给教育者、管理者和学生，确保各方都能及时了解教育效果，形成对教育质量的共同关注和参与。对于教育者而言，反馈可以帮助他们反思教学方法，调整教学策略；对于管理者而言，反馈可以为他们提供决策依据，优化资源配置；对于学生而言，反馈则可以让他们明确自己的优势和不足，激发自我提升的动力。

## 二、高校思想政治教育的规律探究

### （一）教育与自我教育的结合规律

高校思想政治教育是一个双向互动的过程，它强调教师的引导作用与学生的主体地位并重，旨在实现教育与自我教育的有机结合。在这一过程中，教师扮演着至关重要的角色，他们不仅是知识的传授者，更是学生成长的引导者和支持者。为了充分发挥学生的主体地位，教师应当深入关注学生的个体差异，细致了解每位学生的兴趣、特长和需求。这种了解是制订个性化教育方案的基础，有助于教师更好地把握每位学生的独特性和发展潜力。

基于对学生个体差异的深入了解，教师可以制订更具针对性的教育方案，以满足学生多样化的学习需求。这不仅包括课程内容的个性化调整，还涉及教学方法和手段的灵活应用。例如：对于对理论学习有浓厚兴趣的学生，教师可以提供更多的学术资源和研究指导；而对于更注重实践操作的学生，则可以安排更多的实践活动和项目，让他们在实践中深化对理论知识的理解和应用。在个性化教育方案的实施过程中，教师还应注重激发学生的内在动力。这可以通过设置具有挑战性的学习任务、鼓励学生参与课堂讨论和实践活动等方式实现。当学生感受到自己的努力和成就被认可和重视时，他们的学习积极性和自我驱动力会显著增强。更重要的是，教师需要通过个性化的教育和引导，帮助学生认识到自我教育的价值和意义。这意味着教师要教会学生如何自主学习、如何管理自己的时间和情绪、如何面对挑战和困难。这些自我教育的技能和能力对于学生未来的成长和发展至关重要。

### （二）知识传授与价值观教育的统一规律

高校思想政治教育应将知识传授与价值观教育有机结合起来，这一结合既是教育理念的革新，也是教育实践的必然要求。以知识传授为基础，意味着高校在思想政治教育过程中，要注重学生对基本理论、基本知识的理解和掌握，为他们打下坚实的理论基础。然而，知识传授并非教育的最终目的，而是要通过知识的传授，引导学生深入思考，培养他们的思维能力、判断能力和选择能力。

以价值观教育为核心，则强调了高校思想政治教育在培养学生思想道德素质、塑造他们正确的世界观、人生观和价值观方面的重要作用。教师要在传授理论知识的同时，密切关注学生的思想动态，了解他们的困惑和需求，通过有效的引导和启发，帮助他们树立正确的价值观念，形成积极向上的精神风貌。

### （三）教育与实践相结合的规律

在这一过程中，教师应积极组织学生参加各类社会实践活动，使学生有机会亲身感受社会、深入认识自我，从而增强他们的社会责任感和使命感。社会实践活动是连接校园与社会的桥梁，通过参与这些活动，学生能够更直观地了解社会发展的现状和挑战，体会到个人在社会中的角色和责任。同时，教师在组织实践活动时，应注重将其与课堂教学内容紧密结合，使学生在实践中能够运用所学知识，提高他们分析问题和解决问题的能力。这种结合不仅有助于巩固学生的理论基础，还能让他们在实践中发现理论的不足，进而激发他们探索新知识的兴趣。例如，可以引导学生围绕社会热点问题开展调研，让他们在调查中学会如何收集和分析数据，如何在复杂的社会现象中提炼出关键问题，并提出自己的见解和解决方案。

### （四）个性化与共性化教育的结合规律

高校思想政治教育要关注学生的个性化发展，同时也要注重共性化教育，这两者并非矛盾对立，而是相辅相成、互为补充的。教师应充分了解学生的兴趣爱好、特长和需求，这是实现个性化教育的前提和基础。每个学生都是独一无二的个体，他们有着不同的成长背景、性格特点和认知风格，因此，教育不能一刀切，而必须因材施教，针对学生的个体差异制订个性化的教育方案，以激发学生的潜能，促进他们的全面发展。在关注个性化的同时，高校思想政治教育也不能忽视共性化教育的重要性。共性化教育强调的是培养学生的集体意识、团队精神和集体荣誉感，这是学生成长为社会人所必需的基本素质。通过加强集体主义教育，学生可以学会如何在集体中发挥自己的作用，如何与他人合作共事，如何在追求个人目标的同时兼顾集体利益。这样的教育有助于培养学生的社会责任感和公民意识，使他们成为具有高尚品德和良好社会适应能力的优秀人才。实现个性化与共性化教育的相互促进、相得益彰，需要教师在教育实践中不断探索和创新。一方面，教师可以通过灵活多样的教学方法和手段，满足不同学生的学习需求，激发他们的学习兴趣和动力；另一方面，教师也要注重培养学生的集体意识和团队精神，通过组织各种集体活动和社会实践，让学生在实践中学会合作、学会分享、学会担当。

**（五）教育过程的阶段性与连续性规律**

高校思想政治教育是一个系统工程，必须遵循教育过程的阶段性与连续性规律。教师在实施教育时，应充分考虑学生的年龄特点、认知水平和思想状况，科学合理地划分教育阶段，并针对不同阶段的特点制订有针对性的教育方案。例如，对于大一新生，教育重点应放在适应性教育和基础理论学习上，帮助他们快速融入大学生活，树立正确的世界观、人生观和价值观；而对于高年级学生，则应更加注重社会实践和创新能力培养，引导他们将所学知识应用于实际，增强社会责任感和使命感。同时，高校思想政治教育还应注重教育过程的连续性，确保思想政治教育贯穿于学生大学阶段的始终，形成闭环管理。这意味着，从新生入学到毕业离校，每个环节都应有相应的思想政治教育内容和方法，确保学生在整个大学期间都能接受到系统、连贯的思想引导。为了实现这一目标，高校应建立健全的思想政治教育管理体系，明确各部门职责，加强协同合作，确保教育工作的有序进行。

在注重阶段性与连续性的基础上，高校还应加强与中小学生思想政治教育的衔接，形成一体化教育体系。这要求高校与中小学在教育内容、方法和评价等方面进行有效沟通与合作，确保学生在不同阶段都能接受到相互衔接、互为补充的思想政治教育。例如，可以通过开展联合教研活动、共享教育资源等方式，促进高校与中小学教师的交流与合作，共同探索适合学生年龄特点和认知水平的教育方法。

### （六）理论教育与实际生活相结合的规律

#### 1.理论教育与实际生活相结合的重要性

理论教育与实际生活相结合是高校思想政治教育的重要规律。这一规律不仅体现了教育的本质要求，也是提高教育实效性的关键所在。在现代社会，理论知识的学习是学生成长成才的基础，但仅仅依靠理论知识的传授是远远不够的。只有将理论与实际生活紧密结合，才能让学生真正理解和掌握所学内容，并将其转化为实际行动。通过引导学生关注社会热点、参与社会实践，教育者可以帮助学生将课堂上学到的理论知识应用到现实生活中，从而增强学习的积极性和实效性。同时，这种结合也有助于培养学生的创新思维和实践能力，使他们更好地适应社会发展的需求。因此，理论教育与实际生活相结合不仅是教育者的责任，也是提高教育质量的必由之路。

#### 2.实现理论教育与实际生活相结合的方法

要实现理论教育与实际生活相结合，教育者应关注社会热点和现实问题，将这些内容引入课堂，通过案例分析、讨论等方式，让学生深入理解理论知识在现实中的应用。而且，教育者可以组织学生参与社会实践，如志愿服务、社会调查等，让学生在实践中亲身体验理论的力量，增强对理论的理解和认同。此外，教育者还可以利用现代信息技术手段，如虚拟仿真、在线互动等，创设贴近学生生活的教育情境，提高教育的吸引力和感染力。通过这些方法，教育者可以有效地将理论与实际生活相结合，使学生在学习和实践中不断成长和进步。

#### 3.不断更新教学内容与方法，提高理论教育与实际生活融合度

为了实现理论教育与实际生活相结合的目标，教育者需要不断更新教学内容和方法，使之更加贴近学生的实际生活和思想需求。对此，教育者应密切关

注社会发展和学生思想动态的变化，及时调整教学内容，确保教育的时效性和针对性。例如，可以引入最新的社会研究成果等，使学生能够及时了解到最新的理论发展和社会实践。而且，教育者需要不断创新教学方法，采用更加灵活多样的教学手段，如小组讨论、角色扮演、项目式学习等，激发学生的学习兴趣和主动性。通过这些方法，教育者可以更好地引导学生将理论知识与实际生活相结合，提高思想政治教育的针对性和实效性。同时，教育者还应注重培养学生的批判性思维和解决问题的能力，使他们能够在复杂多变的社会环境中灵活运用所学知识，成为具有社会责任感和实践能力的人才。

### （七）情感投入与理性引导相结合的规律

#### 1.情感投入是构建良好师生关系的关键

在高校思想政治教育中，情感投入是构建良好师生关系的关键。教育者在教学过程中，不仅要注重知识的传授，更要关心学生的内心世界，理解他们的需求和困惑。这种情感的投入可以让学生感受到教育者的真诚和关爱，从而建立起一种信任和尊重的师生关系。当学生感受到被尊重和理解时，他们更加愿意敞开心扉，接受教育和引导。同时，情感投入也有助于营造一个积极、和谐的学习氛围，使学生在轻松、愉快的环境中成长。为了实现情感投入，教育者需要不断提升自己的情感素养，学会倾听、理解和共情，用真挚的情感去感染和影响学生，为他们的全面发展提供有力的支持。

#### 2.理性引导是帮助学生建立正确价值观念的有效途径

教育者在教学过程中，要坚持用科学的理论和方法来指导学生，帮助他们建立正确的世界观、人生观和价值观。理性引导不仅要求学生掌握基本的理论知识，更要求他们具备批判性思维和判断能力，能够在复杂多变的社会环境中明辨是非，做出正确的选择。为了实现理性引导，教育者需要不断更新教学内容和方法，使之更加符合时代发展的要求和学生的实际需求。同时，教育者还要注重培养学生的自主学习能力和创新精神，鼓励他们在探索中成长，在实践中锻炼自己的思维能力和判断力。

### 3. 情感与理性并重

情感投入与理性引导相结合是实现高校思想政治教育目标的重要途径。教育者在教学过程中，既要注重情感的投入，关心学生的内心世界，建立良好的师生关系，又要坚持理性的引导，用科学的理论和方法来指导学生。只有将这两者有机结合起来，才能更好地满足学生的成长需求，帮助他们全面发展。情感投入可以让学生感受到关爱和尊重，从而更加愿意接受教育和引导；而理性引导则可以帮助学生建立正确的价值观念，提高他们的思维能力和判断力。在实际教学中，教育者需要灵活运用各种教学方法和手段，将情感与理性巧妙地融合在一起，使学生在愉悦的氛围中接受知识的熏陶，在理性的指导下实现自我成长和超越。

## （八）传统教育与现代科技相结合的规律

### 1. 传统教育与现代科技融合的必要性

在当今信息爆炸的时代背景下，传统教育模式面临着诸多挑战。过去以教师为中心、单向传递知识的方式已难以满足学生多样化的需求。随着移动互联网、人工智能等技术的迅猛发展，将这些现代科技手段融入传统教育中，成为了推动高校思想政治教育创新的重要方向。多媒体技术的应用使得抽象的理论概念变得形象生动，视频、动画等形式能够帮助学生更直观地理解复杂的思想政治内容。此外，网络平台为师生之间搭建了无障碍沟通的桥梁，学生可以在课后通过在线论坛、社交媒体等平台与教师互动，提出疑问并获得及时反馈。这种双向互动不仅提高了教学效率，还增强了学生的参与感和学习动力。

### 2. 创新教学手段增强学生体验

利用现代科技手段创新教学方法，可以显著提升学生的学习体验。例如，通过虚拟现实（VR）技术模拟历史事件现场，使学生仿佛置身于特定的历史情境中，亲身体验重大历史时刻，从而更加深刻地感悟到历史人物的伟大精神和崇高理想。在线课程平台则为学生提供了灵活的学习时间和空间选择，可以根据自身情况安排学习进度，有效解决了地域限制带来的不便。大数据分析工具可以帮助教师精准掌握每位学生的学习状态，为个性化教学提供数据支持。这些技术的应用不仅使教学过程变得更加高效便捷，也为学生创造了更多自主学习的机会。

**3. 科技辅助下的传统教育优势延续**

尽管现代科技为教育带来了前所未有的机遇，但传统教育方式中的某些优势仍不可替代。面对面交流所蕴含的情感共鸣和人文关怀是任何技术手段都无法完全复制的。因此，在融合过程中，保留并发扬传统教育的优势显得尤为重要。例如，经典阅读仍然是培养学生批判性思维、提升语言表达能力的有效途径之一。将经典文本与数字阅读平台相结合，既能保留纸质书籍带给人们的独特感受，又能利用数字化工具方便检索和注释，增强阅读体验。同样，在课堂教学中加入适量的传统板书环节，不仅能让学生集中注意力，还能培养他们的笔记能力和逻辑思维能力。通过这种方式，传统教育与现代科技相互补充，共同构建起一个更加完善、更具包容性的学习环境。

### （九）学校教育与家庭教育相结合的规律

**1. 学校教育与家庭教育相结合，构建思想政治教育的新生态**

学校教育作为思想政治教育的主渠道，承担着传授知识、培养品德、塑造人格的重要任务。而家庭教育，则是学校教育的延伸和补充，它在学生的成长过程中起着潜移默化的作用。为了更好地实现学校教育与家庭教育的有机结合，教育者需要与家长建立良好的沟通机制，共同关注学生的思想动态和行为表现。这种沟通机制的建立，不仅有助于教育者及时了解学生在家庭环境中的表现，还能让家长更加深入地了解学校教育的内容和方式，从而形成教育的合力。在这个过程中，教育者需要充分发挥其专业优势，引导家长树立正确的教育观念和方法。很多家长在教育孩子时，往往缺乏科学的方法和有效的策略，这时教育者就需要及时给予指导和帮助。通过定期的家长会、家庭教育讲座等方式，教育者可以向家长传授科学的教育理念和方法，帮助他们更好地履行家庭教育的职责。同时，教育者还可以通过家访、电话访问等方式，与家长保持密切的联系，及时了解学生在家庭中的情况，为家长提供个性化的教育建议。

### 2.学校教育与家庭教育相结合促进学生全面发展

学校教育与家庭教育的结合，不仅是一种理念上的融合，更需要在实际的教育过程中进行实践探索。为了更好地促进学生的全面发展，学校需要积极采取措施，推动学校教育与家庭教育有机结合。一方面，学校可以开展多种形式的家庭教育指导活动，如家庭教育讲座、亲子互动课程等，帮助家长提升教育能力，增强家庭教育的实效性。另一方面，学校还可以建立家校合作机制，鼓励家长参与到学校的教育活动中来，如家长志愿者、家校共育项目等，让家长更加深入地了解学校的教育理念和教学方式，同时也为学校提供更多的资源和支持。在实践探索中，学校还需要注重个性化与共性化教育的结合。每个学生都是独一无二的个体，他们有着不同的成长背景和个性特征。因此，在学校教育与家庭教育的结合过程中，教育者需充分了解每个学生的具体情况，制订个性化的教育方案，同时也要注重共性化教育的实施，确保每个学生都能获得全面的发展。此外，学校还可以利用现代科技手段，如建立家校沟通平台、开展在线教育等，为家长提供更加便捷、高效的教育服务，推动学校教育与家庭教育的深度融合。

## 第四节　高校思想政治教育的内容与功能

### 一、内容构成

#### （一）理想信念教育

理想信念教育是高校思想政治教育的核心，其深远意义在于帮助大学生树立正确的世界观、人生观和价值观，坚定他们走中国特色社会主义道路的信念。这一教育过程并非孤立存在，而是通过多种方式和内容来实现其目标。其中，马克思主义基本理论教育是基础，它为学生提供了科学的世界观和方法论，使他们能够从更广阔的视角审视社会现象，理解历史发展的规律。党的基本路线教育则让学生明确国家的发展方向和目标，认识到个人成长与国家命运紧密相连。中国革命和建设历史教育则通过回顾过去的奋斗历程，让学生深刻理解今天的成就来之不易，激发他们的爱国情感和历史使命感。在这一过程中，理想信念教育不仅仅停留在理论层面，更注重实践环节。它引导学生自觉运用马克思主义的立场、观点和方法去分析和解决实际问题，使他们在实践中不断锤炼自己的思想品质，增强对中国特色社会主义的认同感和自信心。更为重要的是，理想信念教育不仅关乎个人的成长与发展，更关乎国家和民族的未来。在全球化日益加深的今天，各种思潮和价值观相互激荡，大学生正处于世界观、人生观、价值观形成的关键时期，他们的理想信念是否坚定，直接影响到国家的前途和民族的命运。因此，通过理想信念教育，激发大学生的爱国情怀和社会责任感，培养他们成为有理想、有道德、有文化、有纪律的社会主义建设者和接班人，是时代赋予高校思想政治教育的神圣使命。

**（二）爱国主义教育**

爱国主义教育是高校思想政治教育的核心内容，它着重强调个人与国家之间不可分割的紧密联系，旨在培养学生的深厚爱国情感、坚定的报国之志以及积极的强国之行。在全球化日益加深的当下，爱国主义教育面临着新的挑战与机遇。它不仅要传承和弘扬传统的爱国情怀，更需要引导学生以理性的视角审视国际形势的复杂多变，增强他们的国家意识和民族自豪感。在这一过程中，讲述国家历史是不可或缺的一环。通过深入挖掘和生动展现国家的历史脉络，特别是那些关键节点和英雄人物的事迹，可以让学生深刻感受到国家发展的艰辛与不易，从而在他们心中种下爱国的种子。同时，弘扬民族精神也是爱国主义教育的重要组成部分。通过分析国家利益与安全观，可以让学生更加清晰地认识到，个人的命运与国家的兴衰紧密相连，维护国家利益和安全是每个人的责任和义务。在全球化的背景下，爱国主义教育还需要注重培养学生的国际视野和跨文化交流能力。这并不意味着要削弱爱国主义教育的力度，而是要在更广阔的视野中审视和理解爱国主义。学生应该学会尊重不同国家和文化的差异，同时也要坚定维护自己国家的利益和尊严。通过这样的教育，学生可以更好地适应全球化的趋势，同时也不失去自己的根和魂。最终，爱国主义教育的目的是要让学生深刻理解爱国主义的内涵和价值，并自觉地将个人的理想追求融入国家发展的大局之中。这意味着，学生不仅要有爱国的情感和志向，更要有将爱国之情转化为实际行动的能力和决心。无论是在学术研究、科技创新还是社会服务等领域，学生都应该以推动国家进步和发展为己任，用自己的实际行动践行爱国主义的崇高理念。

### （三）道德规范教育

道德规范教育是高校思想政治教育的基础，其根本目的在于培养大学生健康的道德情感和持续的道德践履能力，进而形成符合社会主义要求的道德品质。这一教育过程深刻影响着学生的价值观和行为模式，引导他们积极遵守社会公德、职业道德和家庭美德，树立正确的道德观念和行为准则。

在社会公德方面，道德规范教育强调大学生应具备基本的公民素养，包括尊重他人、爱护环境、遵守公共秩序等。通过教育引导，学生应意识到自己在社会中的角色和责任，学会在公共场所表现出得体的行为和举止。

在职业道德方面，道德规范教育注重培养大学生的职业操守和责任感。学生应了解并遵守所在行业的道德规范，以诚信、敬业、公正的态度对待工作，努力提升自己的专业素养和综合能力。

在家庭美德方面，道德规范教育强调大学生应尊重家庭成员，维护家庭和谐。学生应学会感恩、包容和付出，承担起自己在家庭中的责任，为营造温馨和睦的家庭氛围贡献自己的力量。

除了具体道德规范的传授，道德规范教育还注重培养学生的自律意识和自我管理能力。在复杂多变的社会环境中，学生需要具备清醒的头脑和坚定的意志，以便在面对各种诱惑和挑战时能够做出正确的选择。通过自律和自我管理，学生能够更好地控制自己的情绪和行为，避免陷入不良习惯和道德困境。

### （四）全面发展教育

在全面发展教育这一理念的指引下，高校思想政治教育应当全面服务于大学生的全面发展，致力于培养具有丰富知识体系、高尚思想道德、卓越综合素质和独特个性的新时代好青年。科学文化和思想道德的全面教育是实现这一目标的基础，高校应当通过系统而深入的教学，帮助学生构建全面的知识体系，使他们在专业知识的学习之外，也能够广泛涉猎其他领域的知识，形成跨学科、跨文化的视野。同时，思想道德教育同样不可忽视，它关乎学生的价值观形成和人格塑造。通过正面的价值引导和道德熏陶，高校可以帮助学生树立起正确的世界观、人生观和价值观，培养他们的社会责任感和公民意识。引导学生积极参与社会实践和集体活动，是提升他们综合素质和能力水平的有效途径。而集体活动则能够锻炼学生的团队协作能力、沟通能力和领导力，使他们在实践中不断成长和进步。在全面发展的教育过程中，关注学生的个性化需求和发展特点同样重要。每个学生都有其独特的天赋和潜能，高校应当通过个性化的教育和培养方案，帮助他们充分发掘和发展这些潜能。无论是学术研究、艺术创作还是体育竞技，高校都应当为学生提供广阔的发展空间和舞台，让他们的个性得以充分展现，多方面能力得以深层次提升。

### （五）中华优秀传统文化传承

中华优秀传统文化传承是高校思想政治教育的重要组成部分，它着重强调通过学习和传承中华优秀传统文化，来增强学生的文化自信和民族自豪感。中华优秀传统文化博大精深，涵盖了艺术、哲学、伦理等多个方面，蕴含着丰富的智慧和力量。这些宝贵的文化遗产不仅是中华民族的精神瑰宝，也是全人类文明的共同财富。在高校思想政治教育中，深入挖掘和弘扬中华优秀传统文化的精髓和内涵是一项重要任务。通过系统教学和研究，引导学生深入了解中华优秀传统文化的历史渊源、基本特征和当代价值，帮助他们树立正确的历史观、文化观和价值观。在这一过程中，学生不仅能够领略到古代先贤的智慧和思想，还能够深刻体会到中华民族在漫长历史进程中形成的独特精神气质和道德观念。同时，中华优秀传统文化传承还注重培养学生的民族精神和时代精神。民族精神是一个民族在长期历史发展中形成的共同价值追求和精神风貌，它对于凝聚人心、激励斗志具有不可替代的作用。而时代精神则是民族精神在当代社会的具体体现和创新发展。通过传承中华优秀传统文化，学生可以更加深刻地认识到自己作为中华民族一员的责任和使命，激发起为国家和民族发展贡献力量的热情和决心。此外，中华优秀传统文化传承还注重将传统文化与现代社会发展相结合。在全球化日益加深的今天，传统文化面临着新的挑战和机遇。高校思想政治教育应当引导学生以开放包容的心态审视传统文化，鼓励他们在继承传统的基础上进行创新和发展。

### （六）生态文明与可持续发展教育

#### 1.理念引领与意识培养

生态文明与可持续发展教育作为高校思想政治教育的重要组成部分，其核心在于引导学生树立尊重自然、顺应自然、保护自然的生态文明理念。这一教育理念不仅关乎学生个体的发展，更与整个社会的绿色发展紧密相连。通过系统的教育，学生能够深刻理解人类与自然环境的紧密关系，认识到生态环境面临的严峻挑战，从而激发起他们保护环境的责任感和紧迫感。教育过程中，注重培养学生的环保意识和可持续发展意识，使他们能够从思想上认识到保护环境的重要性，进而将这一理念融入日常的学习、生活和未来的工作中。这样的教育理念引领，不仅有助于提升学生的生态文明素养，更为他们未来成为具有社会责任感和环保意识的公民打下坚实的基础。

#### 2.绿色生活方式与消费模式的塑造

在高校思想政治教育中，培养学生的绿色生活方式和消费模式是一个重要的实践环节。教育不仅仅停留在理念的传达上，更注重引导学生将环保理念转化为实际行动。通过教育，学生被鼓励从身边的小事做起，如节约用水、减少浪费、选择环保产品等，这些看似微不足道的行动，实则是推动社会绿色发展的重要力量。同时，教育还注重培养学生的绿色消费观念，引导他们认识到过度消费和资源浪费对环境的负面影响，从而选择更加环保、可持续的消费方式。通过这样的教育，学生不仅能够在日常生活中实践环保理念，还能成为绿色生活的倡导者和传播者，推动更多人加入保护环境的行动中来。

#### 3.推动社会绿色发展的力量

在高校思想政治教育中，当学生将所学到的环保理念和可持续发展知识应用到实际生活中时，他们将成为推动社会绿色发展的重要力量。无论是在校园内还是社会中，学生都能够通过自己的行动和实践，影响和带动身边的人关注环保、参与环保。此外，作为未来社会的建设者和接班人，学生将把生态文明和可持续发展的理念带入他们的工作和事业中，推动各行各业向更加环保、可持续的方向发展。因此，生态文明与可持续发展教育不仅是对学生个体的培养，更是对社会整体绿色发展理念的传播和推动，从而为构建一个更加绿色、和谐的社会环境而奠定良好基础。

### （七）心理健康教育与心理调适能力培养

**1. 关注学生内心世界，奠定成长基石**

在高校思想政治教育中，心理健康教育占据着举足轻重的地位。这一教育内容的核心在于关注学生的内心世界，帮助他们建立起健康的心理状态。心理健康是学生全面发展的基石，它关乎学生的情绪管理、压力应对、人际交往等多个方面。通过心理健康教育，学生能够深刻认识到心理健康的重要性，学会如何识别和管理自己的情绪，有效应对生活中的压力和挫折。教育者在这一过程中扮演着引导者和支持者的角色，他们通过课堂讲解、案例分析、小组讨论等多种形式，帮助学生掌握心理健康的基本知识和技巧。同时，教育者还注重营造一个安全、包容的学习环境，让学生敢于表达自己的情感和困惑，从而在相互理解和支持中成长。这样的心理健康教育不仅有助于提升学生的心理素质，还能为他们未来的生活和职业发展奠定坚实基础。

**2. 提升学生应对挑战的能力**

在高校思想政治教育中，培养学生的心理调适能力是一项至关重要的任务。教育者通过一系列的教育活动和实践训练，帮助学生学会如何有效地调整自己的心态，增强心理韧性。这包括教授学生如何制定合理的目标、如何管理时间和压力、如何进行有效的沟通和合作等。通过这些训练，学生能够更好地应对学业压力、人际关系冲突、情感困扰等各种挑战。同时，教育者还注重培养学生的积极心态和乐观精神，让他们学会从困难中汲取力量，将挫折转化为成长的动力。这样的心理调适能力培养不仅有助于学生在校期间的健康成长，还能为他们未来的人生道路提供有力的心理支持。

### 3. 自我认知与自我接纳是实现自我成长的关键

在高校思想政治教育中，培养学生的自我认知和自我接纳能力是心理健康教育的重要组成部分。自我认知是指学生对自己的内心世界、个性特点、能力潜力等方面的认识和理解。而自我接纳则是在自我认知的基础上，学生能够坦然面对自己的优点和缺点，不苛求完美，而是以一种包容和接纳的态度来看待自己。教育者通过一系列的教育活动和实践训练，帮助学生深入了解自己的内心世界，发现自己的独特之处和潜力所在。同时，他们也教导学生如何正视自己的不足和缺陷，学会以一种积极的心态去面对和改善。通过这样的教育过程，学生能够更好地认识自己、理解自己，并在此基础上实现自我成长和发展。这样的自我认知和自我接纳能力培养不仅有助于提升学生的心理素质和幸福感，还能为他们未来的生活和职业发展注入强大的内在动力。

## 二、功能分析

### （一）增强国家意识形态认同

通过系统的理论教育，高校引导学生深入理解马克思主义理论及其中国化的最新成果，这是我国主流意识形态的核心内容。马克思主义基本理论教育、中国特色社会主义理论体系教育等课程，使学生能够把握历史发展的规律，认清国家的前途命运，从而坚定对中国特色社会主义道路的信念。这种信念的坚定，正是国家意识形态认同的重要体现。同时，高校思想政治教育还着重培养学生的爱国情怀和社会责任感。通过中国革命和建设历史教育、国情教育等课程内容，学生能够深刻认识到中华民族从站起来、富起来到强起来的伟大飞跃，以及在中国共产党领导下的中国特色社会主义事业所取得的伟大成就。这种对国家和民族的深厚情感，促使学生自觉地将个人理想融入国家发展大局之中，成为国家意识形态的坚定拥护者和积极传播者。除此之外，高校思想政治教育也注重培养学生的批判性思维和独立思考能力。在信息爆炸的时代背景下，学生面临着各种思潮和价值观的冲击。通过思想政治教育，学生能够学会运用马克思主义的立场、观点和方法去分析和解决问题，辨别是非曲直，有效抵御不良思想的侵蚀。这种能力的提升，有助于学生在复杂多变的社会环境中保持清醒的头脑，进一步坚定国家意识形态的认同。

**（二）提高社会和谐稳定**

通过深入的思想引导和价值观塑造，不仅能够培养学生的综合素质和道德观念，还能够为社会的和谐稳定提供坚实的思想基础和精神支撑。高校思想政治教育注重培养学生的公民意识和社会责任感，在教育过程中，学生被引导去理解和认同社会的核心价值观念，学习如何以积极的态度参与社会活动，以及如何在多元的社会环境中尊重他人、维护公共利益。这种教育有助于学生形成健全的人格和良好的社会行为习惯，从而减少社会冲突和不稳定因素。同时，高校思想政治教育还强调道德教育和法治教育。道德教育能够提升学生的道德水平，使他们具备正确的道德判断和行为选择能力。法治教育则让学生了解和掌握法律知识，增强他们的法律意识和法治观念。这两方面的教育共同作用于学生的思想和行为，促使他们在日常生活中遵守道德规范和法律法规，为社会的和谐稳定贡献力量。在复杂多变的社会环境中，学生需要具备独立思考和判断的能力，以便更好地应对各种社会问题和挑战。通过培养学生的批判性思维和创新能力，高校思想政治教育能够帮助他们在面对社会问题时提出有见地的观点和创新的解决方案，从而促进社会的和谐与进步。最后，高校思想政治教育还通过弘扬中华优秀传统文化和社会主义核心价值观来增强学生的文化认同感和民族自豪感。这种认同感和自豪感能够激发学生的爱国情感和社会责任感，使他们更加积极地参与到社会建设和发展中去。同时，这种教育和引导也有助于形成全社会共同的价值追求和精神风貌，为社会的和谐稳定提供强大的精神动力。

**（三）引导学生正确处理人际关系**

在人际关系日益复杂的现代社会，高校思想政治教育承载着培养学生道德品质和人文素养，引导他们正确处理人际关系的重任。教育内容精心设计，强调尊重他人、团结协作、诚信友善等核心价值观，旨在使学生在纷繁复杂的人际交往中，能够始终遵循道德规范，建立起和谐融洽的人际关系。

尊重他人是人际交往的基础，高校思想政治教育通过课堂讲授、案例分析等方式，让学生深刻理解每个人都有其独特的价值和尊严，无论地位高低、贫富差异，都应给予同等的尊重和关怀。这种尊重不仅体现在言语上的礼貌，更体现在行为上的体谅和包容。

团结协作是现代社会的重要特征，高校注重培养学生的团队协作精神，通过组织团队合作项目、集体活动等形式，让学生在实践中学会如何与他人有效沟通、协调分歧、共同达成目标。这种团结协作的能力对于学生未来的职业发展和社会融入至关重要。

诚信友善是人际交往中的润滑剂，高校思想政治教育强调诚信为本，要求学生言行一致、诚实守信。同时，倡导友善待人，鼓励学生以积极、正面的态度与他人相处，用善意和温暖化解人际冲突，营造和谐的人际氛围。

通过这样的教育内容，高校思想政治教育不仅帮助学生建立起健康的人际交往模式，还促进了他们的身心健康。在和谐的人际关系中，学生能够感受到更多的支持和理解，从而减少孤独感和焦虑感，提升生活的幸福感和满足感。同时，良好的人际关系也提高了学生的社会适应能力，使他们在面对社会挑战时能够更加从容应对，积极寻求合作与支持。

（四）塑造学生健全人格与心理健康

**1. 思想政治教育是塑造学生健全人格的重要途径**

高校思想政治教育在塑造学生健全人格方面扮演的角色举足轻重。通过系统的思想政治教育，学生得以更深入地理解自我，形成正确的自我认知。这一过程不仅关乎知识的传授，更在于引导学生探索自我、认识自我，进而培养出自尊、自信、自强、自立的品质。这些品质是构成健全人格的重要基石，使学生在面对生活的各种挑战时都能保持坚定的信念和积极的态度。而且，思想政治教育还着重培养学生的情感调控能力。在这一过程中，学生学会如何合理表达情感，有效管理情绪，避免因情绪波动而引发的行为失控。这种能力的培养对于学生的人格发展至关重要，它使学生能够在复杂多变的社会环境中保持冷静和理性，做出明智的决策。同时，通过思想政治教育，学生还能够培养出坚韧不拔的意志品质，使他们在面对挫折和困难时能够保持积极乐观的心态，勇往直前。

**2. 思想政治教育是促进学生心理健康的关键环节**

通过系统的思想政治教育，学生不仅能够获得知识的滋养，更能够在心灵深处得到成长和提升。思想政治教育注重培养学生的道德品质，引导他们树立正确的道德观念，形成良好的道德行为习惯。这一过程不仅关乎学生个体的道德发展，更与整个社会的道德风尚紧密相连。在思想政治教育的过程中，学生学会如何以积极的心态面对生活中的挑战和困难。他们被鼓励保持乐观、向上的心态，即使在遭遇挫折时也能够迅速调整情绪，重新找回前进的动力。这种心理健康的培养对于学生未来的发展至关重要。它使学生能够在面对压力和挑战时保持冷静和理性，以更加积极、乐观的态度去迎接生活的每一个瞬间。同时，通过思想政治教育，学生还能够学会如何与他人和谐相处，建立良好的人际关系，为未来的社会生活和职业发展打下坚实的基础。

## （五）培养学生的创新精神与实践能力

**1. 思想政治教育引领创新观念塑造**

高校思想政治教育在培育学生的创新精神方面扮演着重要角色。通过深入的思想政治教育，学生能够深刻理解创新对于个人成长和社会发展的重要意义，从而激发出强烈的创新欲望和动力。教育者在教学过程中，不仅传授知识，更注重引导学生思考创新的价值，让他们认识到创新是推动社会进步和个人实现价值的关键。为了实现这一目标，教育者可以采用案例教学、专题讲座、创新实践等多种形式，让学生亲身感受到创新的魅力和力量。通过这些教育活动，学生能够逐渐树立起创新的观念，明白只有不断创新，才能在未来的社会竞争中立于不败之地。同时，教育者还注重培养学生的创新意识和创新思维，鼓励他们敢于突破传统框架，勇于尝试新的思路和方法，为成为具有创新精神的高素质人才奠定坚实基础。

**2. 思想政治教育指导下的实践能力培养**

在培育学生的实践能力方面，高校思想政治教育同样具有独特优势。教育者在教学过程中，注重引导学生参与实践活动，鼓励他们在实践中发现问题、分析问题并寻求解决方案。这种教学方式不仅锻炼了学生的实践能力，还培养了他们的团队协作精神和沟通协调能力。为了实现这一目标，教育者可以组织各种形式的实践活动，如社会调查、志愿服务、科技创新项目等，让学生在实践中亲身体验知识的力量和价值。同时，教育者还注重指导学生如何将理论知识应用于实践中，让他们学会在实践中不断反思和总结，从而提高自己的实践能力和综合素质。通过这样的实践探索，学生能够更好地将所学知识与实际应用相结合，为未来的职业发展和社会生活做好充分准备。

### 3. 思想政治教育助力创新与实践融合

高校思想政治教育在培育学生的创新精神与实践能力的同时，还注重培养他们的综合素质。教育者在教学过程中，不仅关注学生的知识和技能培养，更注重他们的情感态度和价值观的塑造。通过思想政治教育，学生能够逐渐树立起正确的世界观、人生观和价值观，学会以积极的态度面对生活和学习中的挑战。同时，教育者还注重培养学生的独立思考能力和团队协作精神，让他们在实践中学会相互尊重、理解和支持。为了实现创新精神与实践能力的有机融合，教育者可以采用项目式学习、翻转课堂等新型教学模式，让学生在完成项目的过程中既锻炼实践能力又培养创新精神。通过这样的教育方式，学生能够逐渐成长为具有创新精神和实践能力的高素质人才，为未来的社会发展做出积极贡献。

## （六）促进学生社会责任意识提升

### 1. 拓宽视野，增强综合素质

高校思想政治教育在促进学生社会责任感的提升方面，首先体现在其对学生视野的拓宽和综合素质的增强上。通过系统的思想政治教育，学生能够全面了解社会、经济、文化等多个领域的知识，这不仅丰富了他们的知识储备，还为他们提供了认识社会、理解社会的多元视角。教育者在教学过程中，注重将理论知识与实际案例相结合，引导学生深入分析社会问题，培养学生的批判性思维和独立思考能力。同时，思想政治教育还强调道德教育的重要性，教导学生如何做人、如何处事，培养他们的道德观念和人文素养。这些教育内容共同构成了学生综合素质的重要组成部分，为学生未来成为具有社会责任感的高素质人才打下了坚实的基础。

**2. 引导关注社会问题，培养社会责任感**

教育者通过课堂教学、专题讲座、社会实践等多种形式，引导学生关注社会问题，了解社会发展的需要和挑战，鼓励学生积极参与公益事业，如志愿服务、环保行动等，让学生在实践中感受到自己作为社会成员的责任和使命。同时，教育者还注重培养学生的公民意识，让他们明白自己作为公民的权利和义务，学会在享受权利的同时，积极履行义务，为社会的和谐与进步做出贡献。通过这种教育方式，学生能够逐渐树立起强烈的社会责任感，愿意为构建和谐社会贡献自己的力量。

**3. 理论与实践相结合，提升社会责任感**

为了进一步提升学生的社会责任感和实践能力，高校思想政治教育注重将理论知识与社会实践相结合。教育者在教学过程中，不仅传授理论知识，还注重引导学生将所学知识应用于实际生活中，通过解决社会问题来提升自己的社会责任感和实践能力。他们组织学生参与社会调查、社区服务、公益项目等实践活动，让学生在实践中亲身体验社会问题的复杂性和多样性，学会如何运用所学知识去分析和解决问题。同时，教育者还注重培养学生的团队协作精神和沟通协调能力，让学生在实践中学会相互合作、共同进步。通过这种教学方式，学生能够逐渐将社会责任感内化为自己的行动准则，成为具有强烈社会责任感和实践能力的高素质人才。

# 第四章

## 自媒体环境对高校思想政治教育者和教育对象的影响

CHAPTER 4

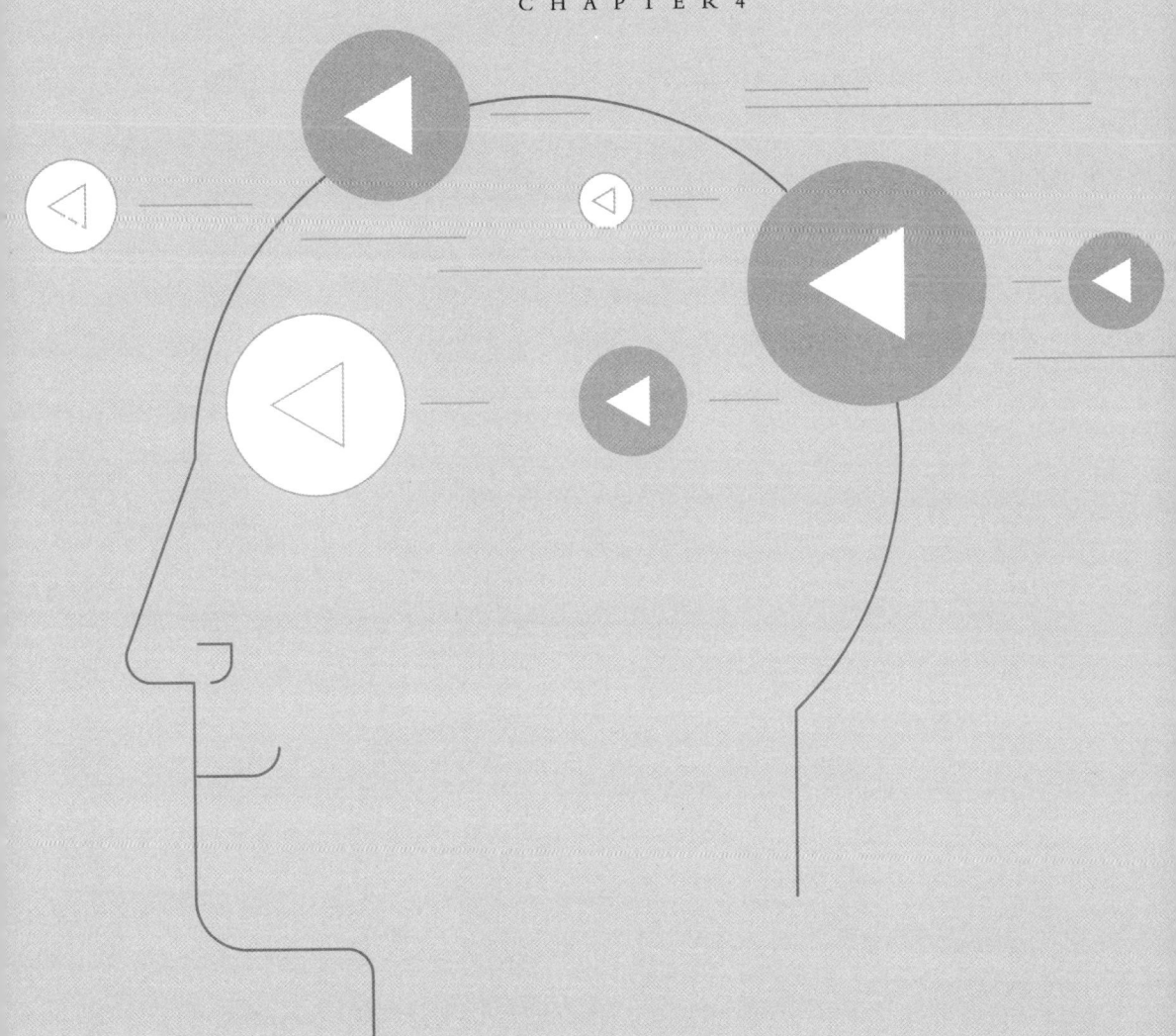

# 第一节 自媒体环境对高校思想政治教育者的影响

## 一、自媒体环境下思想政治教育面临的挑战

### （一）信息碎片化与认知偏差

在这个时代，大量简短、即时的信息充斥于网络空间，潮水般涌来，使得学生难以在海量信息中有效筛选出有价值的内容。这种信息过载的现象，无疑使得学生的认知过程变得片面和零散，他们往往只能接触到信息的表面，而无法深入挖掘其背后的深层含义和价值。

信息碎片化不仅削弱了学生的深度思考能力，使他们习惯于接受和消化简短、零散的信息，而缺乏对问题进行全面、深入分析的能力，还容易引发认知偏差。在这种碎片化信息的熏陶下，学生对复杂问题的理解往往变得片面和肤浅，他们可能只关注到问题的一个方面，而忽视了其他更为重要的方面。这种认知偏差在思想政治教育中尤为突出，它可能导致学生对国家意识形态、社会价值观等核心内容的理解出现偏差，甚至产生误解和偏见。

在思想政治教育领域，这种由信息碎片化引发的认知偏差无疑会对教育效果产生负面影响。学生可能对国家意识形态的深刻内涵和重要意义缺乏全面、深入的理解，也可能对社会价值观的多元性和复杂性产生困惑和迷茫。这种认知上的偏差和误解，不仅会影响学生对思想政治教育的接受度和认同感，还可能使他们在面对复杂社会问题时缺乏正确的价值判断和行为选择。

### （二）多元价值观的冲击

自媒体平台作为当代信息传播的重要渠道，为各种思想、文化和价值观提供了前所未有的展示和交流空间，这无疑促进了社会的多元性和开放性。然而，这种多元性并非毫无挑战，它同时也带来了价值观冲突的风险。在这一环境中，学生作为活跃的自媒体用户群体，接触到了比以往任何时候都更加多样化的价

值观。这些价值观有的积极向上，鼓励学生追求个人成长和社会进步；有的则可能偏向极端或错误，诱导学生走向迷途。面对如此纷繁复杂的价值观冲击，学生很容易产生困惑和迷茫，不确定哪些价值观是值得追求的，哪些又是应该摒弃的。在这种情况下，思想政治教育面临着前所未有的挑战。传统上，思想政治教育承担着引导学生树立正确的世界观、人生观和价值观的重任。但在自媒体时代，这一任务变得更加复杂和艰巨。学生不再仅仅依赖于学校和课堂来获取信息和形成价值观，他们更多的是通过自媒体平台来接触和认知世界。这就意味着，思想政治教育者需要更加关注自媒体环境中的价值观传播，及时了解和掌握学生在这一环境中可能遇到的各种价值观挑战。

### （三）教育者权威性的削弱

在传统教育模式中，教育者往往扮演着信息传播的权威角色，他们精心筛选和整理知识，向学生传递经过深思熟虑的价值观。这种模式下，教育者不仅是知识的传递者，更是价值观的塑造者，他们的话语往往被视为权威和正确的代表。教育者通过课堂讲授、教材选择等方式，严格控制着学生接触到的信息内容和形式，从而确保学生能够接收到符合社会主流价值观的教育。然而，在自媒体环境下，这一传统格局发生了显著变化。随着互联网的普及和信息技术的发展，学生可以通过网络轻松获取各种信息，这些信息涵盖了各个领域，包括学术、科技、文化、娱乐等。在这种环境下，学生不再仅仅依赖教育者获取知识，而是可以通过自媒体平台自主选择和学习自己感兴趣的内容。甚至有些学生在某些特定领域，由于持续地关注和深入地研究，可能比教育者更加了解。这种信息获取方式的改变，无疑削弱了教育者的权威性。在传统模式中，教育者作为信息的唯一来源，拥有对学生认知的绝对影响力。但在自媒体环境下，学生可以通过多种渠道获取信息，形成自己的见解和判断。这使得学生在接受教育时更加倾向于独立思考和判断，他们不再满足于被动接受教育者的观点，而是希望通过自己的思考和探索，形成独立的认知体系。

### （四）网络舆情的复杂性与不可控性

自媒体平台上的舆情环境展现出了其复杂多变、难以预测和控制的核心特征。在这个信息高速流通的数字时代，突发事件或敏感话题往往如同野火般迅速蔓延，瞬间点燃网络热议的火花，进而汇聚成一股不可忽视的舆论压力。这种舆论压力如同一股无形的力量，不仅深刻影响着公众的情绪导向和态度表达，更在潜移默化中对高校学生的思想观念和价值判断产生着深远的影响。舆情在自媒体平台上的演变充满了不确定性，一个看似微不足道的细节，可能在短时间内被无限放大，引发一场意想不到的舆论风暴。而这场风暴的走向和结果，往往难以用传统的逻辑和规则来预测和控制。这要求思想政治教育者必须时刻保持高度的警觉和敏感，以应对可能出现的各种舆情挑战。

## 二、自媒体环境下的高校思想政治教育者能力提升

### （一）媒体素养与技能培养

在自媒体环境下，高校思想政治教育者面临着海量的信息资源和多元化的传播渠道，这对其媒体素养和技能提出了更高要求。媒体素养是教育者在这一环境下不可或缺的能力，它包括对各类媒体信息的识别、分析和评价能力。教育者需要具备敏锐的洞察力，能够从众多信息中筛选出有价值、有深度的内容，同时教会学生如何辨别信息的真伪，培养他们的批判性思维。此外，对新媒体技术的掌握和应用能力也是媒体素养的重要组成部分。教育者需要熟悉各种自媒体平台，了解其传播规律和特点，以便更好地利用这些平台进行教育教学活动。除了媒体素养，技能培养也是高校思想政治教育者在自媒体环境下必须重视的方面。这侧重于提升教育者在网络环境下的教育教学能力，如运用自媒体进行有效沟通、引导学生理性讨论等。教育者需要学会如何运用自媒体工具与学生进行互动，了解他们的思想动态和需求，从而提供更加个性化的指导和帮助。

### （二）教育者队伍建设

面对信息泛滥、价值观多元化以及学生个性化需求等挑战，构建一支政治立场坚定、业务能力精湛、熟悉自媒体运营的教育者队伍是当务之急。这样的队伍能够确保在复杂多变的自媒体环境中，坚守正确的政治方向，有效引导学

生树立正确的价值观念。同时，业务能力的精湛也是必不可少的，教育者需要具备深厚的理论功底和丰富的实践经验，能够针对学生的实际问题提供有力的指导和帮助。熟悉自媒体运营则能让教育者更好地利用这一平台，创新教育方式，提高教育的吸引力和实效性。除了上述核心素质，教育者队伍的多元化也是关键。在年龄、性别、专业背景等方面保持多样性，可以使教育者队伍更加贴近学生的实际需求，更好地理解和应对他们在自媒体环境下所面临的问题。不同年龄的教育者可以带来不同的生活经验和教育观念，性别的多样性则有助于提供更全面的视角和思考方式，而专业背景的多元化则能确保教育者在不同领域都有足够的知识储备，以应对学生多样化的需求和问题。

### （三）培训与研修

为了提升高校思想政治教育者的能力，必须加大对教育者的培训与研修力度。培训内容应当紧跟时代步伐，涵盖自媒体运营、网络舆情引导、心理健康教育等多个方面。在自媒体运营方面，教育者需要学习如何有效利用各类自媒体平台，掌握内容创作、传播策略及数据分析等技能，以更好地与学生进行互动和交流。网络舆情引导方面，教育者需学会如何识别和分析网络舆情，及时引导学生理性看待社会热点事件，培养他们的批判性思维和独立思考能力。同时，心理健康教育也是不可或缺的一部分，教育者需要掌握基本的心理咨询技巧，关注学生的心理健康状况，为他们提供必要的心理支持和辅导。研修活动可以采取线上与线下相结合的方式，充分利用现代信息技术的优势，打破时间和空间的限制。线上研修可以通过网络平台进行远程学习，让教育者随时随地获取最新的教育理念和教学方法。

### （四）评价体系完善

由于自媒体平台的开放性和互动性，教育者的工作不再局限于传统的课堂教学，而是延伸到了网络空间，这使得其工作效果的评价变得更加复杂和多元。因此，完善评价体系，将教育者在自媒体平台上的表现纳入评价范畴，显得尤为重要。这包括他们在平台上的活跃度、发布内容的质量与影响力、与学生互动的频次与深度等，都是衡量其工作效果的重要指标。同时，对学生思想政治教育的实际效果也应成为评价体系的一部分。这需要通过对学生思想动态、价值观念、行为表现等多方面的观察和评估，来反映教育工作的实际成效。这样的评价体系不仅能更全面地反映教育者的工作效果，还能更加科学地指导他们的工作方向和方法。

**（五）应对自媒体挑战的能力**

在自媒体环境下，高校思想政治教育者面临着诸多挑战，其中，包括敏锐捕捉网络舆情的能力，教育者需时刻关注自媒体平台上的热点话题和舆论动态，及时回应学生的关切和疑问，确保信息的畅通和交流的有效。同时，正确处理网络谣言和错误观点也是必备能力之一。在自媒体上，各种信息纷繁复杂，谣言和错误观点时有出现。教育者需要具备辨别真伪的能力，及时澄清事实，引导学生树立正确的价值观，防止他们被错误思潮所误导。此外，面对自媒体上的负面信息，高校思想政治教育者还需要保持冷静，进行有效干预。他们需要具备强大的心理素质和情绪管理能力，不被负面信息所影响，同时采取适当的方式对学生进行引导和疏导，帮助他们建立正确的信息判断力和价值观。

## 三、自媒体环境对高校思想政治教育者地位的影响

**（一）高校思想政治教育者与高校思想政治教育对象之间在信息占有方面的差异被缩小**

**1. 自媒体环境下信息平等化促进高校思想政治教育**

在当今时代，自媒体环境的发展不仅让身处其中的每位大学生能够接触到海量的信息资源，还赋予了他们"媒介接近权"，这意味着每个大学生都有机会成为信息的生产者、制作者、分享者以及接收者。自媒体平台上的信息呈现是平等的，无论个体的身份、阅历、学历或年龄如何，都不会成为获取信息的障碍。大学生们可以随时通过社交媒体、博客、论坛等多种渠道来分享自己的观点、感受以及所学知识，同时也能够从中获取到来自世界各地的信息和见解。这一变化打破了过去那种只有经过长时间的学习积累才能获得高层次知识的传

统观念。即使大学生可能无法完全理解他们所接触到的所有知识、理论和经验，但他们已经拥有了接近这些信息的机会。因此，自媒体环境为大学生提供了一个开放、自由的信息交流空间，使得信息的获取变得更加便捷和平等。

**2. 自媒体环境下的高校思想政治教育转型**

随着自媒体环境的发展，传统教育模式中基于教育双方理论与知识信息不对称基础上的相对优势格局正在发生变化。高校思想政治教育者在信息占有、信息传播、信息分享过程中的优势逐渐被削弱。对于高校思想政治教育的对象来说，聆听教育者的讲授不再是获取思想理论、价值观念、实践经验、知识体系等信息的唯一途径。在自媒体环境中，学生可以借助互联网和各种高科技手段，快速获取并掌握新的知识和技能，有时甚至比教师还要迅速。自媒体平台提供的信息不仅更为即时和全面，而且内容丰富多样，能够满足不同学生的需求。这种情况下，高校思想政治教育者面临着一个新的挑战，即如何在这样一个信息多元化的环境中有效地传递教育理念和价值观。为了适应这一变化，教育者需要积极学习和运用自媒体技术，以便更好地与学生沟通交流，并确保思想政治教育的内容能够与时俱进，符合新时代的要求。

## （二）注重高校思想政治教育者信息"把关人"地位

**1. 传统媒介环境中高校思想政治教育者的"把关人"角色及其重要性**

在传统媒介环境下，高校思想政治教育者的"把关人"角色显得尤为重要且稳固。这一角色的核心在于对信息传播的有效控制与筛选，确保所传递的思想理论、价值观念、实践经验以及知识体系等均为科学、正确且积极的内容。思想政治教育者作为信息传播的中介，不仅从社会环境中汲取信息，还通过自身的学识与经验进行加工与提炼，进而将符合社会主义核心价值观的信息传递给教育对象。这一过程不仅有助于构建一个健康、正常的媒介生态环境，更在潜移默化中帮助教育对象形成正确的价值观，促进其健康成长与成才。在这一环境中，主流新闻机构、专业新闻工作者以及媒体把关人的作用同样不可忽视。他们在信息传播之前进行严格的筛选与过滤，确保信息的纯净与高质量。这种协同作用使得高校思想政治教育对象所接收到的信息大多经过精心挑选，即便是负面信息也少之又少。因此，当教育对象将学校与思想政治教育者视为主要的知识获取渠道时，社会与家庭无须过分担忧其所学内容可能带来的负面影响。

**2. 自媒体环境对高校思想政治教育者"把关人"角色的新挑战**

随着自媒体时代的来临，高校思想政治教育者的"把关人"角色面临着前所未有的挑战。自媒体环境的无差别信息传播特性，使得各类信息，无论正确与否，均能被迅速且广泛地传播。这其中既包含了说理充分、准确可靠的正面内容，也不乏混淆视听、误导公众的错误信息。面对如此庞杂的信息流，思想政治教育者在时间与精力上都显得捉襟见肘，难以对每一条信息进行细致的把关与筛选。这一变化要求高校思想政治教育者必须重新审视并强化其"把关人"角色。他们需要积极思考如何在自媒体环境下有效应对信息过滤的挑战，如何在海量信息中快速识别并筛选出有价值、有意义的内容，同时抵御错误信息的侵扰。这不仅是对其专业素养的考验，更是对其使命与责任的深刻体现。思想政治教育者需主动担当起塑造人、引导人的重任，帮助教育对象在复杂多变的信息环境中找到正确的人生发展方向，坚定其价值判断与选择。

**3. 强化高校思想政治教育者"把关人"角色的主要方法**

面对自媒体环境带来的新挑战，高校应采取积极措施，强化思想政治教育者的"把关人"角色。一方面，高校应加强对思想政治教育者的专业培训，提升其信息筛选与鉴别能力，使其能够在海量信息中迅速识别出有价值的内容，同时有效抵御错误信息的传播。另一方面，高校还应鼓励思想政治教育者积极参与自媒体平台的建设与管理，通过开设官方账号、发布权威信息等方式，主动引导舆论走向，为教育对象提供一个健康、正面的信息环境。同时，高校思想政治教育者也应注重与教育对象的互动与交流，了解其信息需求与困惑，从而更有针对性地提供指导与帮助。他们可以通过组织线上讨论、开设专题讲座等形式，引导教育对象学会如何正确筛选与鉴别信息，培养其独立思考与批判性思维能力。这样不仅能够增强教育对象的信息素养，还能使其在面对复杂信息环境时更加自信与从容。

## 四、自媒体对高校思想政治教育者心理素质的影响

### （一）心理压力

在自媒体环境下，信息爆炸使得高校思想政治教育者需要在海量数据中筛选出有价值、有意义的内容，以供学生参考和学习，这无疑是一项艰巨的任务。同时，多元化的价值观也给教育者带来了挑战，他们需要在尊重学生个性发展的同时，引导学生树立正确的世界观和价值观，确保学生在复杂多变的社会环境中不迷失方向。此外，网络暴力也是教育者不得不面对的一个问题。在网络上，一些人可能会对教育者的言论或行为进行无端的攻击和谩骂，这不仅影响了教育者的声誉，更给他们带来了极大的心理压力。教育者需要保持冷静和理智，以适当的方式应对这些负面言论，维护自己的权益和尊严。最后，教育成果的不确定性也是教育者心理压力的一个重要来源。在自媒体环境下，学生的思想和行为受到多种因素的影响，教育者很难准确预测和评估自己的教育成果。

### （二）心理调适

面对心理压力，高校思想政治教育者需要进行有效的心理调适，这是确保他们能够以良好状态投入工作的重要前提。正确认识自我是心理调适的起点，教育者需要深入了解自己的性格特点、情绪状态以及应对压力的方式，从而有针对性地制定调适策略。调整心态同样关键，教育者应学会以积极、乐观的态度面对工作中的挑战和困难，将压力转化为动力，不断提升自己的教育教学能力。学会放松和缓解压力也是必不可少的心理调适方法，教育者可以尝试通过运动、冥想、听音乐等方式来放松身心，缓解紧张情绪。同时，与同事、朋友或家人进行交流，分享自己的感受和经历，也是有效的压力释放途径。除了个人努力，积极参加心理健康教育活动也是提升心理素质的重要途径。教育者可以通过参加专业培训、研讨会等方式，学习更多的心理健康教育知识和技能，了解心理调适的最新理念和方法。这些活动不仅有助于教育者提高自身的心理素质，还能增强他们的心理承受能力，使他们在面对各种挑战和压力时更加从容不迫。

## （三）心理素质提升方法与途径

为了提升自身心理素质，高校思想政治教育者可以采取多种方法与途径。加强自我修养是关键，通过阅读、冥想、反思等方式，培养乐观、积极的心态，增强自我调节和抗压能力。面对自媒体环境的挑战，教育者需要不断学习和适应，参加专业培训和研讨，掌握有效的沟通技巧和舆论引导方法，提高应对网络舆情和突发事件的能力。同时，多与同事、朋友沟通交流，分享在自媒体环境下开展思想政治教育的经验和心得，形成良好的互助氛围。这种交流不仅能够帮助教育者释放压力，还能够促进彼此之间的理解和支持，共同探索更有效的教育方式。此外，教育者还可以通过参与心理健康讲座、工作坊等活动，学习专业的心理调适技巧，更好地管理自己的情绪和压力。

## （四）心理支持系统建立

心理支持系统应当涵盖学校、家庭、社会等多方面的支持与关爱。学校作为教育者主要的工作场所，应当承担起构建心理支持系统的主体责任。具体而言，学校应当设立专门的心理健康辅导机构，配备专业的心理咨询师，为思想政治教育者提供及时、有效的心理咨询服务。这些服务应当包括心理健康评估、心理危机干预、情绪管理培训等内容，旨在帮助教育者提升心理素质，增强心理承受能力。家庭作为教育者的重要情感依托，也应当关注他们的心理健康状况。家庭成员应当给予教育者充分的关爱与理解，关注他们的工作与生活压力，提供必要的情感支持。通过家庭成员的鼓励与陪伴，教育者能够更好地应对工作中的挑战与压力，保持积极向上的心态。社会作为更广泛的环境因素，也应当为高校思想政治教育者构建心理支持系统贡献力量。社会各界应当形成尊重教育者的良好氛围，认可他们的工作价值与贡献。同时，社会媒体应当积极传播正能量，减少对教育者的负面报道，减轻舆论压力。

## （五）心理素质对教育效果的影响

在自媒体环境下，教育者面临着诸多挑战，如信息泛滥、价值观多元化等，这些都需要他们具备良好的心理素质来有效应对。具备良好心理素质的教育者能够以积极的心态引导学生，帮助他们正确理解和应对自媒体环境中的各种信息，从而提高学生的思想政治素养。同时，良好的心理素质也使得教育者能够更加耐心地与学生沟通交流，关注学生的个性化需求，进而提高教育的针对性和实效性。相反，如果教育者的心理素质较低，他们可能会在教育过程中产生消极情绪，如焦虑、挫败感等，这些情绪会直接影响到他们的教育态度和行为，进而影响到学生的学习效果和成长。消极情绪可能导致教育者在教育过程中缺乏热情和耐心，无法充分激发学生的学习兴趣和积极性，从而影响教育效果。

## 五、自媒体环境对高校思想政治教育者教育模式的影响

### （一）自媒体环境下高校思想政治教育者教育模式的变革与探索

在传统的高校思想政治教育模式中，教育者主要通过离线课堂，如第一课堂和第二课堂，来开展教育活动。而随着互联网技术的迅速发展和大学生对互联网的日益依赖，这种单一的离线教育模式逐渐显露出其局限性。教育者意识到，若继续单纯依赖离线课堂，不仅可能失去网络教育这一重要阵地，还可能导致教育效果恶化。因此，在自媒体环境的影响下，高校思想政治教育者开始积极探索离线教育与在线教育相结合的新模式。离线课堂，即传统的线下教育模式，包括课堂讲授、座谈会、讲座、宣讲、课外实践活动等多种形式，它侧重于面对面的教育引导。在这种模式中，教育者能够直接接触到学生，进行深入的讲授和沟通，从而及时、准确地获取学生的反馈和态度。这种模式的优势在于其直观性和针对性，有助于学生更快速地吸收和理解教育内容。然而，离线课堂也受限于时间和空间，难以覆盖更广泛的学生群体。相比之下，自媒体环境下的在线教育则具有更大的灵活性和覆盖面。通过微博、微信、网络论坛等自媒体平台，教育者可以不受时间和空间的限制，与学生进行实时的语音、视频沟通。这种新模式不仅提高了教育内容的传播效率和范围，还有效地克服了线下教育中时间和距离的限制。同时，自媒体平台上的多媒体功能也丰富了教育形式，提升了学生的学习体验。

### （二）自媒体环境对高校思想政治教育者角色的重塑

自媒体环境的兴起不仅改变了高校思想政治教育的模式，也深刻重塑了教

育者的角色和策略。在离线课堂中，教育者主要扮演着知识传授者和价值观引导者的角色，他们通过面对面的方式，深入引导学生，及时获取并回应学生的反馈。而在自媒体环境中，教育者的角色变得更加多元和复杂。教育者需要成为自媒体平台的活跃用户，掌握自媒体传播的技巧和规律，以便在海量信息中筛选出有价值的内容，并传递给学生。他们不仅要具备扎实的专业知识，还要学会如何利用自媒体工具进行有效的信息传播和教育引导。同时，教育者还需要关注学生的信息需求和困惑，引导他们正确筛选和鉴别信息，培养他们的独立思考能力。在策略上，教育者需要注重离线教育与在线教育的有效结合。他们可以利用离线课堂的深入性和针对性，为学生提供更加直观和深入的学习体验；同时，也可以利用在线课堂的便捷性和广泛性，实现教育内容的快速传播和广泛覆盖。此外，教育者还需要不断创新育人形式，探索适应自媒体环境的教育方法和话语结构，以更好地吸引和引导学生。

### （三）实现"网上"与"线下"思想政治教育的有效融合

面对自媒体环境带来的新机遇和挑战，高校思想政治教育者需要不断探索和实践，以实现"网上"与"线下"思想政治教育的有效融合。这要求教育者充分发挥离线教育和在线教育的各自优势，使两者能够相互配合、相互补充。在实践中，教育者可以注重将自媒体工具引入离线课堂，如利用多媒体课件、网络互动平台等丰富教学手段，提高学生的参与度和学习兴趣。同时，他们也可以将离线课堂中的深入讲授和互动环节延伸到在线课堂，如组织线上讨论、开设专题讲座等，引导学生积极参与并深入思考。为了实现"网上"与"线下"教育的有效融合，教育者还需要注重自媒体工具的有效管理和运用。他们需要具备一定的信息筛选和鉴别能力，以确保所传递的信息的准确性和可靠性。同时，他们还需要关注学生的信息反馈和需求变化，及时调整教育策略和方法，以实现精准而有效的教育引导。

## 六、自媒体环境下思想政治教育者的团队协作

### （一）团队协作的重要性

在自媒体这一时代环境下，团队协作至关重要。因为教育者不再是单一的知识传递者，而是需要与学生、同事以及社会各界进行有效互动的个体。他们需要关注自媒体平台上的信息流动，及时捕捉学生的思想动态，同时还要与同事合作，共同制定适应时代需求的教育策略。团队协作能够集合多方面的智慧和资源，形成教育合力，提高教育效果。通过团队成员之间的密切合作与信息共享，教育者可以更加全面地了解学生的需求和关注点，从而更有针对性地开展教育教学活动。在这种环境下，教育者通过团队协作，能够更好地理解学生的思想动态，及时调整教育策略，确保教育内容与学生的实际需求紧密相连。同时，团队协作还能促进教育内容的多元化与时代性。团队成员可以来自不同的学科背景，他们各自的专业知识和经验可以为教育内容注入新的活力和创意。通过跨学科的交流与合作，教育者可以共同探索新的教学方法和手段，使教育内容更加丰富多样，更加符合时代发展的要求。

### （二）团队协作的模式与机制

为了适应自媒体环境，高校思想政治教育团队需要建立一套科学的协作模式和机制。这要求团队内部有明确的分工，每个成员都清楚自己的职责和任务，确保工作的高效推进。同时，团队成员之间需要实现资源的共享，包括教学资料、研究成果、经验心得等，以便大家能够互相借鉴、共同进步。定期交流也是协作模式中不可或缺的一环，通过定期的会议、研讨等活动，团队成员可以就工作中的问题、挑战和机遇进行深入探讨，共同寻找解决方案。在自媒体环境下，利用现代信息技术手段对于提升团队协作效率至关重要。在线协作平台、即时通信工具等可以帮助团队成员打破时间和空间的限制，实现信息的快速流通和资源的有效整合。这些工具不仅方便了团队成员之间的沟通和协作，还使得团队能够更加灵活地应对自媒体环境下的各种变化和挑战。

### （三）团队协作面临的挑战

自媒体环境下，信息的爆炸式增长和快速更新无疑给团队协作带来了前所

未有的挑战。团队成员在面对海量信息时，可能会遭遇信息过载的困扰，难以筛选出有价值的内容。同时，由于信息来源的多样性，团队成员间可能会出现价值观冲突，对教育内容的理解和传达产生分歧。此外，教育方法上的不同见解也可能导致团队内部的意见不合，影响团队的协作效率。如何在这些挑战中保持团队的凝聚力和战斗力，确保教育工作的顺利进行，是每个思想政治教育者都需要深入思考的问题。除了应对信息带来的挑战，团队成员的背景多样性也是团队协作中的一大考验。在自媒体环境下，团队成员可能来自不同的学科背景、文化环境或年龄段，他们拥有各自独特的知识体系、价值观念和工作经验。这种多样性虽然为团队带来了丰富的资源和创新的潜力，但也可能导致沟通障碍和理解偏差。

**（四）提高协作效率的方法与途径**

制定明确的协作流程和规范是至关重要的，这可以确保每个成员都清楚自己的职责和任务，减少不必要的误解和冲突。标准化的流程还能够提高工作效率，确保团队在协作过程中能够有序、高效地进行工作。除了建立标准化流程，增进团队成员间的信任也是提高团队协作效率的重要因素。信任是团队协作的基石，只有相互信任，团队成员才能更加放心地合作，共同应对各种挑战。通过团队建设活动、专业培训和情感交流，可以增强团队成员之间的了解和信任，提高团队的凝聚力和默契度。此外，利用自媒体平台进行团队宣传和互动也是提升团队协作效率的有效途径。自媒体平台具有广泛的传播力和互动性，可以帮助团队更好地展示自己的成果和特色，吸引更多的关注和支持。

**（五）团队协作应用在思想政治教育中**

将团队协作的理念应用到实际的思想政治教育工作中，可以体现在多个方面，包括课程设计、教学活动以及学生辅导等。在课程设计上，团队协作能够促进教育者之间的知识与经验共享，共同研究和开发具有深度和广度的教育内容。通过团队合作进行课题研究，教育者可以从不同的学科视角出发，相互补充和完善，从而深化教育内容，提高教育质量。这样的课程设计不仅能够增强学生的学科交叉理解，还能培养他们的综合素养。在教学活动中，团队协作同样发挥着重要作用。教育者可以共同策划和组织各类教学活动，如研讨会、讲座和实地考察等，以丰富多样的形式激发学生的学习兴趣和参与度。通过团队协作，教育者能够更好地协调资源，确保教学活动的顺利进行，并在活动中及时调整教学策略，以满足学生的不同需求。在学生辅导方面，团队协作也能带来显著的优势。引入团队辅导机制，可以形成全方位、多层次的教育格局。团队成员可以共同关注学生的个体差异，提供个性化的辅导和支持。这种团队辅导不仅能够帮助学生解决学业上的困惑，还能在他们面临心理和情感问题时给予及时关怀和引导。

## 第二节　自媒体环境对高校思想政治教育对象的影响

### 一、高校思想政治教育对象社交方式的改变

#### （一）社交平台的多元化与高校思想政治教育对象的社交方式变革

在自媒体环境下，社交平台的多元化特征愈发显著。微博、微信、抖音等社交媒体的兴起，为高校思想政治教育的对象提供了丰富多样的社交选择。这些平台不仅极大地丰富了学生们的社交生活，还深刻地改变了他们的社交方式。如今，学生们更倾向于通过这些社交平台来表达自我、分享生活、交流思想，这已经成为他们日常生活的重要组成部分。面对这样的变革，高校思想政治教育者必须密切关注并积极适应新的社交方式，以便能够更有效地与学生进行沟通并加以引导。为了更好地在自媒体环境中开展思想政治教育工作，教育者需要深入了解并掌握这些社交平台的特性，包括它们的传播机制、用户行为、信息交互方式等。这样，教育者才能更准确地把握学生在社交平台上的行为模式和思想动态，从而制定出更具针对性和实效性的教育策略。

#### （二）自媒体环境下高校思想政治教育对象社交行为的特点

在自媒体环境下，高校思想政治教育对象的社交行为展现出了新的特点。他们愈发注重个性化表达，倾向于在社交媒体上展示独特的自我形象，追求与

众不同，这反映了他们渴望被理解、被认同的心理需求。同时，他们的社交圈层也变得更加复杂多样，不仅涵盖了现实生活中的朋友、同学，还扩展到了网络上的陌生人，形成了线上线下交织的社交网络。这种多元化的社交环境为他们提供了更广阔的交流平台，但也带来了信息筛选和价值观判断的挑战。此外，他们的社交行为具有较强的互动性，热衷于通过点赞、评论、转发等方式与他人进行即时互动，这种互动模式不仅增强了他们的社交参与感，也影响了他们的信息接收和价值观形成。面对这些新特点，高校思想政治教育者需更加注重尊重学生的个性差异，深入理解他们的社交需求和心理特点，通过创新教育方式，采用更加贴近学生生活实际的互动方式，如在线讨论、社交媒体互动等，来引导他们正确认识和处理复杂的网络信息，形成积极向上的价值观和人生观。

### （三）自媒体环境下高校思想政治教育对象社交方式的优势

#### 1. 自媒体环境拓宽了学生的社交圈

自媒体环境的兴起为高校学生提供了多样化的社交平台，如微博、微信、抖音等，这些平台不仅限于校园内部，而且将社交范围扩展至整个互联网世界。学生可以通过关注不同领域的公众号、订阅号或是加入兴趣小组，与来自五湖四海的朋友建立联系，分享生活点滴，探讨学术话题。这种跨地域的交流打破了传统的地理界限，使得学生们有机会接触到更为广阔的文化视野和社会现象，促进了思想的碰撞与交融。此外，自媒体平台上的即时通信功能让学生能够在第一时间了解到最新的社会动态、国家政策以及国际形势变化，这对于培养学生的社会责任感和全球意识具有积极作用。当学生将自己在自媒体上获取的信息带回校园并与同学分享时，这实际上也是一种无形中的文化传播，有助于形成开放包容的校园文化氛围。

#### 2. 自媒体促进学生表达与互动

自媒体平台以其独特的匿名性和即时性特征，鼓励学生更加自由地发表个人见解和情感体验。相比于传统媒体，自媒体给予了每个人成为"发声者"的机会，即便是普通学生也能通过发布自己的观点吸引他人关注，甚至引发广泛讨论。这种去中心化的传播模式使得每一条意见都有可能被听见，每个声音都有可能产生影响。对于那些性格内向或者不善于在公共场合发言的学生而言，自媒体无疑提供了一个展示自我、表达想法的安全空间。更重要的是，自媒体的即时反馈机制能够让学生及时了解到外界对自己言论的态度，进而调整和完善自身的认知结构。在这样的环境中成长起来的年轻人，往往具备较强的社会适应能力和舆论敏感度，能够更好地参与到社会公共事务中去。

### 3.自媒体助力高校思想政治教育工作

自媒体环境为高校思想政治教育工作者提供了全新的工作思路和技术支持。教育者可以利用自媒体平台作为收集学生思想动态的第一手资料来源，通过对学生发布内容的分析，把握其关注点和心理变化趋势，从而制订出更有针对性的教育方案。同时，教师也可以通过开设官方账号，定期推送正能量文章、优秀事迹案例等内容，引导学生树立正确的价值观和人生观。更为重要的是，自媒体还可以作为连接学校与家庭之间的桥梁，让家长也能参与到孩子的思想政治教育过程中来，形成家校共育的良好局面。借助自媒体的力量，高校思想政治教育不再局限于课堂之内，而是延伸到了学生的日常生活之中，真正实现了全方位、全过程育人目标。此外，自媒体平台上的互动功能也有助于增强师生之间的沟通与信任，营造和谐融洽的校园人际关系，进一步推动高校思想政治工作的深入开展。

## （四）自媒体环境下高校思想政治教育对象社交方式的引导与规范

### 1.自媒体环境下高校思想政治教育对象社交方式的引导方法

在自媒体环境下，高校思想政治教育对象的社交方式发生了显著变化，因此需要得到适当的引导。高校应当积极建立完善的网络社交规范体系，明确学生在网络社交中的行为准则和道德标准。这一体系应当涵盖网络礼仪、言论自由与责任、隐私保护等多个方面，旨在引导学生文明、理性地进行网络交流。同时，高校还应通过开设相关课程或讲座，提升学生的网络素养和社交技能。这些课程可以包括网络社交心理学、网络沟通技巧、网络信息安全等内容，帮助学生更好地适应自媒体环境下的社交方式变革，提升他们在网络空间中的自我保护和自我发展能力。为了确保引导的有效性，高校还需要密切关注学生在网络社交中的动态。通过建立学生网络社交档案，高校可以记录和分析学生在网络社交中的行为表现，及时发现并纠正不良行为。同时，开展定期的网络社交行为评估也是必不可少的，这有助于高校全面了解学生的网络社交状况，为制定更加精准的引导策略提供依据。通过这些引导策略的实施，高校可以有效地引导学生形成健康、积极的网络社交方式，促进他们在自媒体环境下的全面发展。

**2. 自媒体环境下高校思想政治教育对象社交方式的规范措施**

在自媒体环境下，高校思想政治教育对象的社交方式不仅需要引导，还需要规范。为了维护网络社交的秩序和稳定，高校应当制定并执行严格的网络社交规范。这些规范应当明确学生在网络社交中的权利和义务，规定违反规范的惩罚措施，以确保学生在网络社交中的行为符合社会道德和法律法规。同时，高校还应加强对学生的网络社交行为规范教育，通过课堂教学、实践活动等多种形式，让学生深刻理解网络社交规范的重要性，并自觉践行这些规范。同时，高校还应积极与学生沟通，了解他们在网络社交中的需求和困惑，为他们提供必要的帮助和支持。通过这些规范措施的实施，高校可以有效地规范学生的网络社交行为，为他们创造一个健康、积极的网络社交环境。

**（五）自媒体环境下高校思想政治教育对象社交方式的创新**

**1. 在线讨论激发学生参与热情**

自媒体环境下的在线讨论平台为高校思想政治教育注入了新的活力。学生可以利用微博、微信等社交媒体工具随时随地参与到有关时事热点、社会现象甚至是校园文化的讨论中来。这种即时互动的形式不仅提高了学生之间的交流频率，还让他们在轻松愉悦的氛围中学习到了更多的知识。例如，高校可以通过创建专门的话题标签（hashtag），鼓励学生围绕某一主题展开讨论，教师则可以在后台观察讨论进程并适时介入，引导讨论朝积极健康的方向发展。此外，线上辩论赛也是一个很好的尝试，它不仅能够锻炼学生的逻辑思维能力和口头表达技巧，还能培养他们的团队协作精神。通过在线讨论，学生们学会了倾听他人的观点，学会了理性思考和批判性分析，这些技能对他们今后的成长和发展都至关重要。更重要的是，这样的互动方式还有助于构建起开放包容的校园文化，让每个人都能够在这个平台上找到属于自己的声音。

**2. 虚拟实践拓展学生体验领域**

借助自媒体平台的技术支持，高校能够为学生设计出丰富多彩的虚拟实践活动，让学生在虚拟世界中体验不同的角色和社会责任。例如，通过开发基于虚拟现实（VR）技术或增强现实（AR）技术的应用程序，学生可以"身临其境"地参与模拟法庭、模拟联合国会议等活动，体验作为一名法律工作者或外交官的责任感与使命感。这样的虚拟实践不仅能够激发学生的学习兴趣，还能帮助他们在安全可控的环境中反复练习和磨砺专业技能。此外，高校还可以组织线上志愿服务项目，鼓励学生利用网络平台为偏远地区的孩子们提供远程辅导，或者参与社区治理项目，通过撰写文章、拍摄短视频等方式宣传正能量。这些实践活动不仅丰富了学生的课余生活，还让他们在服务社会的过程中体会到了奉献的乐趣与价值。

**3. 自媒体平台促进学生自我展示与个性发展**

自媒体平台为学生提供了一个展示自我才华、表达内心世界的舞台。无论是通过撰写博客分享个人见解，还是通过短视频展示才艺特长，自媒体都给予了年轻人更多的创作自由。高校可以借此契机举办各类创意大赛，比如微电影制作、摄影比赛等，激励学生发挥想象力和创造力，用镜头记录身边的故事，用文字抒发真挚情感。这样的活动不仅能激发学生的创新意识，还能帮助他们建立起自信，塑造独立人格。同时，通过自媒体平台上的自我展示，学生之间更容易找到志同道合的朋友，形成一个个小而美的网络社群。这些社群不仅是兴趣爱好的集合体，更是情感支持的港湾，为学生提供了一个温馨的交流空间。在这种积极向上的氛围中成长起来的年轻人，往往具备更强的社会适应能力和创新能力，为将来步入社会打下了坚实的基础。

## 二、高校思想政治教育对象阅读方式的改变

### （一）碎片化阅读成为常态

随着智能手机和社交媒体的普及，学生的阅读习惯正在经历一场深刻的变

革。他们不再像过去那样，主要依赖传统的纸质书籍或长篇大论的文章来获取知识和信息，而是逐渐转向利用碎片时间进行简短、快速阅读。这种转变主要体现在他们更倾向于通过各种自媒体渠道，如微信公众号、微博、短视频平台等，获取简短、精炼的信息。这些平台上的内容往往以短小精悍的形式呈现，能够在短时间内吸引学生的注意力，满足他们快速获取信息的需求。这种碎片化的阅读方式无疑提高了信息获取的速度，使学生能够迅速了解大量新鲜、多样的内容。在快节奏的现代社会中，这种阅读方式无疑具有一定的优势。它使学生能够紧跟时代步伐，随时掌握最新的资讯和动态，拓宽他们的视野。然而，这种阅读方式也可能带来一定的负面影响，其中最显著的就是学生对深度内容的理解和思考能力可能逐渐下降。由于信息的碎片化，学生往往只能接触到表面化的、浅显易懂的内容，而难以深入探究某个主题的深层次内涵。这种浅尝辄止的阅读习惯可能导致学生在面对复杂问题时，缺乏深入思考和分析的能力。他们可能更容易被表面的现象所吸引，而难以挖掘背后的原因和本质。长此以往，学生的思维能力可能会受到限制，难以形成系统、全面的认知体系。

### （二）视觉化阅读趋势明显

随着智能手机、平板电脑等移动设备的普及，学生们越来越倾向于通过图片、视频等视觉元素来获取信息，而非传统的文字阅读方式。这种阅读方式的出现，无疑使得信息传达更加直观、生动，有助于吸引学生的注意力并提高他们的学习兴趣。图片、视频等视觉元素能够以更直接、更形象的方式呈现信息，使学生在轻松愉快的氛围中接受知识，从而增强学习效果。然而，与此同时，视觉化阅读也可能带来一些负面影响。一方面，过度依赖视觉化阅读可能导致学生的文字阅读能力逐渐削弱。文字阅读需要读者具备较高的语言理解能力和想象力，而视觉化阅读往往将信息以简化、直观的形式呈现，降低了对语言理解能力的要求。另一方面，视觉化阅读可能限制学生的想象力。文字阅读能够激发读者的想象力，使读者在脑海中构建出独特的画面和情境，而视觉化阅读则直接将画面呈现在读者面前，减少了想象的空间。

### （三）个性化阅读需求凸显

在自媒体环境下，每个学生的阅读兴趣和需求都得到了极大的尊重和满足。他们不再受限于传统的阅读材料和方式，而是可以根据自己的兴趣和需求，自由选择阅读内容，从而形成个性化的阅读体验。这种个性化的阅读方式极大地提升了学生的阅读自主性和多元性，使他们能够更加主动地探索和获取自己感兴趣的知识。学生可以根据自己的兴趣爱好，选择不同类型的自媒体平台，如新闻资讯类、学术知识类、文化娱乐类等，从中获取丰富多样的信息。这种自由选择的阅读方式，不仅拓宽了学生的知识视野，还激发了他们的学习热情和创造力。然而，这种自由选择的阅读方式也可能带来一定的挑战。面对自媒体平台上海量的信息，学生可能会感到迷茫和无所适从，不知道如何选择适合自己的阅读内容。由于自媒体平台上的信息来源多样，质量参差不齐，学生往往难以判断哪些信息是可信的、有价值的。此外，过多的信息选择也可能导致学生的注意力分散，难以形成深入、系统的阅读体验。因此，教育者需要密切关注学生的个性化阅读需求，为他们提供有针对性的阅读指导和建议。

### （四）自媒体环境下高校思想政治教育对象阅读方式的多元化发展

#### 1. 多元化阅读形式激发学习兴趣

自媒体环境下的多样化阅读形式为高校学生提供了前所未有的学习体验。除了传统的纸质书籍和文字材料，现在学生可以通过智能手机、平板电脑等设备随时随地访问音频书籍、视频讲座、互动式图文教程等多媒体内容。这种便利性使得学习不再受制于时间和地点，学生可以根据自己的喜好和习惯选择最适合的阅读方式。例如，音频书籍允许学生在通勤、运动甚至睡前聆听名家解读经典著作，既节省了时间又提高了效率。而短视频则以其生动的画面和简短精悍的特点吸引了大量年轻读者的关注，通过观看这些内容，学生能够快速获取知识要点，并在轻松愉快的氛围中完成学习任务。图文结合的文章更是深受学生喜爱，它们通常配以丰富的图表、漫画等视觉元素，不仅使文章更加易于理解，还能激发学生的想象力和创造力，帮助他们更好地记忆和应用所学知识。

### 2. 互动式阅读提升理解深度

自媒体平台上的互动式阅读体验为学生带来了一种全新的学习模式。许多在线教育平台都推出了包含问答环节、在线测试、评论区讨论等功能的互动型学习资源，这些功能使得阅读过程不再仅仅是单方面的信息接收，而是变成了双向或多向的交流互动。学生遇到不懂的问题时，可以直接在评论区提问，其他读者或专家会给予解答；而在线测试则能帮助学生即时检验学习成果，巩固记忆。更重要的是，互动式阅读鼓励学生积极参与讨论，与其他学习者分享自己的观点和感悟，这种集体智慧的碰撞往往能够激发出更多新颖独到的见解。例如，在关于某一社会热点问题的讨论中，学生可以结合自己的亲身经历发表看法，同时也能够听到不同背景下的声音，这样不仅开阔了视野，还培养了批判性思维能力。通过这种方式，学生能够更加深入地理解和消化所学知识，提高自己的综合素养。

### 3. 社交媒体促进知识共享与传播

自媒体时代的到来极大地促进了知识的共享与传播。社交媒体平台如微博、微信朋友圈等成为学生们分享读书心得、推荐优质资源的重要场所。当学生发现一篇有趣的文章或一部有价值的纪录片时，他们可以一键分享给好友，让更多的人受益于这份知识财富。这种基于社交关系链的知识传播方式不仅拉近了人与人之间的距离，还形成了一个良性的学习生态系统。在这个系统中，每个人既是知识的消费者也是生产者，他们通过不断学习和创造，推动着整个社会向着更加文明进步的方向前进。此外，社交媒体还为高校思想政治教育提供了新的渠道，教师可以通过建立班级微信群、QQ群等方式与学生保持密切联系，定期发布学习资料、组织线上讨论会，甚至开展实时直播课程。这种即时互动不仅促进了师生之间的沟通，还提高了教育活动的参与度和影响力。

## （五）自媒体环境下高校思想政治教育对象阅读选择的自主性与能动性增强

### 1. 自媒体环境下高校思想政治教育对象阅读选择的自主性提升

自媒体环境的蓬勃发展，为高校思想政治教育对象的阅读选择带来了前所未有的自主性。在这个信息爆炸的时代，学生不再局限于传统的教材和课堂推荐书目，而是可以根据自己的兴趣和需求，在浩瀚的网络资源中自由遨游，选择适合自己的阅读内容。这种自主性的提升，极大地激发了学生的阅读积极性。他们可以根据自己的学习进度和理解程度，灵活地选择阅读材料，从而更加主动地参与到阅读过程中。同时，自媒体平台上的丰富资源也为学生提供了多样化的阅读选择。无论是学术论文、新闻报道，还是网络小说、博客文章，学生都可以根据自己的喜好和需求进行挑选。这种多样化的阅读选择不仅拓宽了学生的知识面，还培养了他们的跨领域思考能力。在阅读过程中，学生不再只是被动地接收信息，而是开始主动地思考和探索问题，从而形成更加独立和全面的观点。

**2. 自媒体环境下高校思想政治教育对象阅读选择的能动性增强**

在自媒体环境下，高校思想政治教育对象的阅读选择不仅变得更加自主，还呈现出更强的能动性。学生不再只是简单地浏览和阅读，而是开始积极地参与到阅读内容的创作和传播中。他们可以通过自媒体平台发表自己的观点和看法，与他人进行深入的交流和讨论。这种能动性的增强，不仅提升了学生的阅读能力和表达能力，还培养了他们的创新意识和团队协作能力。同时，学生还能通过自媒体平台与他人分享自己的阅读心得和体会。他们可以将自己的阅读感悟以文字、图片或视频的形式发布到网络上，与志同道合的朋友进行交流和互动。这种分享和交流的过程，不仅让学生更加深入地理解和思考阅读内容，还形成了一个良好的阅读交流氛围。在这种氛围中，学生的阅读能力和思想政治水平得到了进一步的提升。

**3. 自媒体环境下高校思想政治教育对象阅读选择自主性与能动性的综合影响**

自媒体环境下高校思想政治教育对象阅读选择的自主性与能动性的增强，对学生的阅读行为和思想政治水平产生了深远的影响。一方面，这种自主性和能动性的提升，使得学生的阅读行为更加积极和主动。他们不再只是被动地接受教师的推荐和课本的内容，而是开始根据自己的兴趣和需求进行广泛的阅读。这种广泛的阅读不仅拓宽了学生的知识面，还培养了他们的自主学习能力和终身学习的意识。另一方面，自媒体平台上的阅读和分享行为也促进了学生之间的交流和互动。他们可以通过自媒体平台与他人分享自己的阅读心得和体会，从而形成一个良好的阅读社群。在这个社群中，学生可以相互学习、相互启发，共同提升阅读能力和思想政治水平。同时，这种交流和互动也增强了学生的团队协作能力和社交能力，为他们未来的学习和生活打下了坚实的基础。

**（六）自媒体环境下高校思想政治教育对象阅读习惯的培养与引导**

**1. 阅读习惯对于学生思想上与生活上的影响**

自媒体环境的普及使得海量信息触手可及，这无疑为高校学生提供了前所未有的学习机会。而面对如此庞大的信息量，如何筛选出有价值的内容并进行深度阅读变得尤为重要。为了帮助学生建立起有效的信息处理机制，高校应当积极倡导深度阅读的理念，鼓励学生不仅仅停留在浏览新闻标题或社交媒体的快速滚动上，而是要深入探究每个话题背后的意义。通过开设专门的阅读指导课程，学校可以教授学生如何识别可靠的信息来源，如何批判性地分析不同观点，以及如何构建自己的知识体系。这样的课程不仅能够提升学生的阅读技巧，还能增强其独立思考的能力。此外，高校还可以定期向学生推荐经过精心挑选的经典著作和高质量的学术论文，让学生有机会接触更多类型的文本，从而拓宽视野并加深对特定领域的理解。与此同时，组织定期的阅读分享会也是一个有效的方法，它不仅能让学生之间互相交流阅读体会，还能激发大家共同探讨的兴趣，形成良好的学习氛围。

**2. 利用新媒体促进积极阅读体验**

随着科技的发展，新媒体平台已经成为当代大学生获取信息的主要渠道之一。为了充分利用这一趋势，高校可以借助新媒体的力量来激发学生的阅读兴趣。比如，利用微信公众号、微博等社交软件发布精选文章或书评，吸引学生关注并参与到阅读活动中来。通过设置在线阅读打卡活动，鼓励学生每日坚持阅读一定时间或完成特定数量的阅读任务，以此来养成良好的阅读习惯。此外，举办线上阅读挑战赛也是一种激励措施，它能够通过竞争的形式激发学生的参与热情，让他们在相互比较中找到乐趣，并逐渐培养起持之以恒的精神。更重要的是，新媒体平台还为学生提供了一个展示自我和表达观点的空间，在这里，他们可以自由地分享自己对于某本书或某个主题的看法，与他人展开思想碰撞，进而加深对自己所读内容的理解。通过这些方式，高校不仅能够引导学生正确使用新媒体，还能帮助他们在享受便捷的同时获得精神上的滋养。

### 3. 高校应成为阅读习惯的引领者

在自媒体环境下，高校应当承担起引领学生形成健康阅读习惯的责任。这意味着学校需要主动适应新时代的特点，采取灵活多样的方法来激发学生的阅读兴趣。一方面，高校可以邀请知名作家、学者进校园，举办讲座或工作坊，让学生有机会面对面地与他们交流，从权威人士那里获得直接的指导和启发。另一方面，利用图书馆资源，建立电子书库和在线数据库，为学生提供丰富多样的阅读材料，满足不同层次的学习需求。同时，学校还可以通过开展丰富多彩的主题阅读活动，比如组织学生围绕某一特定主题进行小组讨论或者撰写读书报告，以此来增强学生的团队协作能力和写作技巧。通过上述举措，高校不仅能够在学生心中树立起正确的阅读观念，还能为其未来的学习生涯乃至职业生涯打下坚实的基础。总之，在自媒体时代背景下，高校作为教育机构有着不可替代的作用，通过不断探索创新的教学方法，能够有效地引导学生培养良好的阅读习惯，助力他们成长为具备高度社会责任感和深厚文化底蕴的新时代青年。

## 三、高校思想政治教育对象思考方式的改变

### （一）自媒体环境下信息获取方式的转变与高校思想政治教育对象思考方式的变革

在自媒体环境下，高校思想政治教育对象不再仅仅依赖于传统的媒介，如报纸、电视等，来获取信息和了解世界，而是更多地通过社交媒体、网络论坛等新兴渠道来获取信息。这种转变使得他们接触到的信息内容更加多元化、碎片化，并且更加注重信息的即时性和互动性。学生们可以随时随地通过手机、电脑等设备获取最新的新闻资讯、观点评论，与他人进行实时交流和讨论。他

们不再受限于时间和空间，可以随时随地参与到信息的传播和讨论中，这使得他们的信息获取更加便捷、高效。这种信息获取方式的转变进一步影响了学生们的思考方式。在自媒体环境的熏陶下，他们更加注重独立思考和批判性思维的培养。他们不再盲目接受传统观念和权威观点，而是倾向于通过自己的分析和判断来形成独特的观点。他们学会了对信息进行筛选、辨别真伪，并从多个角度思考问题，以形成更加全面、客观的认识。这种思考方式的转变使得他们在面对复杂多变的信息环境时，能够更加理性地进行思考和判断，不轻易被错误或片面的观点所误导。

### （二）自媒体环境下社交互动对高校思想政治教育对象思考方式的影响

在社交媒体平台上，学生们能够与来自不同背景、持有各异观点的人进行直接的交流和互动。这种跨时空、跨文化的交流模式极大地拓宽了他们的视野，使得他们的思维变得更加开放和包容。他们开始学会从多个角度审视问题，尊重并理解不同的观点和立场。这种多元化的交流环境让他们有机会接触到各种思想、文化和观念，从而促使他们在思考问题时能够超越自身的局限，以更加宽广的视野来审视和分析问题。同时，社交媒体上的舆论场也成为学生们关注的重要对象。在这个信息快速传播、观点交汇的平台上，他们更加注重公众意见和社会影响。他们开始意识到，自己的观点和行为不仅仅代表个人，还可能对他人和社会产生影响。因此，他们在发表观点或做出行为时表现得更加谨慎和负责，深知每一个发言都可能引发连锁反应。这种对公众意见和社会影响的关注，进一步促使他们在思考问题时更加注重多元性和复杂性。这种社交互动的影响深远地改变了学生们的思考方式。他们在思考问题时，不再局限于单一的角度或层面，而是更加注重多元性和复杂性。他们开始尝试将个人思考与社会责任相结合，意识到自己的每一个思考和行为都与社会息息相关，都承载着一定的社会责任。这种思考方式的转变，使得他们在面对问题时能够更加全面、深入地进行分析和思考，形成更加成熟、理性的观点。

### （三）自媒体环境下高校思想政治教育对象思考方式改变的挑战与机遇

自媒体环境下，高校思想政治教育对象的思考方式发生了显著改变，这一变化既带来了挑战也孕育了机遇。挑战方面，教育者需更加关注学生的思维特点和信息获取方式，积极创新教育方式方法，以适应这一新的教育环境。他们需要引导学生正确看待自媒体环境中的信息，培养其信息筛选和批判性思维能力，确保学生在面对海量信息时能够做出明智的判断。机遇方面，自媒体环境为教育者提供了丰富多样的教育资源和手段，使得教育能够更加贴近学生的生活实际和思想需求。通过合理利用自媒体平台，教育者可以更有效地引导学生形成正确的价值观和思维方式，为他们的全面发展和社会责任感的提升提供有力支持。在此背景下，教育者需不断探索和实践，将自媒体环境的优势转化为教育教学的助力，同时规避其潜在风险，确保学生在复杂多变的信息环境中健康成长，成为具有独立思考能力和社会责任感的新时代青年。

### （四）自媒体环境下高校思想政治教育对象思考方式的多元化与深度发展

#### 1. 自媒体环境促进学生思考方式多元化

自媒体环境的繁荣为高校思想政治教育对象提供了前所未有的信息获取渠道和交流平台。学生们不再局限于传统的课堂讲授和教科书内容，而是能够通过网络、社交媒体等多种途径接触到丰富多彩的信息资源。这种变化意味着学生可以接触到更多元化的视角和观点，从而有助于他们形成更加全面的认知框架。比如，通过关注不同领域的公众号、订阅号或是加入相关的兴趣小组，学生能够了解到社会、政治、经济等各领域的最新动态和发展趋势。自媒体平台上丰富的多媒体内容，如视频、音频、图文结合的文章等，使得信息呈现形式更加生动直观，有助于学生加深对复杂概念的理解。此外，自媒体平台上的即时互动功能也让学生有机会直接与专家学者或其他网友交流，这种即时反馈机制能够促进学生主动思考，激发他们的好奇心和求知欲。在这样一个开放且充满活力的信息环境中成长起来的学生，往往具备更广阔的视野和更强的适应能力，能够在快速变化的社会中游刃有余。

#### 2. 学生思考方式在自媒体环境下的发展

自媒体环境不仅为学生提供了多元化的信息来源，更重要的是，它还促进了学生思考方式的深度发展。在社交媒体上，学生可以自由地表达个人观点，并与他人进行深入的交流和讨论。这种交流过程本身就是一种思维训练，它要求学生不仅要清晰地阐述自己的想法，还要学会倾听别人的意见，并在对话中不断完善自己的观点。通过参与这些讨论，学生能够学会如何从多个角度分析问题，如何在众多信息中筛选出有价值的内容，如何运用逻辑推理得出结论。这些技能对于培养学生的批判性思维至关重要。此外，自媒体平台上的互动还能够增强学生的社会责任感，当看到其他人对某些社会问题发表见解时，他们往往会受到启发，开始思考自己应该如何为改善现状做出贡献。这种由内而外的驱动，使得学生在面对复杂多变的世界时，不仅能够保持清醒的认识，还能够积极参与其中，成为推动社会进步的一分子。

**（五）自媒体环境下高校思想政治教育对象思考方式的自主性与批判性提升**

1. 自主性思考在自媒体环境中的体现

自媒体环境为高校学生提供了前所未有的自主学习机会。在这样的背景下，学生不再局限于传统的课堂学习，而是能够通过网络、社交媒体等多种渠道主动地寻找和获取信息。这种变化促使学生从被动接受知识转变为积极探求知识，形成了一种自主性的学习态度。通过搜索引擎、在线课程平台以及各类社交媒体，学生可以轻松地接触到不同学科领域的前沿资讯，从而拓宽了自己的知识面。更重要的是，自媒体平台上的信息多样性为学生提供了多角度思考问题的可能性。他们可以从多种资源中对比分析，逐步学会如何辨别信息的真实性和可靠性。这种能力的培养不仅有助于他们在海量信息中筛选出有价值的内容，还能够帮助他们建立起批判性思维的基础。在这一过程中，学生逐渐形成了自己独特的见解，并且敢于表达出来，这不仅增强了他们的自信心，也为他们未来的职业生涯奠定了坚实的基础。

2. 批判性思维能力的提升与应用

自媒体环境下的信息泛滥也为学生批判性思维能力的提升提供了肥沃土壤。在面对纷繁复杂的网络信息时，学生需要运用自己的判断力去筛选和评估信息的价值。这种能力的培养并非一蹴而就，而是需要长期积累和实践。在日常的学习生活中，学生们通过参与各种线上讨论、撰写评论或是在社交媒体上发表个人观点等方式，不断锻炼自己的逻辑推理能力和语言表达能力。这种互动交流的过程，不仅能够促进学生之间的思想碰撞，还能够帮助他们更好地理解复杂的社会现象。随着时间的推移，学生们学会了如何从多个角度分析问题，如何辩证地看待事物的两面性，如何在多元信息中寻找真相。这种批判性思维能力的提升，对于高校思想政治教育来说意义重大。它意味着学生们不再是单纯的知识接受者，而是具备了独立思考和判断的能力。在面对复杂多变的社会问题时，他们能够运用所学知识进行理性分析，并在此基础上作出合理决策。这种能力不仅有利于学生个人成长，也为他们将来成为社会栋梁之材打下了坚实的基础。

### （六）自媒体环境下高校思想政治教育对象思考方式改变的实践路径

**1. 高校应对自媒体环境下学生思考方式改变的方法和路径**

面对自媒体环境下高校思想政治教育对象思考方式的改变，高校需要积极探索和实践新的教育方法和路径。其中，培养学生的信息素养和适应能力是至关重要的一环。高校可以通过开设相关课程，如信息检索、数据分析等，帮助学生掌握获取和处理信息的基本技能，使他们能够在海量的自媒体信息中筛选出有价值的内容。同时，组织专题讨论和引导学生参与社会实践也是有效的培养方式。通过专题讨论，学生可以就某一社会问题或现象进行深入探讨，锻炼他们的思维能力和表达能力。而社会实践则能让学生亲身体验社会，了解社会的发展动态和需求，从而增强他们的社会责任感和使命感。

**2. 利用自媒体平台提升学生对思想政治教育的参与度**

除了培养学生的信息素养和适应能力外，高校还可以利用自媒体平台的优势，创新思想政治教育的方式和手段。建立微信公众号、开设网络课堂、组织线上讨论等方式，都是与学生进行更加直接和深入的交流和互动的有效途径。通过这些方式，高校可以实时了解学生的思想动态和需求，从而更加有针对性地开展思想政治教育。同时，自媒体平台的多样性也能为教育内容和形式带来创新。例如，可以利用短视频、直播等形式，将思想政治教育内容以更加生动、形象的方式呈现给学生，提高他们的学习兴趣和参与度。

**3. 共同构建良好的自媒体环境，以此促进学生思考方式提升**

在自媒体环境下，高校还需要加强与社会的联系和合作，共同构建一个良好的自媒体环境。通过与社会各界的合作，高校可以更好地了解社会的发展动态和需求，从而更有针对性地开展思想政治教育。例如，可以与媒体机构合作，共同推出有关社会热点问题的专题节目或报道，引导学生关注社会、思考社会。同时，高校还可以借助社会的力量和资源，为学生提供更加丰富和多样的实践机会和平台。如与企业合作开展实习项目、与社会组织合作开展志愿服务等，都能让学生在实践中锻炼和提升自身的思考能力和综合素质。通过这些实践路径的探索和实践，高校可以更好地应对自媒体环境下学生思考方式的改变，培养出具有时代特征和社会责任感的高素质人才。

## 四、高校思想政治教育对象话语方式的改变

### （一）话语表达多元化

在自媒体环境下，高校思想政治教育对象的话语方式发生了显著的变化。学生们的话语表达不再局限于传统的课堂讨论或书面作业，而是积极拓展到各种自媒体平台，以多元化的方式呈现。他们不再满足于单一的文字表达，而是灵活运用文字、图片、视频等多种形式，来生动、直观地表达自己的观点和想法。这种多元化的话语方式不仅极大地丰富了表达的层次和深度，还显著增强了话语的感染力和传播力。学生们可以通过精心编辑的图片、富有创意的视频或引人入胜的文章，将自己的思考和感悟以更加直观、生动的方式传达给他人，从而引发更广泛的共鸣和讨论。然而，这种多元化的话语方式也面临着一定的挑战。一方面，学生们在追求表达形式的新颖和吸引力的同时，有时可能过于注重形式而忽视了内容的深度和连贯性。信息的碎片化和表面化成为一个不容忽视的问题。在自媒体平台上，学生们往往更倾向于发布简短、即时的信息，而缺乏对传统深度阅读和思考的重视。这种趋势可能导致他们在表达观点时缺

乏充分的论证和深入的思考，从而影响话语的质量和说服力。另一方面，多元化的话语方式也可能导致学生接触到大量未经证实或具有误导性的信息。在自媒体环境中，信息的来源和真实性往往难以验证，学生们可能在不经意间传播或接收到错误或片面的观点。这不仅会对他们的认知和价值观产生不良影响，还可能对整个校园舆论环境造成干扰。

### （二）话语权力分散化

在自媒体环境下，话语权力的分散成了一个显著的趋势，逐渐从教育者向学生转移。这一转变为学生们提供了一个自由发表观点和看法的平台，使他们能够与他人进行实时的交流和讨论。这种话语权力的分散，无疑为学生们的声音注入了更多的多元性和丰富性，为高校思想政治教育带来了新的活力和视角。学生们通过自媒体平台分享的个人经历、见解和创意，为教育内容增添了新的维度，促进了师生之间的互动和共鸣，使得教育过程更加贴近学生的实际需求和生活体验。然而，与此同时，话语权力的分散也带来了信息真实性和权威性的挑战。在自媒体平台上，信息的来源和真实性往往难以验证，这增加了学生接触到错误或片面观点的风险。虚假信息、误导性内容和未经证实的说法可能在网络上迅速传播，对学生的认知和价值观产生不良影响。因此，教育者面临着在尊重学生话语权力的同时，积极引导他们学会辨别信息真伪的重要任务。

### （三）话语互动实时化

自媒体平台的实时互动功能使得高校思想政治教育对象的话语方式更加动态和即时。学生们能够随时随地通过这些平台与他人进行交流和讨论，即时分享自己的观点和感受。这种实时的话语互动极大地增强了学生们之间的沟通和联系，为他们提供了一个更加活跃和自由的交流空间。然而，这种即时的交流方式也可能带来一些问题。在快速的互动节奏中，学生们有时可能过于冲动，发表不负责任的言论，甚至可能引发不必要的争议和误解。因此，教育者需要密切关注学生在自媒体平台上的实时互动，积极引导他们学会在这种即时交流中保持冷静和理性。教育者可以通过开展相关的讨论和活动，帮助学生认识到言论的责任和道德，培养他们的自律意识和批判性思维能力。

## （四）话语内容去中心化

### 1. 自媒体环境下话语内容的多样化

在自媒体环境的影响下，高校思想政治教育对象的话语内容呈现出显著的多样化特点。过去，教育过程中的话语权主要集中于教师和官方教材，学生往往是信息的接受者。然而，随着互联网技术的发展，尤其是自媒体平台的普及，学生获得了前所未有的信息获取渠道。他们可以通过微博、微信、知乎等各种社交媒体平台，接触到来自不同领域、不同背景的信息源。这种多样化的信息来源，不仅丰富了学生的思想内涵，还激发了他们对于社会现象、时事政治等方面的兴趣。学生们开始根据自己关心的话题主动搜索相关信息，并在社交媒体上发表个人见解。这种去中心化的话语表达方式，打破了传统教育模式下的单一话语体系，使得学生的思考和表达更加多元、更具个性化。同时，这也为高校思想政治教育注入了新鲜血液，促进了教育内容的创新与发展。

### 2. 学生参与话语表达的积极性提升

自媒体环境下的去中心化趋势不仅改变了信息传递的方式，还极大地提升了学生参与话语表达的积极性。在传统教育模式中，由于缺乏有效的互动平台，学生往往难以将自己的想法及时传达给教师或其他同学。而现在，借助于社交媒体的强大功能，学生可以随时随地分享自己的观点，并与他人进行深入交流。这种即时互动不仅增强了学生的参与感，还促进了思想的碰撞与融合。学生们通过参与各种线上讨论、发表原创文章或制作短视频等形式，展示自己的思考成果。在这个过程中，他们不仅能够获得同龄人的认可和支持，还能得到专业人士的指导和鼓励。这种正向反馈机制，进一步激发了学生表达自我的欲望，使他们在享受表达乐趣的同时，不断提升自己的语言表达能力和逻辑思维水平。更重要的是，这种积极参与的态度，有助于培养学生的社会责任感和公民意识，使他们在未来能够更好地适应社会角色。

### 3. 自媒体促进高校思想政治教育内涵丰富

自媒体环境下的话语内容去中心化趋势，为高校思想政治教育带来了新的发展机遇。学生们不再局限于课堂上传统的教学内容，而是能够根据个人兴趣和需求，主动探索更多元化的知识领域。这种变化使得高校思想政治教育的内涵得以不断丰富和发展。教师可以通过观察学生在网络上的行为和言论，了解他们的关注点和兴趣所在，并据此调整教学策略，使教育内容更加贴近学生的生活实际。此外，教师还可以利用自媒体平台开展多种形式的互动教学活动，如在线研讨会、虚拟实践项目等，以提高学生的参与度和增强学习效果。通过这些创新举措，高校不仅能够更好地满足学生多样化的需求，还能够促进师生之间更紧密的合作与交流。总之，在自媒体时代背景下，去中心化的话语内容为高校思想政治教育带来了前所未有的活力与生机，使得教育过程更加开放包容，更加符合新时代人才培养的要求。

## （五）话语形式创新化

### 1. 多媒体技术丰富学生表达形式

自媒体技术的飞速发展，为高校思想政治教育对象提供了多样化的表达手段。学生不再仅仅依赖于传统的文字书写来表达自己的思想和观点，而是能够利用图像、音频、视频等多种媒介形式来构建和传达信息。这种变化不仅使得学生的表达更加生动直观，也极大地增强了话语的传播力和影响力。例如，学生可以通过制作短视频来讲述自己对于某一社会现象的看法，通过生动的画面和解说词，将复杂的概念变得容易理解。音频节目则为学生提供了一个全新的平台，让他们可以用自己的声音讲述故事、分享观点，这种方式特别适合于那些喜欢通过听觉学习的学生。此外，图文并茂的博客文章也成为一种流行的趋势，它将文字与图片相结合，既保留了文字的深度，又增加了视觉上的吸引力。这些创新的话语形式不仅丰富了高校思想政治教育的内容，还为学生提供了更加广阔的自我展示空间，使得他们的思想和观点能够以更加多样化的方式呈现给公众。

### 2. 视频制作提升话语传播力

随着短视频平台的兴起，越来越多的学生开始尝试通过制作视频来表达自己的思想和观点。这种形式具有很强的视觉冲击力，能够迅速抓住观众的眼球，尤其是在快节奏的现代生活中，人们更倾向于通过短小精悍的内容来获取信息。

学生可以利用手机或简单的拍摄设备，结合剪辑软件，制作出高质量的视频作品。这些作品不仅包含了丰富的视觉元素，还能够通过旁白、字幕等形式传递深层次的思想内容。例如：一些学生可能会选择制作关于社会公益活动的短片，通过记录真实的场景和人物故事，来唤起人们对弱势群体的关注；另一些学生则可能专注于制作学术性的视频，通过动画演示、图表展示等方式，帮助同学们更好地理解抽象的概念。无论哪种类型的作品，都能够通过社交媒体平台广泛传播，从而扩大其影响力，让更多人受益于这些积极正面的信息。

**3. 音频节目开拓思想交流新渠道**

自媒体技术的进步还催生了音频节目的兴起，这种形式为高校思想政治教育对象提供了一个全新的交流平台。学生可以通过录制播客或音频日记，分享自己的学习心得、生活感悟以及对时事的看法。相较于文字和视频，音频节目具有更加私密和亲密的特点，听众可以在没有视觉干扰的情况下，全神贯注地聆听演讲者的声音，更容易产生共鸣。此外，音频节目还具有便携性优势，学生可以在通勤、运动等日常活动中收听，不受时间和地点的限制。这种灵活性使得音频节目成为一种非常受欢迎的学习工具。通过定期发布主题相关的音频内容，学生不仅可以记录自己的成长历程，还能够与广大听众建立联系，形成一个相互支持、共同进步的社群。这种基于声音的交流方式，不仅能够增进人与人之间的理解与沟通，还能够促进思想的深度交流与发展。总之，在自媒体技术支持下，高校思想政治教育对象的话语形式得到了极大的丰富与创新，为学生提供了更多样化的表达渠道，促进了思想的传播与交流。

**（六）话语环境复杂化**

**1. 自媒体开放性带来多元视角**

自媒体环境下的开放性特质，为高校思想政治教育对象提供了前所未有的信息获取途径。在这一背景下，学生可以轻松接触到来自全球各地的各种信息源，这些信息涵盖了不同文化背景下的多种视角，极大地拓宽了学生的视野。与此同时，自媒体的匿名性特点也让更多的个体敢于发表自己的见解，这种自由表达的文化氛围鼓励着每一位参与者勇于发声，表达自我。然而，正是由于自媒体的开放性和匿名性，一些不良信息或者极端观点也可能在其中流传开来，这对学生的思想政治观念形成了一定程度的影响。因此，在这样的环境下，培养学生的辨识能力显得尤为重要。高校应当通过开展各种形式的教育活动，增强学生的辨别是非的能力，教会他们在海量信息中筛选出有价值的内容，并学会理性分析和判断。同时，高校还可以组织专题讲座或工作坊，邀请各领域的专家与学生面对面交流，分享专业知识和个人经验，以此来丰富学生的认知结构，帮助他们建立起更加全面的世界观。

### 2. 互动平台促进思想碰撞

自媒体平台的多样性及高度的交互性，为学生提供了一个无边界的话语表达机会和交流空间。学生们可以在这些平台上自由地分享自己的想法，与他人展开深入对话。这种即时的互动机制，不仅打破了传统教育中的单向传授模式，还让学生们有机会参与到更加平等的知识共建过程中去。例如，通过在线论坛、社交网络等渠道，学生们可以就某个话题发表意见，并及时收到其他人的反馈，这种快速的交流有助于加深彼此的理解，促进思想的碰撞和观点的交融。更重要的是，这种互动不仅限于校园内部，学生还可以与校外乃至国际上的同龄人进行交流，从而实现跨文化的沟通与理解。这种广泛的互动有助于拓宽学生的思维方式，促使他们从不同的角度思考问题，最终达到开阔眼界、增长见识的目的。因此，高校应当鼓励学生积极参与到这些互动平台上来，同时也要提供必要的指导和支持，确保学生们能够在这样一个充满活力的环境中健康成长。

### 3. 创新教育方式增强适应性

面对自媒体时代的新特征，高校需要不断创新思想政治教育的方式方法，以适应不断变化的教育环境。这意味着高校不仅要关注传统课堂教育的质量提升，还要积极探索线上教育的新模式。例如，可以开发针对不同年龄段学生的定制化课程资源，利用多媒体技术制作生动有趣的教学内容，激发学生的学习兴趣。此外，还可以借助大数据分析工具，了解学生的学习偏好和行为习惯，从而提供个性化的学习建议和服务。通过这些手段，高校不仅能够提高教育的针对性和有效性，还能更好地满足学生的个性化需求。与此同时，高校还应该加强与自媒体平台的合作，共同构建健康向上的网络文化生态。比如，可以邀请知名博主或意见领袖参与校园活动，通过他们的正面形象和影响力来传播正能量。此外，高校也可以开设专门的自媒体运营课程，教授学生如何有效地运用自媒体工具进行自我表达和社会实践，从而帮助他们在复杂的网络环境中树立正确的价值观。通过上述措施，高校就有能力在复杂多变的话语环境中，引导学生形成科学合理的思想政治观念，助力他们成长为有担当的时代新人。

# 第五章

## 自媒体环境对高校思想政治教育内容、方法和载体的影响

CHAPTER 5

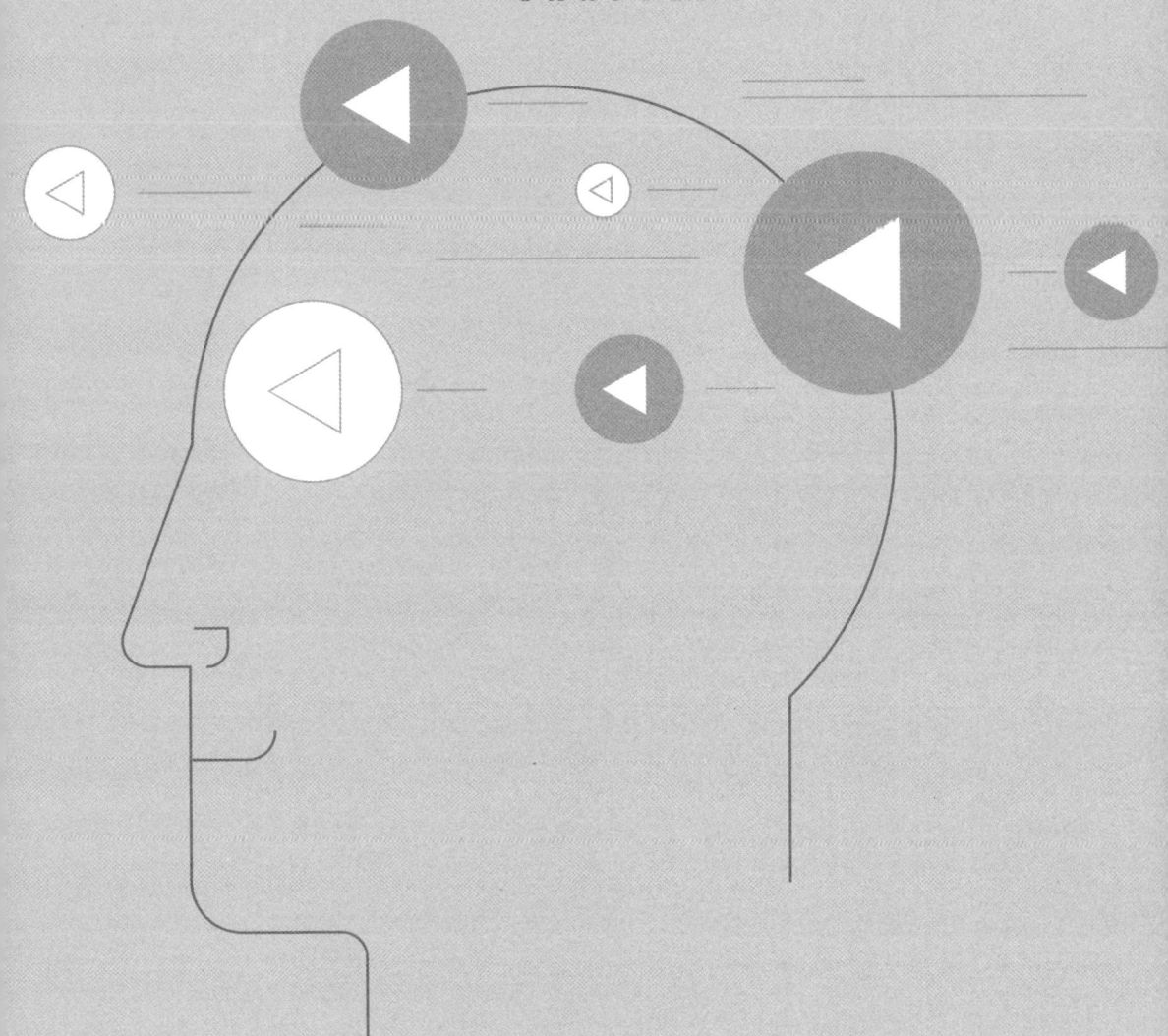

## 第一节 自媒体环境对高校思想政治教育内容的影响

### 一、自媒体环境影响高校思想政治教育内容选择

**（一）自媒体环境下高校思想政治教育内容选择的新要求**

**1. 内容的时效性与针对性**

在自媒体环境下，高校思想政治教育的内容选择显得尤为重要，内容的时效性与针对性成为关键要素，这要求教育内容不仅要与时俱进，更要贴近大学生的思想特点和实际需求。时效性意味着教育内容必须紧跟时事热点，及时捕捉并反映社会的最新动态。这不仅有助于保持教育的活力和新鲜感，还能激发学生对当下社会问题的关注和思考。通过引入时事热点，教育者可以引导学生深入理解社会的变迁和发展，培养他们的社会责任感和公民意识。同时，针对性也是不可或缺的。每个大学生都是独一无二的个体，他们的思想特点、兴趣爱好和实际需求各不相同。因此，教育内容的选择必须考虑到这些因素，以确保信息能够精准地触达学生的内心。通过深入了解大学生的思想动态和关注点，教育者可以选择更加贴近他们生活、学习实际的内容，从而激发他们的学习兴趣和参与热情。这种针对性的教育内容不仅能够提升教育效果，还能够促进学生的全面发展，帮助他们在面对复杂多变的社会环境时，做出明智的选择和决策。

**2. 内容的正确性与引导性**

教育内容不仅承载着传递知识的功能，更在无形中塑造着学生的世界观、人生观和价值观，对此，确保教育内容的正确性，成为每一位教育者不可推卸的责任。这要求所传递的信息和价值观必须是积极向上的，能够成为学生人生道路上的明灯，引导他们走向正确的方向。正确性不仅仅体现在知识点的准确无误上，更在于所传达的价值观和道德标准的正当性。在这样一个复杂多变的网络环境中，学生如同置身于信息的海洋，容易受到各种信息和观点的影响。

有的信息真实可靠，有的则充斥着偏见和误导。因此，教育内容必须坚持正确的价值观导向，如同一座灯塔，帮助学生在这片信息的海洋中明辨是非，形成坚定的道德立场。同时，教育内容的引导性也是不容忽视的。通过精心选择和设计的教育内容，可以潜移默化地引导学生形成积极、健康的世界观、人生观和价值观。这种引导不是强制性地灌输，而是通过启发式的教学，让学生在思考和探索中自我成长。教育者需要用心去理解每一个学生的需求和困惑，用富有智慧和温度的教育内容去触动他们的心灵，引导他们走向更加美好的未来。

## （二）自媒体环境下高校思想政治教育内容选择的策略建议

### 1. 整合自媒体资源，丰富教育内容

在自媒体时代，资源的整合和利用显得尤为重要，特别是对于高校思想政治教育而言。自媒体平台上汇聚了大量的优质资源，这些资源具有时效性、多样性和互动性等特点，为思想政治教育提供了丰富的素材和广阔的视野。通过积极挖掘和整合这些资源，可以极大地丰富教育内容，使其更加贴近时代、贴近生活、贴近学生。例如，可以选取一些具有代表性的自媒体文章、视频或图片，作为课堂讨论的素材，引导学生进行深入思考和交流。这样的教育方式更能激发学生的学习兴趣，使他们在主动参与的过程中，潜移默化地接受思想政治教育。教育者应充分认识到自媒体资源的价值，积极探索和尝试将其融入思想政治教育中，以不断创新教育方式方法，提高教育质量，培养出更多具备高度政治觉悟和思想品质的优秀人才。

### 2. 创新教育方式方法，提高教育效果

在自媒体时代，结合自媒体的特点，教育者可以采用更加生动、形象的教育方式，以激发学生的学习兴趣和提高他们的参与度。微视频是一种极具潜力的教育方式。通过精心制作的微视频，可以将抽象的政治理论知识以直观、形象的方式呈现出来，使学生更易于理解和接受。同时，微视频具有短小精悍、便于传播的特点，能够迅速抓住学生的注意力，引发他们的思考。直播也是一种有效的教育方式。通过直播，教育者可以与学生进行实时互动，解答学生的疑问，引导学生进行深入探讨。这种即时互动的教育方式能够增强学生的参与

感和归属感，提高他们对思想政治教育的接受度。这种同伴间的互动和学习能够激发学生的学习动力，促进他们的自我成长。

表5-1 自媒体环境下高校思想政治教育内容选择的新要求

| 类别 | 子类别 | 内容概述 |
| --- | --- | --- |
| 自媒体环境下高校思想政治教育内容选择的新要求 | 内容的时效性与针对性 | 时效性：紧跟时事热点，反映社会最新动态，保持教育活力和新鲜感<br>针对性：考虑大学生思想特点、兴趣爱好和实际需求，选择贴近他们生活、学习实际的内容 |
| | 内容的正确性与引导性 | 正确性：确保传递的信息和价值观积极向上，引导学生走向正确的人生道路<br>引导性：通过精心选择和设计的教育内容，潜移默化地引导学生形成积极、健康的世界观、人生观和价值观 |
| 自媒体环境下高校思想政治教育内容选择的策略建议 | 整合自媒体资源，丰富教育内容 | 整合自媒体平台上的优质资源，增加教育的趣味性和生动性，提高教育的吸引力和感染力<br>利用自媒体资源及时了解学生思想动态和关注点，精准把握教育方向，调整教育内容 |
| | 创新教育方式方法，提高教育效果 | 采用微视频等生动、形象的教育方式，将抽象的政治理论知识以直观、形象的方式呈现<br>利用直播进行实时互动，解答学生疑问，引导学生深入探讨<br>利用自媒体平台的社交属性，建立线上学习小组或社群，鼓励学生分享学习心得和体会 |

## 二、自媒体环境影响高校思想政治教育内容传播

### （一）自媒体环境对内容传播方式的改变

#### 1. 传播渠道的多元化

自媒体平台提供了多种传播渠道，这一变革极大地丰富了高校思想政治教育内容的传播方式。在传统模式下，教育内容的传播主要依赖于课堂讲授、讲

座、海报等传统媒介，然而这些方式往往受限于时间和空间的制约。如今，随着微博、微信公众号、短视频平台等自媒体渠道的兴起，高校思想政治教育内容的传播变得更加灵活和广泛。微博以其短小精悍的特点，成为传递思想和信息的重要工具。教育者可以通过发布微博，快速分享最新的教育理念、政策动态以及思想引导，让学生能够随时随地接收到正面的思想政治教育内容。微信公众号则为学生提供了一个更加深入学习的平台，通过发布长篇文章、图文并茂的内容，让学生能够在阅读中获得更全面的知识和思考。而短视频平台则以其直观、生动的形式，让学生通过观看视频更加直观地理解抽象的政治概念和历史事件。这些多元化的传播渠道不仅丰富了高校思想政治教育的内容形式，更提高了信息的可达性和可接受性。

**2. 传播方式的即时性**

在自媒体环境下，信息的传播速度得到了前所未有的提升，这种即时性为高校思想政治教育内容的快速传播提供了有力支持。在过去，教育内容的更新和传播往往需要经过一系列烦琐的流程，导致信息传播存在一定的滞后性。然而，在自媒体时代，这一问题得到了有效解决。一旦有新的教育内容需要传播，教育者可以立即通过自媒体平台发布，学生几乎可以在第一时间接收到这些信息。这种即时性的传播方式不仅保证了教育内容的时效性，还让学生能够及时了解到最新的思想政治教育动态，从而更好地与时代接轨。此外，自媒体平台的即时互动功能也极大地提升了教育效果。学生在接受教育内容后，可以立即通过评论、点赞等方式进行反馈，教育者则可以根据学生的反馈及时调整教育内容和方法，形成良性的互动循环。这种即时的互动与反馈机制不仅增强了教育者与学生之间的联系，还让思想政治教育更加贴近学生的实际需求。

**（二）自媒体环境对内容传播效果的影响**

**1. 增强互动性，提高参与度**

自媒体平台的出现，显著地增强了学生与思想政治教育内容之间的互动性，且提高了参与度。在传统的教育模式下，学生往往只是被动地接受知识，与教育者之间的互动相对较少。然而，在自媒体环境下，学生可以通过评论、点赞、转发等方式积极参与到思想政治教育内容的传播与讨论中。这种互动性不仅让学生有机会表达自己的观点和看法，还能激发他们对思想政治教育内容的兴趣和热情。例如，教育者可以在自媒体平台上发布一个关于时事热点的讨论话题，引导学生进行讨论和思考。学生可以通过留言或评论的方式，与其他学生和教育者进行交流和辩论，这种实时的互动能够极大地提升学生的参与感和归属感。此外，自媒体平台还提供了丰富的多媒体元素，如图文、视频等，这些元素能够更直观地展示思想政治教育内容，进一步吸引学生的注意力，提高他们的参与度。因此，自媒体环境通过增强互动性和提高参与度，有效地提升了思想政治教育内容的传播效果。

**2. 扩大影响力与覆盖面**

自媒体平台的分享与转发功能，使得高校思想政治教育内容能够迅速扩散，显著扩大了其影响力和覆盖面。在过去，思想政治教育内容的传播主要依赖于课堂、讲座等线下渠道，受众范围相对有限。然而，在自媒体时代，这一情况得到了根本性的改变。通过自媒体平台，教育者可以将思想政治教育内容以图文、视频等多种形式进行发布，学生和其他用户可以通过分享和转发，将这些内容传播给更多的人。这种病毒式的传播方式，使得思想政治教育内容能够在短时间内触达更广泛的受众群体。此外，自媒体平台的全球化特性也意味着思想政治教育内容有可能跨越地域限制，影响到更广泛的区域。例如，一些高校的官方自媒体账号发布的内容，可能会被全国乃至全球的学生所关注和转发。

### （三）自媒体环境下高校思想政治教育内容传播策略

**1. 精准定位目标受众**

在自媒体环境下，高校思想政治教育内容的传播必须精准定位目标受众，即大学生群体。这一群体具有独特的信息接收习惯和兴趣爱好，因此，制定针对性的传播策略至关重要。为了实现精准定位，教育者需要深入了解大学生的心理特征、信息需求以及他们在自媒体平台上的行为模式。例如，可以通过市场调研、数据分析等方式，掌握大学生对思想政治教育内容的关注度和接受度。基于这些信息，教育者可以设计出更符合大学生兴趣点的教育内容，选择他们常用的自媒体平台进行发布,从而提高传播的针对性和有效性。此外,还可以利用自媒体平台的用户画像功能,对目标受众进行更细致的划分,如按照年级、专业、性别等维度进行分类,以便精准地推送个性化的教育内容。

### 2. 优化内容形式与表达方式

在自媒体时代,高校思想政治教育内容的传播需要充分考虑自媒体的特点,优化内容形式和表达方式。因此,教育者需要运用丰富的多媒体元素,如图文结合、视频、动画等,使内容更加生动有趣。同时,表达方式的创新也至关重要。教育者可以采用更加接地气、贴近大学生生活的语言风格,用他们易于接受的方式来传达思想政治教育的核心观点。例如,可以通过讲述身边的故事、引用网络热词等方式,增强内容的亲和力和感染力。此外,还可以借助自媒体平台的互动功能,设计互动性强、参与度高的教育内容,如在线问答、话题讨论等,激发大学生的参与热情。

### 3. 加强互动与反馈机制建设

自媒体平台为教育者和学生提供了便捷的互动渠道,教育者应充分利用这些渠道,与学生建立紧密的联系。例如,可以设置专门的互动区域,鼓励学生留言评论,提出问题和建议。同时,建立完善的反馈机制也是关键。教育者需要定期收集和分析学生的反馈意见,了解他们对当前教育内容的看法和需求,以便及时调整传播策略。这种动态的调整过程不仅能够使教育内容更加贴近学生的实际需求,还能够增强学生的参与感和归属感。通过加强互动与反馈机制建设,高校思想政治教育内容的传播将变得精准、高效而有针对性。

## (四)自媒体环境下高校思想政治教育内容传播实践

### 1. 利用微信公众号进行内容推送

通过微信公众号定期推送思想政治教育相关内容,不仅能够覆盖更广泛的学生群体,还能实现教育内容的持续传递和深化。推送的内容可以包括政策解读、理论探讨、先进事迹、历史文化等多个方面,旨在引导学生树立正确的世界观、人生观和价值观。同时,利用微信公众号的互动功能,可以设置问答、投票、话题讨论等环节,鼓励学生积极参与,提出自己的观点和看法。通过这种方式，思想政治教育内容能够更加贴近学生的生活，增强教育的针对性和实效性。此外，微信公众号的数据分析功能还能帮助教育者了解学生的阅读习惯和兴趣点，为进一步优化内容提供有力支持。

**2. 开展线上主题教育**

在自媒体环境下，结合时事热点或重要节日开展线上主题教育，已成为提升高校思想政治教育效果的有效方法。这类活动以其独特的时效性和话题性，能够迅速吸引学生的注意力，有效激发他们的参与热情。例如，在国庆节这一举国同庆的重要时刻，高校可以巧妙抓住这一时机，组织"我和我的祖国"主题征文活动。通过这样的活动，鼓励学生以文字为载体，深情表达对祖国的热爱和美好祝福，从而在他们心中厚植爱国主义情怀。或者在世界环境日这个全球性的环保纪念日，高校可以积极发起"绿色校园"倡议，借助线上平台的广泛传播力，引导学生关注身边的环保问题，倡导并践行绿色生活方式。这类线上主题教育，不仅形式新颖、内容丰富，而且能够深深触动学生的内心，使他们在参与中不断增强爱国情怀和社会责任感。同时，这些活动还为学生提供了一个展示自我、交流思想的平台，促进了他们之间的互动与合作，有助于在校园内形成一种积极向上、共同学习进步的良好氛围。

**3. 与学生社团合作进行内容传播**

与学生社团合作是扩大高校思想政治教育内容传播影响力的有效途径，学生社团作为校园内的重要组织，具有广泛的群众基础和较高的组织动员能力。通过与学生社团的紧密合作，可以共同策划和推进思想政治教育内容的传播活动。例如，可以联合文艺类社团举办以思想政治教育为主题的文艺晚会，或者与新闻类社团合作开设思想政治教育专栏，定期发布相关文章和报道。这种合作模式不仅能够丰富思想政治教育的形式和内容，还能有效提升学生的参与度和认同感。同时，学生社团的社交属性也有助于将教育内容扩散至更广泛的受众群体，进一步扩大其影响力。

## 三、自媒体环境下高校思想政治教育内容的创新与优化

### （一）自媒体环境推动高校思想政治教育内容的创新

**1. 自媒体环境为高校思想政治教育内容创新提供新机遇**

在传统的高校思想政治教育模式中，内容往往侧重于理论知识的传授，形式相对单一，难以充分激发学生的学习兴趣和参与热情。然而，在自媒体环境下，高校可以充分利用自媒体平台的多样性和互动性，打破传统教育模式的束缚，将思想政治教育内容与现代科技、社会热点、学生生活紧密结合，创造出更加生动、有趣、具有时代感的教育内容。例如，通过自媒体平台发布与思想政治教育相关的短视频、微电影、动画等，不仅丰富了教育形式，还使学生在轻松愉快的氛围中接受思想政治教育，大大提高了教育的吸引力和感染力。这种创新的教育方式不仅有助于提升学生的学习兴趣，还能使思想政治教育更加贴近学生实际，增强教育的针对性和实效性。

**2. 自媒体平台助力高校思想政治教育内容与时俱进**

在自媒体时代，信息传播的速度和广度都达到了前所未有的水平。高校作为思想政治教育的重要阵地，必须紧跟时代步伐，充分利用自媒体平台的优势，不断创新教育内容，使其更加符合时代发展的要求。而且，高校可以通过自媒体平台与学生进行实时互动，了解他们的思想动态和需求，从而有针对性地调整教育内容和方法。这种与时俱进的教育方式不仅有助于增强学生的时代感和使命感，还能使他们在实践中不断锤炼思想品质，成长为新时代的优秀人才。

**3. 创新自媒体形式，打造高校思想政治教育新生态**

在自媒体环境下，高校思想政治教育的创新不仅体现在内容的更新上，更体现在教育形式的多样化上。通过创新自媒体形式，高校可以打造出一种全新的思想政治教育生态。例如，利用短视频、直播、社交媒体等自媒体形式，高校可以构建出一个立体化的教育网络，使学生在日常生活中随时随地都能接受到思想政治教育的熏陶。同时，高校还可以鼓励学生参与到自媒体内容的创作中来，让他们在实践中学习和成长。这种创新的教育生态不仅有助于提升学生的参与度和创造力，还能使思想政治教育更加深入人心，成为引导学生健康成

长的重要力量。

**（二）自媒体环境促进高校思想政治教育内容的优化**

**1. 自媒体环境的开放性促进高校思想政治教育内容的灵活性调整**

自媒体环境的开放性和共享性，为高校思想政治教育内容的优化提供了独特的机遇。在这一环境下，高校不再仅仅是教育内容的提供者，更是与学生共同构建和优化教育内容的伙伴。通过自媒体平台，高校可以轻松地收集到学生对思想政治教育内容的反馈和建议，这些宝贵的第一手资料使得高校能够及时了解学生的需求和兴趣点。基于这些反馈，高校可以更加有针对性地调整和优化教育内容，确保教育内容与学生的实际需求紧密相连。例如，如果发现学生对某一主题特别感兴趣，高校可以适时增加相关教育内容，或者采用学生更喜欢的方式呈现教育内容，从而增强教育的吸引力和有效性。这种灵活的调整机制，使得高校思想政治教育内容能够与时俱进，更好地服务于学生的成长和发展。

**2. 自媒体平台的信息丰富性为高校思想政治教育内容提供多样化素材**

在自媒体时代，信息传播的速度和广度都达到了前所未有的水平，各种思想、观点和文化在平台上交织碰撞。高校可以充分利用这一优势，借鉴和吸收自媒体平台上的有益成分，不断丰富和完善思想政治教育内容。同时，高校还可以从自媒体平台上获取各种新颖的教育形式和方法，如短视频、微电影、在线互动等，将这些形式与方法融入传统的思想政治教育中，创造出更加生动、有趣的教育体验。这种多样化的素材和资源的应用，不仅丰富了教育内容，还使得教育形式更加多样化，增强了教育的吸引力和感染力。

**3. 自媒体环境的互动性助力高校思想政治教育内容的持续优化**

自媒体环境的互动性为高校思想政治教育内容的持续优化提供了强大的动力。在传统的教育模式中，学生往往是教育内容的被动接受者，而在自媒体环境下，学生可以通过评论、点赞、分享等方式积极参与到教育内容的构建和优化中来。高校可以利用这一特点，鼓励学生对教育内容提出自己的意见和建议，甚至邀请学生参与到教育内容的创作中来。这种参与式的教育方式不仅增强了学生的主体意识和创造力，还使得教育内容更加贴近学生的实际需求和心理特点。同时，高校还可以通过自媒体平台上的数据分析工具，对教育内容的传播效果进行实时监测和评估，从而及时发现并解决问题，不断优化教育内容。这种持续优化的机制确保了高校思想政治教育内容能够始终保持与时俱进的状态，更好地服务于学生的成长成才。

## 第二节 自媒体环境对高校思想政治教育方法的影响

### 一、自媒体环境对高校思想政治教育方法的积极影响

#### （一）拓宽教育渠道与资源

在传统的思想政治教育模式下，课堂和书本是知识传递的主要渠道，信息来源相对有限，传播速度也受到一定制约。然而，自媒体平台的兴起彻底打破了这一局限，它以海量的信息源和惊人的传播速度，为思想政治教育注入了新的活力。通过微信公众号、微博、短视频平台等多样化的自媒体工具，学生们现在可以随时随地获取到丰富的教育资源。无论是国内外时事政治的最新动态，还是社会热点的深度剖析，抑或文化科技的前沿资讯，都能在自媒体平台上找到相应的内容。这种多元化的信息获取方式，不仅极大地丰富了学生们的知识储备，使他们能够紧跟时代步伐，了解社会发展的最新趋势，同时也极大地激发了他们对思想政治教育的兴趣和参与度。学生们在浏览自媒体内容的过程中，不自觉地就接受了思想政治教育的熏陶，这种潜移默化的教育方式往往比传统的课堂灌输更为有效。

此外，自媒体平台上的优质教育资源也为高校思想政治教育者提供了宝贵的教学辅助材料。这些材料涵盖了文字、图片、音频、视频等多种形式，使得教学内容更加生动、具体，易于学生接受和理解。教育者可以根据教学需要，灵活选择和使用这些自媒体资源，为课堂教学增添新的元素和活力。这种结合自媒体资源的教学方式，不仅提高了教学效果，也提升了教育者的教学水平和

创新能力。

### （二）增强互动性与个性化

在以往的思政教学中，通常采用的是单向灌输的教学方式，学生作为知识的被动接受者，缺乏与教育者的互动与反馈机制。然而，在自媒体环境的熏陶下，这一状况得到了根本性改变。教育者与学生之间可以通过留言、评论、私信等多种方式实现实时的互动交流，这种双向的交流模式极大地提高了学生的参与感和表达欲望。学生们不再只是被动地听讲，而是可以积极地发表自己的观点和看法，与教育者共同探讨问题，这种互动不仅增强了学生的主体意识，也使得教育者能够更加及时地了解学生的思想和心理动态。通过自媒体平台的互动，教育者能够及时发现学生在思想上的困惑或偏差，并给予有针对性的引导和帮助，这种个性化的关注和支持是传统教育模式所难以企及的。与此同时，自媒体平台还提供了个性化定制的服务，学生可以根据自己的兴趣和需求，选择适合自己的教育内容和学习方式。这种个性化的教育服务不仅满足了学生的多样化需求，也有助于激发学生的学习兴趣和积极性。在自媒体环境下，学生不再感到思想政治教育是枯燥无味的，而是可以根据自己的喜好和需求，以更加灵活和自主的方式进行学习和探索。

### （三）提升教育的时效性与针对性

在传统的思想政治教育模式中，由于信息传递的渠道相对有限，教育内容往往存在一定的滞后性，难以迅速应对社会上出现的热点问题和突发事件。这种滞后性不仅影响了教育的时效性，也使得教育内容难以与现实生活紧密结合，降低了教育的针对性和实效性。自媒体平台的出现改变了这一状况。自媒体以其即时性和广泛传播性，为教育者提供了第一时间获取相关信息并开展针对性教育的可能。当社会上出现重大新闻事件或网络舆情时，教育者可以通过自媒体平台迅速获取到相关信息，并结合这些信息发布相关的评论和解读文章。这种方式不仅使得教育内容更加贴近现实生活，也使得学生能够及时了解到社会上的最新动态，引导他们正确看待和分析问题。

这种时效性强的自媒体环境教育方式，有助于帮助学生形成正确的价值观和世界观。在传统的教育模式中，由于信息的滞后性，学生往往难以第一时间了解到社会上的热点问题和突发事件，也难以得到及时的引导和帮助。而自媒体平台的出现，使得学生能够更加及时地了解到这些信息，并得到教育者的及时引导和帮助。这不仅有助于学生更好地了解社会现实，也有助于他们形成更加全面、客观、理性的价值观和世界观。

### （四）促进教育方式的创新与多样化

在传统模式下，思想政治教育方式往往显得单一且枯燥，难以有效吸引学生的注意力，导致教育效果不尽如人意。然而，在自媒体环境下，这一状况得到了根本性的改善。教育者开始积极利用文字、图片、音频、视频等多种形式进行知识的传播和教育引导，这种多样化的教育方式不仅极大地提高了学生的接受度和兴趣度，也使得教育内容变得更加生动具体、易于理解。学生们在接触这些多样化的教育材料时，能够更加直观地感受到思想政治教育的魅力和价值，从而更加积极地参与到学习过程中来。与此同时，自媒体平台还为高校思想政治教育提供了在线直播、微课等新型教育形式。这些新型的教育形式不仅使得教育过程变得更加灵活多样、富有创意，也为学生提供了更加便捷高效的学习体验。学生们可以根据自己的时间和需求，随时随地进行在线学习，不再受限于传统的课堂时间和空间。这种灵活多样的学习方式不仅提高了学生的学习效率，也使得思想政治教育更加贴近学生的生活实际，增强了教育的针对性和实效性。

## 二、自媒体环境对高校思想政治教育方法带来的挑战

### （一）信息过载与甄别难度增加

自媒体环境下，信息爆炸式增长，大学生每天接触到的信息量巨大且复杂多样。这一环境特点为学生提供了前所未有的丰富的学习资源，使他们能够轻松获取到国内外时事政治、社会热点、文化科技等多元化信息，极大地丰富了他们的知识储备。然而，信息过载的问题也随之而来，思想政治教育内容在海量信息中容易被淹没，难以凸显其重要性进而难以引起学生的足够关注。学生

面临着信息筛选的挑战,如何在众多信息中辨别真伪、选择有价值的内容成为一项重要技能。

此外,自媒体平台上充斥着各种未经核实的信息和虚假新闻,这进一步增加了学生甄别信息的难度。在这样一个信息繁杂的环境中,学生容易被错误思潮误导,对思想政治教育产生误解或忽视。这对于高校思想政治教育而言,意味着教师需要承担更大的责任,他们需要花费更多的时间和精力来引导学生正确筛选信息,帮助他们建立正确的信息判断标准,培养批判性思维,从而避免被错误思潮所影响。

### (二)话语体系与权威性的挑战

自媒体时代的到来,标志着信息传播方式的深刻变革,每个人都成为信息的发布者和传播者。这一变化对传统思想政治教育的话语体系构成了显著挑战。一方面,自媒体平台赋予了信息表达更大的自由和直接性,学生们在这种环境中更倾向于接受平等、互动的交流方式,而非以往传统的单向灌输模式。这种转变要求高校思想政治教育者必须调整其话语方式,努力增强话语的亲和力和感染力,以适应学生日益增长的对平等交流的需求。教育者需要放下身段,以更加平和、亲切的姿态与学生进行沟通,让思想政治教育的话语更加贴近学生的生活实际,更加易于被学生所接受和内化。另一方面,自媒体环境中的多元价值观并存现象日益明显,学生的思想观念也呈现出多元化的趋势。在这种背景下,传统的权威性教育模式显得愈发难以适应这种变化。学生们不再满足于被动地接受教育者的灌输,他们更希望能够在平等、开放的氛围中共同探讨价值问题,形成自己的独立思考和判断。

### (三)价值观引导与道德教育的困境

自媒体平台上的信息纷繁复杂,其中不乏低俗、暴力、色情等不良内容,这些内容往往以夸张、刺激的方式呈现,容易吸引大学生的眼球,进而对他们的价值观产生负面影响。长期接触这类信息,可能导致学生价值观扭曲,对道德标准产生模糊认识,甚至形成错误的行为习惯。此外,自媒体环境中的网络舆论往往带有情绪化、片面化的特点。由于自媒体平台的匿名性和即时性,网络舆论往往缺乏深入思考和理性分析，容易引发大学生的冲动和盲从。在这种环境下，学生可能因为一时的情绪波动或受到他人言论的影响，而做出不理智的行为或发表不恰当的言论，这给高校思想政治教育中的价值观引导和道德教育带来了巨大挑战。

### 三、自媒体环境下高校思想政治教育方法的创新

#### （一）整合自媒体平台，拓展思想政治教育渠道

在自媒体环境下，高校思想政治教育正面临着前所未有的机遇与挑战，为了更有效地进行思想引领和价值观塑造，教育者应积极拥抱自媒体，探索新的教育渠道。微博、微信公众号、抖音等自媒体平台，以其独特的魅力和广泛的影响力，为高校思想政治教育提供了全新的舞台。通过这些平台，教育者可以将思想政治教育内容以图文、视频等多媒体形式呈现，使其更加生动、有趣，更贴近学生的日常生活。这种亲切、接地气的教育方式，不仅能够吸引学生的注意力，还能让他们在轻松愉快的氛围中接受价值观的熏陶。同时，这些自媒体平台拥有庞大的用户基数和快速的信息传播能力，能够迅速将教育内容传递给更多的学生，从而极大地扩大思想政治教育的影响力和覆盖面。更为重要的是，利用这些平台的数据分析功能，教育者可以深入洞察学生的兴趣点和需求，进而精准地制定教育内容，实现个性化的教育引导。

#### （二）利用自媒体特点，增强思想政治教育的互动性

自媒体平台的高互动性特点为高校思想政治教育注入了新的活力，提供了更加灵活和多元的教育方式。教育者可以巧妙地利用这些平台，发起与思想政治教育相关的话题讨论、在线问答等丰富多样的活动。这些活动形式新颖、参与性强，很容易激发学生的学习兴趣，促使他们主动参与到讨论与交流中。在这样的互动过程中，学生不仅能够表达自己的观点和看法，还能在与其他同学的交流中碰撞思想、拓宽视野。这种互动式的学习方式，不仅有助于提升学生的沟通能力和团队协作能力，还能帮助他们在深入思考和交流中，更加深刻地理解和把握思想政治理论的精髓和意义。同时，通过自媒体平台的互动，教育

者也能更加直观地了解到学生的思想动态和价值观取向，从而更加准确地把握教育的方向和重点。这种即时的反馈机制，为教育者提供了宝贵的第一手资料，有助于他们精准地进行后续的教育引导，确保思想政治教育的针对性和实效性。

**（三）结合自媒体内容，丰富思想政治教育形式**

自媒体平台的多样性为思想政治教育提供了广阔的创新空间。文字、图片、视频等多种形式的内容，不仅丰富了教育的展现方式，也为教育者提供了无尽的素材和灵感来源。教育者可以巧妙地结合自媒体上的热点话题和典型案例，将这些鲜活的内容融入思想政治教育中。例如，针对某一热点问题，教育者可以组织学生展开辩论。在辩论过程中，学生不仅能够锻炼自己的思辨能力和表达能力，还能在观点的碰撞中更加深入地理解问题的本质，从而加深对思想政治理论的认识。此外，利用短视频这一流行的自媒体形式，教育者可以鼓励学生将他们对思想政治理论的理解以视频的形式呈现出来。这种创新的教育方式不仅能够激发学生的创造力和参与热情，还能使他们在创作的过程中更加深入地理解和把握思想政治理论的内涵。

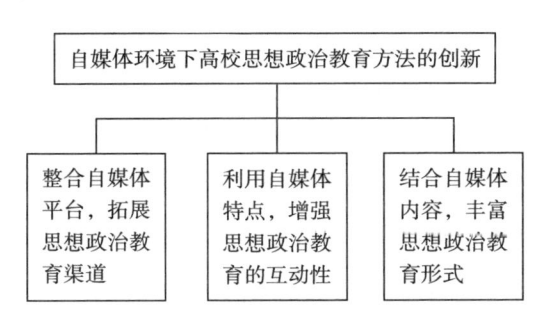

图5-1　自媒体环境下高校思想政治教育方法的创新

**（四）线上—线下教育方法同步应用**

**1.高校思想政治教育者要主动参与大学生线下实践活动，与大学生建立良好线下关系，在现实生活中加强对大学生的人文关怀和心理疏导**

尽管自媒体环境中思想政治教育对象的多数学习、阅读、娱乐、社交、购物等人生体验都能够通过手机、电脑等来完成，但那些有温度的、有深度的、真实的人际交往仍然是不可替代的。作为高校思想政治教育者，更应充分认识到这一点，在加强与思想政治教育对象的线上连接之余，不断强化线下连接，绝不放弃与思想政治教育对象面对面传道授业、情感交流、心灵沟通等的机会。比如：高校思想政治教育者可以依托线下课堂教学，结合体验式、沉浸式等教学方式，创新教学路径，强化教学印象；可以通过开展大学生学业规划、就业指导、心理健康咨询、志愿服务、公益活动等实践活动，增强思想政治教育的感召力和影响力；可以依托校园文化建设，倾力打造能够启润学生心灵、释放学生情感、涵养学生品德的丰富的校园文化，充分调动大学生参与活动的积极性、主动性；还可以经常走进学生宿舍、关心学生生活，不断增强大学生对思想政治教育者的信任和依赖；等等。

**2. 高校思想政治教育者要注重灌输与双向互动之间的平衡**

就大学生而言，由于其理解能力、分析能力、抽象能力以及经验阅历等方面的有限性，其不大可能在不进行任何学习、不接受任何教育的状态下就获得全部正确的理论和科学的知识，接受教育是他们成长过程中的一个重要历程。也正因如此，"灌输"对高校思想政治教育者而言，是不论环境如何发展、思想政治教育对象特征如何变化都不应该放弃使用的一种教学方法。如今，传播方向的丰富性和立体性已然呈现出一种不可逆的趋势。那么，高校思想政治教育者要如何在"灌输"和双向互动之间实现平衡呢？一方面，从自媒体特征出发：高校思想政治教育者要充分利用自媒体平台的互动性，在坚持课堂、讲座、论坛、演讲等理论灌输的同时，尊重大学生主体地位，主动倾听大学生声音，吸取大学生意见，增强同大学生之间的信息双向流动，进而更好地满足大学生需求、更有效地引导大学生掌握正确思想理论和价值观念。另一方面，从思想政治教育对象特征出发：高校思想政治教育者要不断激发大学生的创造性，鼓励大学生群体参与到思想政治教育内容的生产、制作、分享、接收、传播全过程，在参与中激发大学生的认同与共鸣，最终引导大学生自觉做到内化于心、外化于行，并逐步学会在复杂的社会现实中作出正确价值判断和价值选择，学会在漫长发展道路上进行正确有效的自我教育和自我引导。

## 第三节 自媒体环境对高校思想政治教育载体的影响

### 一、高校思想政治教育载体呈现多样化

#### （一）传统教育载体的创新应用

**1. 课堂教学融入自媒体元素**

随着自媒体技术的迅猛发展，高校思想政治教育也在不断探索与时俱进的教学方法。自媒体元素的融入，为传统的课堂教学注入了新的活力，使得思想政治教育内容以更加生动有趣的方式呈现在学生面前。在课堂教学中，教育者巧妙地运用 PPT、视频、图像等多媒体教学形式，将原本抽象、枯燥的理论知识转化为形象、直观的视觉盛宴。这种教学方式不仅增强了学生对知识点的理解和记忆，还极大地提升了他们的学习兴趣。例如，通过播放相关历史事件的视频资料，学生可以更加直观地了解历史的真实面貌，从而加深对历史事件的认识和理解。

此外，自媒体技术还为课堂互动提供了更多可能。利用在线投票、实时问答等功能，教育者能够轻松地引导学生参与到课堂讨论中，激发他们的思维活力和创造力。这种互动方式打破了传统课堂"一言堂"的教学模式，使得课堂氛围更加活跃，学生的参与度和投入度也大大提高。自媒体技术的运用还能够帮助教育者及时了解学生的学习情况和思想动态。通过学生在课堂上的表现和反馈，教育者可以有针对性地调整教学内容和方法，以满足学生的实际需求。这种以学生为中心的教学理念，不仅提高了教学效果，还促进了学生个性化和全面发展。

**2. 实践活动结合线上平台**

实践活动在高校思想政治教育中占有举足轻重的地位，它是理论与实践相结合的桥梁，能够让学生在亲身体验中深化对课堂知识的理解。在如今的数字化时代，线上平台的兴起为这些实践活动提供了新的发展机遇。借助线上平台，教育者可以更加便捷地组织和宣传各类社会实践活动、志愿服务等。这些平台具有信息传播速度快、覆盖面广的特点，能够迅速将活动信息传递给广大学生，

从而吸引更多人参与其中。这不仅提高了活动的参与度和影响力，还使得思想政治教育以更加接地气的方式深入人心。同时，线上平台也为学生提供了一个展示自我和交流学习的空间。在实践活动中，学生可以通过拍照、录像等方式记录自己的经历和感受，并在线上平台进行分享。这种分享不仅是对自己经历的总结，也是对他人的一种激励和启发。学生们可以在平台上互相交流心得，讨论问题，共同进步。这种互动和交流不仅锻炼了学生的沟通能力和团队协作能力，还增强了他们的社会责任感和使命感。此外，线上平台还为实践活动的后续跟进和评估提供了便利。教育者可以通过平台收集学生的反馈意见和活动效果，以便对活动进行及时调整和优化。这种动态的管理方式使得实践活动更加贴近学生的实际需求，提高了活动的针对性和实效性。

### （二）新兴自媒体载体的探索与实践

#### 1. 社交媒体平台的思想政治教育

在当下的数字时代，社交媒体平台如微博、微信等已经深深融入了大学生的日常生活，成为他们获取信息、交流思想的重要渠道。这些平台凭借其便捷性、即时性和互动性，吸引了大量年轻用户的关注和使用。正是看到了社交媒体在大学生中的广泛影响力，高校思想政治教育也开始积极进军这些领域。通过在微博、微信等平台上发布与思想政治教育相关的内容，如理论解读、时事分析、价值引导等，教育者旨在引导学生形成正确的价值观和世界观。这些内容以更加贴近学生生活的方式呈现，使得思想政治教育不再是枯燥的理论灌输，而是与学生日常生活紧密相连的生动实践。除了内容发布，社交媒体平台的互动性也为高校思想政治教育提供了新的可能。教育者可以通过这些平台与学生进行实时的沟通交流，解答他们的疑惑，了解他们的思想动态。这种即时的互动方式，不仅增强了教育者与学生之间的联系，也使得思想政治教育更加具有针对性和实效性。例如，当学生在平台上提出对某个社会现象的疑惑时，教育者可以迅速回应，提供深入的分析和正确的价值引导。

#### 2. 网络直播与短视频的教育应用

网络直播和短视频，作为近年来兴起的自媒体形式，以其独特的魅力和广泛的受众基础，正被越来越多地应用于高校思想政治教育领域。这两种自媒体形式为教育者提供了一个全新的、富有创意的教学平台，使得思想政治教育更加生动有趣且易于被学生接受。在教育过程中，教育者可以巧妙利用直播或短视频，将枯燥的思想政治理论以形象生动的方式呈现出来。他们可以通过实时的网络直播，与学生进行面对面的互动交流，深入剖析理论的内涵和实践意义。同时，教育者还可以精心制作短视频，以富有感染力的叙事方式，分享与思想政治教育紧密相关的故事和案例。这些内容不仅能够迅速抓住学生的注意力，还能让他们在轻松愉快的观看过程中，潜移默化地受到价值观的熏陶。网络直播和短视频的传播速度和覆盖面也是其被广泛应用于高校思想政治教育的重要原因。在互联网的助力下，这些媒体形式能够迅速将教育内容传递给更多的学生，打破时间和空间的限制，实现教育资源的共享和优化配置。

## 二、高校思想政治教育载体联系日趋紧密化

### （一）线上线下教育载体的深度融合

#### 1.线上教育资源与线下课堂的衔接

在自媒体时代，信息技术的迅猛发展带来了线上教育资源的极大丰富，这为高校思想政治教育提供了前所未有的可能性。线上资源不仅包括了海量的文本资料、视频讲解，还有各种互动性强、更新迅速的学习平台和工具。这些资源的出现，使得教育者在教学方式和手段上有了更多的选择和灵活性。通过将线上资源与线下课堂紧密结合，可以显著提升教学效果。例如，教育者可以在课堂上引入线上案例，引导学生进行深入讨论和分析。这些案例可能是最新的社会事件、典型的法律案例，或者是具有启发性的历史故事。通过讨论这些线上案例，学生不仅能够更好地理解理论知识，还能学会如何将这些知识应用于实际情境中。

此外，教育者还可以利用线上平台进行课前预习和课后复习的布置。通过预习，学生可以提前了解课程内容和重点，为课堂学习做好充分准备。而课后复习则有助于学生巩固所学知识，加深理解和记忆。这种线上线下的相衔接方

式，不仅提高了学生的学习效率，还培养了他们的自主学习能力。这种衔接方式使得教育资源得到了更高效的利用。线上资源可以随时随地被访问和使用，这意味着学生可以根据自己的学习进度和需求进行个性化学习。同时，教育者也可以利用这些资源来丰富教学内容，提高教学效果。

**2. 线上线下互动交流的强化**

随着自媒体技术的不断进步，线上线下的互动交流已经变得日益便捷，这为高校思想政治教育注入了新的活力。在这种背景下，教育者与学生之间的互动交流得到了前所未有的加强，这无疑对提升教学质量起到了积极的推动作用。借助自媒体平台，教育者可以轻松地发布讨论话题，这些话题既可以是课程内容的延伸，也可以是社会热点的探讨。通过这些话题，教育者能够引导学生在线下课堂进行深入思考和讨论。这种线上线下相结合的讨论方式，不仅加深了学生对课程内容的理解，还锻炼了他们的思辨能力和表达能力。

同时，学生也拥有了更多向教育者反馈的渠道。他们可以通过线上平台，随时向教育者分享自己的学习心得，提出在学习过程中遇到的问题。这种即时的反馈机制，使得教育者能够更准确地把握学生的学习状态和需求，从而调整教学策略，提供更加个性化和有针对性的指导。此外，线上线下互动交流的强化还促进了教育者与学生之间的情感沟通。在传统的课堂教学中，教育者与学生之间的交流往往受限于课堂时间和空间。而现在，通过自媒体平台，教育者与学生可以在任何时间、任何地点进行交流，这无疑拉近了彼此之间的距离，增进了相互之间的了解和信任。

**（二）跨学科、跨领域教育载体的协同合作**

**1. 思想政治教育与其他学科的交叉融合**

在当今多元化的社会背景下，思想政治教育已经逐渐摆脱了传统的孤立状态，开始与其他学科领域进行深度的交叉融合。这种融合趋势不仅为思想政治教育注入了新的活力，也为学生提供了更为全面、综合的学习体验。以历史学为例，通过将思想政治教育元素巧妙地融入历史课程中，教育者可以引导学生从历史的视角去审视和理解社会现象及价值观的形成与变迁。这种融合不仅帮助学生更深刻地理解了历史的内涵,同时也让他们明白了思想政治观念在历史发展中的重要作用。在社会学课程中,思想政治教育与社会学的结合则有助于学生从更广阔的视角去分析社会结构、社会变迁以及社会问题。通过这种融合学习,学生可以更加深入地理解社会现象背后的思想政治逻辑,从而增强他们对社会的认知能力和责任感。此外,心理学与思想政治教育的结合也是一种富有成效的尝试。在心理学课程中引入思想政治教育的内容,可以帮助学生更好地理解自我与他人,处理人际关系,以及培养积极健康的心态。这种融合不仅提升了学生的心理素质,也让他们在潜移默化中接受了价值观的熏陶。

**2. 校内外多方资源的整合利用**

在提升思想政治教育的实效性方面,高校面临着诸多挑战,为了应对这些挑战,积极整合校内外多方资源显得尤为重要。通过与政府、企业、社区等机构的紧密合作,高校可以为学生打造一个更加广阔且实际的实践平台。与政府的合作,可以为思想政治教育提供政策支持和方向指引。政府拥有丰富的社会资源和行政资源,通过合作,高校可以更加准确地把握国家政策导向,从而调整和完善教育内容,使之更加贴近社会实际。与企业的联手,则能够为学生提供真实的职业环境和实践机会。企业作为社会经济活动的重要主体,其运营模式和管理理念都是学生需要了解和学习的。通过在企业中的实习或实践,学生可以亲身体验到思想政治理论在实际工作中的应用,从而加深对理论的理解和认同。社区作为一个微观的社会缩影,也是学生实践的重要场所。通过与社区的合作,高校可以组织学生参与各种社区服务活动,如志愿服务、文化宣传等。这些活动不仅有助于学生在实际操作中深化对思想政治理论的理解,还能够培养他们的社会责任感和公民意识。

# 第六章

## 自媒体环境下高校思想政治教育的路径探索

CHAPTER 6

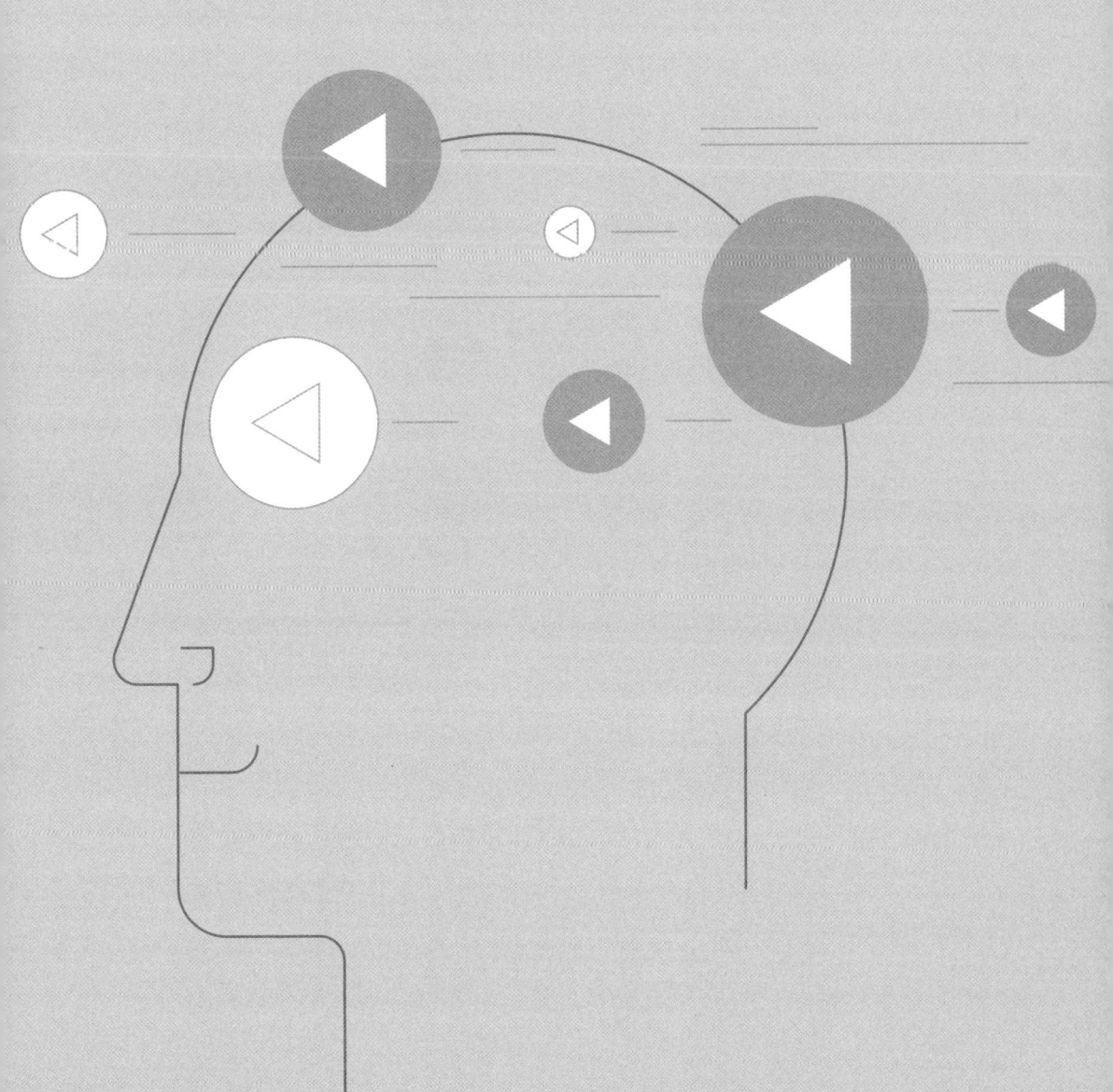

# 第一节　自媒体环境下高校思想政治教育者形象塑造

## 一、自媒体环境下高校思想政治教育者形象塑造的重要性

### （一）形象塑造的意义与价值

良好的形象是教育者权威性和影响力的体现，能够使学生更加信服和接受教育者所传授的教育内容。一个拥有正面形象的高校思想政治教育者，不仅能够在课堂上吸引学生的注意力，更能够在课后成为学生们争相学习和模仿的榜样。这种由形象塑造所带来的权威性，使得教育者的每一句话、每一个行为都更具分量，更容易在学生心中产生共鸣。同时，形象塑造对于提升思想政治教育的吸引力也起着至关重要的作用。在自媒体时代，学生们接触到的信息纷繁复杂，他们的兴趣点和关注点也更加多元化。因此，一个具有吸引力和亲和力的教育者形象，能够激发学生的学习兴趣，使他们更加主动地参与到思想政治教育中来。这种由形象塑造所带来的吸引力，不仅提高了教育的效果，也使得思想政治教育更加贴近学生的生活实际，更加具有针对性和实效性。此外，良好的形象还有助于构建和谐的师生关系，促进师生之间的互动与沟通。在自媒体环境下，师生之间的交流不再局限于传统的课堂之中，而是可以通过各种社交媒体平台进行更加广泛和深入的互动。一个拥有正面形象的高校思想政治教育者，能够更容易地与学生建立起信任和友谊的桥梁，使得师生之间的沟通更加顺畅和有效。

### （二）自媒体对形象塑造的影响

自媒体时代的到来，为教育者提供了前所未有的机遇，使他们能够通过多种渠道展示自我、传播价值观，从而塑造出更加多元化的形象。教育者可以利用自媒体平台分享教学心得、发表学术观点、参与社会热点讨论，以更加亲和、接地气的方式与学生沟通交流，进而拉近与学生的距离，提升教育的亲和力和

感染力。然而，自媒体的开放性和互动性也为教育者形象塑造带来了诸多挑战。在自媒体环境下，任何人的言论和行为都可能迅速传播并引发广泛关注，教育者也不例外。他们的言行举止、价值观念乃至个人生活都可能成为公众讨论的话题，形象塑造因此面临更大的不确定性和复杂性。一些不当的言论或行为一旦被曝光，就可能对教育者的形象造成不可逆转的损害，甚至影响到其教育工作的有效开展。因此，高校思想政治教育者在自媒体时代需要更加谨慎地管理自己的形象，应该充分利用自媒体的优势，积极传播正能量，展示教育工作者的良好风貌和崇高精神。同时，也要时刻保持警惕，注意规避自媒体带来的潜在风险，避免因言行不当而损害自己的形象。

### （三）高校思想政治教育者形象塑造的关键因素

在自媒体环境下，高校思想政治教育者形象塑造的关键因素多元且复杂，其中教育者的专业素养、道德品质、教育方法以及沟通技巧等占据核心地位。专业素养是教育者形象塑造的基石，它要求教育者具备深厚的学科知识、广泛的文化素养以及敏锐的政治洞察力，能够准确把握时代脉搏，为学生提供有深度、有广度的教育内容。道德品质则是教育者形象塑造的灵魂，它体现在教育者的言行一致、公正无私、以身作则上，这种高尚的道德风范能够对学生产生深远的示范和引领作用。教育方法同样是形象塑造中不可或缺的一环，它要求教育者能够灵活运用多种教学手段，如案例教学、互动讨论等，以激发学生的学习兴趣，提高教育的针对性和实效性。而沟通技巧则是教育者与学生建立良好关系、实现有效交流的桥梁，它要求教育者能够倾听学生的心声，理解他们的困惑，用平易近人的方式给予指导和帮助。

除了上述因素，教育者还需密切关注时代发展的趋势，不断更新教育观念，以适应自媒体时代的需求。这意味着教育者要具备开放的心态，积极拥抱新技术、新平台，学会运用自媒体工具进行教育传播和交流，以更加贴近学生生活的方式开展思想政治教育。同时，教育者也要不断提升自己的媒介素养，学会在自媒体环境中辨别信息真伪，引导学生正确看待和使用自媒体资源。

## （四）形象塑造对思想政治教育的积极作用

### 1. 增强教育者的感召力

一个具有良好形象的教育者，是教育过程中不可或缺的重要元素。他们往往能够以其独特的人格魅力和崇高的道德风范，深深地吸引学生，成为学生心中的楷模和榜样。这种感召力源自教育者内在的品质和外在的表现，它不仅能够激发学生的学习热情，使他们更加主动地参与到思想政治教育中来，还能够引导学生在潜移默化中树立正确的价值观和道德观。教育者通过自身的言行举止，将抽象的政治理论、道德观念转化为具体而生动的实践行动，从而传递积极向上的精神力量。这种力量是无形的，但却能够深深地影响学生的内心世界，使他们在敬仰和效仿教育者的过程中不断成长进步。教育者所展现出的坚定信念、高尚品德和无私奉献精神，都会成为学生心中永恒的灯塔，指引他们走向正确的人生道路。

### 2. 提升教育的亲和力和感染力

一个和蔼可亲、平易近人的教师，能够以其独特的魅力，迅速拉近与学生之间的距离，建立起一种基于信任和尊重的良好师生关系。这种关系使得教育过程更加顺畅和有效，因为学生更愿意向这样的教育者敞开心扉，分享自己的困惑和心得。他们不再将教育者视为高高在上的权威，而是看作可以倾诉衷肠、寻求帮助的朋友。同时，教育者通过自身的形象魅力，还能够将原本可能显得抽象枯燥的政治理论，巧妙地转化为生动具体的生活实例。他们运用丰富的肢体语言、幽默风趣的语言表达，以及贴近学生生活实际的案例，使学生在轻松愉快的氛围中领悟思想的真谛。这种教学方式不仅增强了教育的吸引力，也改善了学生的学习效果，使他们在潜移默化中接受并内化正确的价值观念。

### 3. 强化教育的说服力和引导力

形象塑造在思想政治教育中，不仅能够提升教育者的亲和力和感染力，还能够显著增强教育的说服力和引导力。一个具有坚定信念和崇高理想的教育者，就如同一座灯塔，照亮着学生前行的道路。他们通过自身的示范和引领，将思想政治教育的核心价值和深远意义生动地展现在学生面前，使学生更加深刻地认识到思想政治教育的重要性和必要性。教育者的形象，成为一种无声却强大的教育力量。它超越了言语的限制，通过实际行动和人格魅力，使学生在敬仰和效仿中不断坚定自己的追求。这种说服力和引导力，是任何言语都无法完全替代的。它深深地植根于学生的内心深处，成为他们成长道路上的坚实支撑。在这种力量的影响下，学生不仅在知识上有所收获，更在思想品德上得到了升华。他们逐渐成长为有理想、有道德、有文化、有纪律的社会主义建设者和接班人，为社会的进步和发展贡献着自己的力量。

**（五）形象塑造与高校思想政治教育创新的关系**

第一，良好的形象塑造无疑为教育创新提供了有力的支撑，进一步推动教育质量的提升。一个具备专业素养、道德品质高尚、教育方法先进且沟通技巧出色的教育者形象，能够成为学生心中的楷模，激发他们对知识的渴望，对正确价值观的追求。这样的形象塑造，不仅增强了教育者的权威性和影响力，更为教育创新营造了积极向上的氛围。教育者在这样的形象基础上，更容易被学生接受和信任，从而更有动力去探索和实践新的教育理念和方法，推动教育质量的不断提升。

第二，教育创新也为形象塑造提供了新的契机和平台。在自媒体环境下，教育创新的形式多样，如线上教学、混合式学习、虚拟仿真实验等，这些新颖的教育方式不仅丰富了教学内容，也为教育者形象的塑造提供了更多可能性。教育者通过积极参与教育创新，不断探索和实践，展现出自己的前瞻性和创新性，进一步提升自己的专业形象和魅力。

## 二、自媒体环境下高校思政教育者形象的塑造策略

**（一）提升专业素养与教育能力**

在自媒体环境下，高校思政教育者为了应对前所未有的挑战与机遇，应当不断提升自身的专业素养与教育能力。具体而言，教育者应深入研究马克思主义理论，掌握其基本原理和核心观点，为思政教育提供坚实的理论基础。同时，对党的方针政策的学习也是必不可少的，这有助于教育者准确把握时代脉搏，

将党的最新理论成果融入思政教学中。此外，关注时事政治，了解国内外重大事件和社会热点，能够使教育者在教学中更加贴近现实，增强教学的针对性和实效性。除了扎实的理论基础外，教育者还需具备敏锐的政治洞察力。在自媒体平台上，各种思潮和观点交织碰撞，教育者需要从中辨别是非，引导学生树立正确的价值观和世界观。这就要求教育者始终保持清醒的头脑，对政治问题有深刻的理解和判断。与此同时，掌握自媒体平台的操作技巧和传播规律也是教育者必备的技能。教育者需要学会如何利用自媒体工具进行信息获取、内容创作和传播推广。这不仅能够使教育者更加灵活地运用自媒体平台开展教学工作，还能够扩大思政教育的影响力，吸引更多学生的注意力。

### （二）树立亲和形象与增强互动能力

为了拉近与学生的距离，高校思政教育者需要积极树立亲和形象并着力增强互动能力，这一转变要求教育者必须摒弃传统的说教方式，转而采用更加贴近学生生活的话语体系和表达方式。这意味着教育者需要深入了解学生的兴趣爱好、生活习惯以及他们所关注的社会热点，从而能够用更加生动有趣的语言来传达思政教育的内容，使之更加易于被学生所接受和理解。通过这样的方式，思政教育不再是一种枯燥无味的理论灌输，而是变得鲜活起来，与学生的日常生活紧密相连。同时，教育者还应积极利用自媒体平台与学生进行互动交流。自媒体为学生提供了表达自我、分享观点的自由空间，教育者应当融入这一环境，关注学生的思想动态和实际需求。通过留言、评论、私信等方式，教育者可以及时了解学生的所思所想，针对他们的疑惑和困惑给予及时的解答和引导。这种即时的互动交流不仅能够帮助学生解决问题，还能够让教育者更加深入地了解学生的内心世界，从而更加精准地把握思政教育的切入点和着力点。

### （三）注重个人品德与树立正面榜样

教育者还应深刻认识到，自身的道德修养和品行端正不仅是个人素质的体现，更是教育工作的基石。因此，教育者必须做到言行一致，以身作则，用自己的实际行动为学生树立榜样。在自媒体平台上，教育者的一言一行都可能被学生所关注，甚至被放大和模仿。因此，教育者需要更加谨慎地管理自己的言行，确保所传递的信息都是积极、正面的。教育者应积极传播正能量，在自媒体平台上发表有深度、有见解的言论。这不仅能够展示教育者的专业素养和思维能力，还能够引导学生深入思考，形成正确的价值观和世界观。通过分享有意义的内容，教育者可以激发学生的学习兴趣和求知欲，帮助他们在纷繁复杂的网络环境中找到正确的方向。同时，教育者还需密切关注学生的言行举止。在自媒体平台上，学生的言行往往更加真实、直接地反映他们的内心世界和价值观。教育者需要通过观察学生的动态，及时发现并纠正他们的不良行为，帮助他们树立正确的道德观念。这需要教育者具备敏锐的洞察力和判断力，能够准确识别学生的问题所在，并提供有效的指导和帮助。

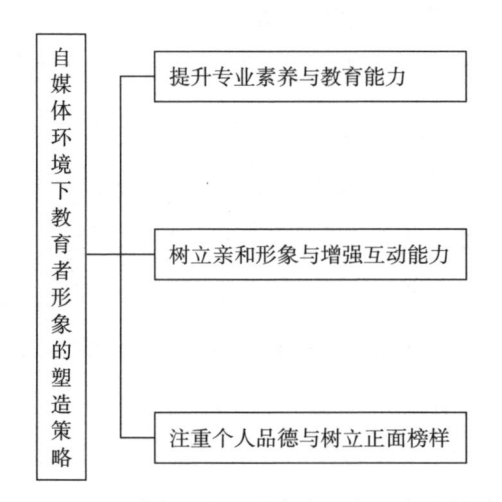

图6-1 自媒体环境下教育者形象的塑造策略

## 三、自媒体时代背景下，教育者形象塑造的持续改进与创新

### （一）适应自媒体特性，重塑教育者形象

在自媒体时代背景下，教育者面临着去中心化、交互性强等特性的挑战，因此需要主动适应这一新的媒体环境。这不仅仅要求教育者具备扎实的专业知识，能够深入浅出地传授学科知识，更要求他们掌握自媒体传播规律，学会运用学生喜闻乐见的方式表达思想和观点。教育者需要熟悉自媒体平台的操作，了解如何制作和传播有吸引力的内容，以便更好地与学生进行互动和交流。

重塑教育者形象，在这个时代显得尤为重要。教育者需要在保持传统权威形象的基础上，增添更多的亲和力和时代感。这意味着教育者要以更加开放、包容的心态面对学生，愿意倾听他们的声音，理解他们的需求和困惑。同时，教育者还要注重自身形象的时尚化和年轻化，通过穿着打扮、言谈举止等方面展现出与时代接轨的气息，让学生感受到教育者是与时俱进、充满活力的。

**（二）利用自媒体平台，展现多元教育者形象**

自媒体平台为教育者提供了前所未有的丰富展示空间，使得教育者的形象塑造和传播方式发生了深刻变革。教育者可以充分利用微博、微信公众号、短视频平台等多种自媒体工具，发布教学心得、生活感悟、时事评论等多样化内容，从而展现出一个立体、多元且富有魅力的形象。这种多维度的展示方式，不仅让教育者能够以更加亲和、接地气的方式与学生沟通交流，拉近与学生的距离，消除传统教育中的隔阂感，还能够让学生在轻松愉快的氛围中自然而然地接受思想政治教育，提升教育的吸引力和感染力。通过自媒体平台，教育者可以将抽象的政治理论、道德观念转化为生动有趣的图文、视频等形式，使学生在享受娱乐的同时，潜移默化地受到思想的启迪和精神的洗礼。这种寓教于乐的方式，既符合当代学生的认知习惯，又能够有效提升思想政治教育的针对性和实效性。

**（三）强化自媒体素养，提升教育者形象塑造能力**

在自媒体时代，教育者的自媒体素养成为形象塑造的关键要素。在面对海量的自媒体信息时，教育者需要具备敏锐的洞察力，能够准确判断信息的真伪与价值，从而为学生提供有价值的内容引导。同时，内容创作能力也是不可或缺的一部分。教育者需要学会运用自媒体平台的特性，创作出既符合教育目标又能激发学生兴趣的内容，以生动有趣的方式传递知识和观念。除此之外，舆情应对能力也是教育者自媒体素养的重要组成部分。在自媒体环境中，舆情变化迅速，教育者需要能够迅速响应，妥善处理各类舆情事件，维护自身及学校的良好形象。为了适应自媒体时代的发展，教育者需要不断学习新知识、新技能，提升自己的媒体形象塑造能力。这意味着教育者要保持对新媒体技术的关注和学习，掌握最新的自媒体工具和平台的使用方法，以便更好地与学生进行互动和交流。同时，教育者还要注重自身的言行举止，确保在自媒体环境中的每一句话、每一个行为都符合教育者的身份和形象。

**（四）创新形象传播策略，扩大教育者影响力**

在自媒体时代背景下，教育者需要紧跟时代步伐，积极探索和利用自媒体平台的独特优势，通过策划丰富多样的线上活动、与学生保持密切互动、积极参与社会热点话题讨论等多种方式，有效增加自己的曝光度和话题度，使自身的形象和教育理念能够更广泛地传播开来。与此同时，教育者还可以巧妙利用自媒体平台的算法机制，对目标受众进行精准定位，确保思想政治教育内容能够触达最需要的群体，从而提高教育的针对性和实效性。这种基于数据分析和算法优化的传播策略，不仅能够帮助教育者更有效地传达思想政治教育的核心价值和深远意义，还能够使学生在个性化的信息推送中感受到教育的温度和魅力。因此，教育者应当不断学习和掌握自媒体传播的新技能和新方法，以更加开放和创新的姿态，积极适应自媒体时代的发展要求，不断提升自身的形象传播能力，为扩大教育者的影响力、增强思想政治教育的效果贡献智慧和力量。

## 第二节　自媒体环境下高校思想政治教育对象思维方式培养

### 一、高校思想政治教育对象思维方式的现状

**（一）当前高校思想政治教育对象思维方式的主要特点**

在自媒体环境下，高校思想政治教育对象的思维具有显著的开放性，他们乐于接触和尝试新鲜事物，对于新兴的技术、理念和文化现象都保持着浓厚的好奇心和探索欲望。这种开放性使得他们更容易突破传统观念的束缚，敢于质疑和挑战既定的认知框架，从而推动思想的创新和发展。同时，他们的思维也具备多元性特点，能够在分析问题时从多个角度出发，综合考虑各种因素，形

成独特而全面的见解。这种多元性不仅丰富了他们的思想内涵，也提升了他们解决问题的能力和创造力。此外，注重实证也是这一群体思维方式的重要特征。他们善于运用数据分析等科学方法，以事实为依据进行思考，避免主观臆断和盲目跟风。这种实证精神使得他们在面对复杂问题时能够保持冷静和客观，做出更为理性和准确的判断。最后，这一群体还具有较强的自我意识，他们注重个体发展，追求独立思考和自主决策。他们不愿意被既定的框架和规则所限制，而是希望根据自己的兴趣和价值观来选择和发展自己的道路。

### （二）思维方式中存在的问题及原因分析

在自媒体环境下，高校思想政治教育对象的思维方式确实展现出了一定的优势，如思维更加活跃、信息处理能力更强等。然而，不可忽视的是，这种思维方式也伴随着一些问题。一方面，过度追求个性化成为部分学生的一种倾向，这导致他们在追求个人发展的同时，容易忽视集体利益，缺乏团队协作精神和集体荣誉感。这种个人主义倾向不仅影响了学生的人际交往能力，也可能对他们的未来职业发展造成不利影响。另一方面，自媒体信息的泛滥给学生带来了信息选择的困扰。部分学生由于缺乏辨别能力，容易受到虚假信息的误导，产生错误的价值观和认知。这种现象不仅影响了学生的思想政治素质，也可能对他们的行为产生负面影响。

这些问题的产生，究其原因主要有以下几点：一是思想政治教育引导不足。部分高校在思想政治教育方面投入不足，导致学生对集体利益、社会责任等方面的认识不够深刻。二是自媒体环境下的信息过载。自媒体平台上的信息纷繁复杂，学生难以从中筛选出有价值的信息，容易受到不良信息的干扰。三是学生自身心理素质和道德素养有待提高。部分学生在面对自媒体环境的挑战时，缺乏足够的自我调控能力和道德判断力，容易受到外界因素的影响。

针对这些问题，高校应该加强思想政治教育的引导，帮助学生树立正确的价值观和集体荣誉感。同时，也需要引导学生提高信息辨别能力，学会从海量信息中筛选出有价值的内容。此外，还应该注重学生心理素质和道德素养的培养，提高他们的自我调控能力和道德判断力。通过这些措施的实施，可以有效解决自媒体环境下高校思想政治教育对象思维方式存在的问题，为学生的全面发展和社会融入奠定坚实的基础。

### （三）自媒体环境下思维方式发展的影响因素

**1. 自媒体平台的传播特性与学生思维方式发展**

自媒体平台的传播特性，如即时性、互动性、去中心化等，对学生思维方式的发展产生了深远影响，这些特性使得信息传播更加迅速、广泛，学生能够实时接触到各种新闻、观点和文化现象。这种信息传播方式不仅拓宽了学生的视野，还增强了他们的信息获取和处理能力。在自媒体平台上，学生可以自由地表达自己的观点和想法，与他人进行互动交流，这种互动性促进了学生思维的活跃性和开放性。同时，自媒体平台的去中心化特点也使得学生不再只是被动接受信息，而是成为信息的传播者和创造者，这对他们的思维方式产生了积极的影响。

**2. 社会舆论环境与学生思维方式**

社会舆论环境，包括网络舆论、媒体报道等，也是影响学生思维方式的重要因素，这些舆论形式往往能够迅速传播并引发广泛讨论，使学生在无形中受到各种思想观念的熏陶。网络舆论的多元性和复杂性使得学生在面对各种观点时需要具备辨别和筛选的能力，这对他们的思维方式提出了更高的要求。同时，媒体报道作为社会舆论的重要组成部分，其传递的价值观和思想观念也会对学生的思维方式产生影响。因此，学生需要在社会舆论环境中学会独立思考，形成自己的判断和见解。

**3. 多重因素交织下的学生思维方式发展**

除了自媒体平台和社会舆论环境，家庭教育、学校教育以及同伴群体也是影响学生思维方式发展的重要因素。家庭教育作为学生最早接触的教育形式，对其思维方式的形成具有基础性的作用。学校教育则通过系统的课程设置和教学方式，进一步塑造和引导学生的思维方式。而同伴群体作为学生日常生活中重要的社交圈，其思维方式和行为习惯也会对学生产生一定的影响。此外，政策法规的引导与约束也是影响学生思维方式不可忽视的因素。政策法规的制定和实施往往能够直接或间接地影响学生的思想观念和行为习惯。这些因素相互交织、共同作用，对学生的思维方式产生着深远的影响。

### （四）思维方式培养与思想政治教育的关联性

一方面，思维方式培养作为思想政治教育的重要组成部分，对于提高学生的思想道德素养、培养合格的社会主义建设者和接班人具有至关重要的作用。通过科学的思维方式培养，可以帮助学生树立正确的世界观、人生观和价值观，增强他们的社会责任感和历史使命感，使他们成为有理想、有道德、有文化、有纪律的新时代好青年。另一方面，思想政治教育为思维方式培养提供了坚实的理论指导和实践载体。思想政治教育不仅传授给学生马克思主义的基本原理和党的路线方针政策，还通过丰富多样的教育形式和实践活动，引导学生将理论知识转化为实际行动，培养他们的实践能力和创新精神。在这个过程中，学生的思维方式得到了锻炼和提升，他们学会了用辩证的、历史的、全面的观点去分析和解决问题，形成了科学的思维习惯和方法。同时，思想政治教育还注重培养学生的批判性思维和独立思考能力，鼓励他们在面对复杂多变的社会现象时，能够保持清醒的头脑，做出正确的判断和选择。

### （五）思维方式培养在自媒体环境下的新要求

#### 1. 注重培养学生独立思考、明辨是非的能力

在自媒体环境下，信息纷繁复杂，高校思想政治教育需特别注重学生独立思考、明辨是非能力的培养。这要求学生不仅具备获取信息的技能，更要学会筛选、分析和评价信息并形成独立的见解。为此，教育者应引导学生深入学习马克思主义理论，掌握科学的思维方法，提高信息素养，以便在海量信息中保持清醒的头脑，做出正确的判断。

#### 2. 结合自媒体特点，创新教育方法

教育者应充分利用自媒体的优势，创新教育方法，如开展线上讨论、微课教学、互动式学习等，以更加生动、形象的方式呈现教育内容，增强教育的吸引力和感染力。同时，教育者还应关注自媒体上的热点话题和舆论动态，及时将其引入课堂，引导学生进行深入思考和讨论，提升教育效果。

### 3. 关注学生心理健康，引导他们正确处理人际关系

高校思想政治教育应关注学生心理健康，引导他们正确处理人际关系，形成健康的网络行为。教育者应通过开展心理健康教育、组织团队合作活动、加强师生沟通等方式，帮助学生建立积极的人际关系，培养他们的团队协作精神和集体荣誉感。同时，还应引导学生树立正确的网络道德观念，规范自己的网络行为。

### 4. 强化实践教学，培养学生的实践能力

在自媒体环境下，更应强化实践教学，培养学生的实践能力。教育者应组织丰富多彩的实践活动，如社会调查、志愿服务、创新创业等，让学生在实践中深入了解社会、服务社会，增强他们的社会责任感和历史使命感。同时，还应引导学生将社会主义核心价值观融入实践活动中，通过实际行动践行社会主义核心价值观，成为新时代的优秀青年。

## 二、自媒体环境下高校思想政治教育对象思维方式培养策略

### （一）创新思想政治教育内容与方法

为了紧跟时代步伐，其内容与方法必须进行适时的创新与调整。这要求教育者深入挖掘思想政治教育资源，不仅仅局限于传统的教材与课堂，更要将党的理论创新成果及时融入教育内容之中。通过这样的方式，思想政治教育能够更加贴近现实，反映时代精神，同时也增强了其针对性和实效性。教育者需要密切关注党的最新理论动态，将其转化为具体的教学案例和讨论话题，使学生在学习过程中能够感受到理论的鲜活力量。

与此同时，高校思想政治教育还需善于运用自媒体平台，打破传统教育的时空限制。自媒体以其独特的传播优势和广泛的受众基础，为思想政治教育提供了新的载体和工具。教育者应该积极探索线上线下相结合的教育模式，利用短视频、直播、网络课程等多种形式，将思想政治教育内容以更加生动、有趣的方式呈现给学生。这种创新的教育方法不仅能够吸引学生的注意力，提高他们的参与度，还能够使教育内容更加深入人心，增强学生的接受度和认同感。

在具体实践中，高校可以开设专门的思想政治教育网络课程，邀请知名学者和专家进行在线讲座，与学生进行实时互动。同时，也可以鼓励学生制作和分享与思想政治教育相关的短视频，通过自媒体平台进行广泛传播，形成良好的学习氛围。此外，利用直播平台进行主题讨论和答疑，也是提高学生参与度和学习效果的有效途径。

### （二）构建自媒体矩阵，拓宽教育渠道

在自媒体环境日益成熟的当下，高校作为知识传播与思想引领的前沿阵地，应积极构建自媒体矩阵，以更加开放和包容的姿态整合各类教育资源，拓宽教育渠道。这一体系的构建不应局限于校园官方的自媒体平台，还应充分动员和吸纳教师、学生个体的自媒体力量，形成多元互补、协同发力的传播格局。通过官方平台发布权威信息，传递正能量，引导主流价值观；同时，鼓励教师和学生利用个人自媒体分享学习心得、生活感悟，以更加贴近学生、易于接受的方式开展思想政治教育。

在构建自媒体矩阵的过程中，高校需注重内容的丰富性与形式的多样性，结合图文、视频、直播等多种形式，打造具有吸引力和感染力的教育内容。同时，利用大数据分析、人工智能等技术手段，精准定位教育对象的需求和兴趣点，实现个性化推送，提高教育的针对性和实效性。此外，还应建立有效的反馈机制，及时收集和分析教育对象对自媒体内容的反应和意见，不断优化调整传播策略，确保教育内容的时效性和有效性。

尤为重要的是，高校在构建自媒体矩阵时，需强化对网络舆论的引导和管理，确保自媒体空间清朗健康，为思想政治教育营造良好的氛围。这要求高校不仅要提升自媒体运营团队的专业素养，还应建立健全相关规章制度，明确自媒体使用的行为规范，对不当言论和负面信息进行及时有效的干预和引导。

### （三）强化实践教学，提高思维品质

实践教学作为培养思想政治教育对象思维方式的重要途径，其重要性不容忽视。高校应当积极响应这一需求，加大实践教学力度，将理论与实践紧密结合，以期提升教育对象的思维品质。为了实现这一目标，具体措施可以从多个

方面进行。

组织丰富多样的社会实践活动是一个有效的切入点，通过参与社会实践，学生能够亲身感受到思想政治教育在现实生活中的重要性和应用价值。这种直观的体验能够激发他们的学习兴趣，促使他们更加主动地探索和思考，从而形成更加成熟和全面的思维方式。

开展课题研究同样是一个值得推广的方法，鼓励学生围绕特定的主题或问题进行深入研究，不仅能够培养他们的创新意识和批判性思维，还能够使他们在解决问题的过程中锻炼自己的思维能力和团队协作能力。通过课题研究的实践，学生能够学会如何独立思考、如何分析问题、如何提出有见地的观点，这对于他们的全面发展具有重要意义。

加强校企合作也是提升实践教学效果的重要途径，通过与企业的紧密合作，学生能够在实际工作环境中接触到更多的实践机会，从而在实践中不断提升自身的综合素质。这种实践经历不仅能够使学生更好地了解社会的需求和期望，还能够促使他们将所学的理论知识应用于实际工作中，实现知行合一。

### （四）增强思想政治教育对象的自我教育能力

在自媒体环境下，高校作为思想引领和知识传播的重要场所，应当特别注重培养教育对象的自我教育能力。这种能力主要体现在教育对象能够自主获取、筛选和处理信息，以形成独立的思考和判断能力。面对自媒体平台上纷繁复杂、海量涌现的信息，教育对象若不具备足够的自我教育能力，便容易迷失方向，甚至受到错误思想的诱导。因此，高校需将此能力的培养视为一项重要任务，努力使教育对象在面对信息洪流时，能够自觉抵制错误思想，坚定自己的理想信念。

为了实现这一目标，高校应当积极开展各类培训活动，旨在提高教育对象的媒介素养。这些培训活动可以涵盖媒介理论的学习、信息筛选和处理技巧的训练，以及批判性思维的培养等多个方面。通过系统的培训，教育对象将能够更加熟练地运用自媒体工具，有效地获取和利用信息，同时学会辨别信息的真伪和价值，避免被不实信息或偏激观点所误导。除了技能培训，高校还应注重引导教育对象树立正确的价值观。在自媒体环境下，价值观的引导尤为重要，因为它直接关系到教育对象如何理解和评价所接触到的信息。

**（五）建立健全思想政治教育评价体系**

在自媒体环境下，高校面临着建立健全思想政治教育评价体系的迫切需求，特别需要关注教育对象思维方式的培养效果。这一评价体系的构建应当全面而细致，既要涵盖过程性评价，也要包含结果性评价，以确保评价的公正性和准确性。过程性评价主要关注的是教育对象在思想政治教育过程中的具体表现，包括他们的参与度、学习态度以及与实践活动的互动情况等。通过对这些方面的评价，可以更加客观地了解教育对象在学习过程中的实际投入和努力程度，从而为后续的个性化指导提供有力依据。与此同时，结果性评价同样不可忽视，它主要关注的是教育对象思维方式的实际变化。这一评价维度旨在通过对比教育对象在接受思想政治教育前后的思维方式差异，来评估教育效果的具体成效。通过这样的评价，可以更加直观地了解到思想政治教育对于教育对象思维方式的积极影响，以及可能存在的改进空间。

在建立健全评价体系的过程中，高校还应充分利用自媒体平台的优势，广泛收集教育对象的反馈意见。自媒体平台具有信息传播速度快、互动性强等特点，为高校提供了一个与教育对象进行实时沟通和交流的便捷渠道。通过这一平台，高校可以及时了解教育对象对于思想政治教育的真实感受和建议，从而不断调整和完善评价体系，确保其能够更加贴近教育对象的实际需求。

## 第三节　自媒体环境下高校思想政治教育方法创新

**一、自媒体环境下高校思想政治教育方法创新策略**

**（一）利用自媒体平台优化教育内容传播**

为了更有效地传播教育内容，高校应充分利用自媒体平台，优化教育内容的传播方式。这一过程中，关键在于关注学生的兴趣点和需求，以更加生动、形象、具有感染力的方式呈现教育内容，从而提高学生的接受度和兴趣。通过深入了解学生的喜好和关注点，教育者能够更有针对性地设计教育内容，使其更加贴近学生的实际生活，进而增强教育的吸引力和影响力。同时，结合自媒体平台的传播特点，高校可以采用短视频、直播、漫画等多种形式，将思想政治教育内容进行创新性包装。这些新颖的形式不仅能够吸引学生的注意力，还能够使教育内容更加生动有趣，易于理解和接受。例如：通过制作富有创意的短视频，将党的理论和历史以更加直观、形象的方式呈现给学生；或者利用直播平台进行实时的思想政治教育讲座，与学生进行互动交流，解答他们的疑问。

此外，高校还应加强与学生的互动交流，关注学生的留言和反馈。通过自媒体平台，学生可以随时随地表达自己的观点和感受，这为教育者提供了宝贵的反馈信息。教育者应倾听学生的声音，及时了解他们的需求和困惑，并根据反馈及时调整教育内容和方法。这种双向的互动不仅能够增强教育的针对性和实效性，还能够促进师生之间的良好沟通，构建更加和谐的教育环境。

### （二）构建线上线下相结合的教育模式

为了适应自媒体环境下高校思想政治研究形势的变化，构建线上线下相结合的教育模式显得尤为重要。线上教育，主要依托自媒体平台进行，能够充分发挥其便捷、实时、互动的独特优势。通过自媒体，高校可以开展形式多样、内容丰富的教育活动，如在线讲座、互动讨论、微课视频等，这些都能有效吸引学生的注意力，提高他们参与思想政治教育的积极性。同时，线上教育还能打破时间和空间的限制，让学生随时随地都能接受到教育，增强了教育的灵活性和覆盖面。

然而，线上教育也存在其局限性，如缺乏面对面的深度交流、实践体验不足等。因此，线下教育的补充就显得尤为必要。线下教育注重面对面交流、实践活动和校园文化建设，能够为学生提供更加真实、具体的学习体验。通过面对面的交流和互动，教师能够更好地了解学生的思想动态和需求，从而提供精准、有针对性的指导。实践活动则能让学生将所学知识运用到实际中，通过亲身体验来加深对理论的理解。而校园文化建设则能营造一个积极向上的学习氛围，使学生在潜移默化中受到熏陶和感染。

将线上线下教育相结合，既能发挥自媒体平台的传播优势，又能弥补线上教育的不足，从而提高思想政治教育的整体效果。具体而言，高校可以通过自媒体平台发布教育信息、开展线上活动，吸引学生的关注和参与；同时，结合线下教育进行深度解读和实践指导，帮助学生更好地理解和消化所学知识。此外，还可以通过线上线下相结合的方式开展主题教育、社会实践等活动，使学生在理论与实践的结合中不断成长和进步。

### （三）强化思想政治教育工作队伍建设

面对自媒体带来的信息传播方式的变革，高校思想政治教育工作者不仅需要具备坚定的政治觉悟和扎实的业务能力，还需要不断提升自身的新媒体素养和教育教学水平。为了确保教育工作者能够胜任这一重任，高校应着重提高他们的政治觉悟和业务能力，使他们不仅拥有坚定的理想信念，还具备丰富的教育理论知识。这样，教育工作者才能在自媒体环境中保持清醒的政治头脑，有效引导学生树立正确的价值观和世界观。同时，加强队伍的培训与交流也是不可或缺的一环。高校应定期组织研讨会、培训班等活动，为教育工作者提供学习新媒体技术和教育教学理论的机会。通过这些活动，教育工作者可以不断更新自己的知识结构，掌握自媒体环境下思想政治教育的新方法和新技巧。此外，交流也是提升教育工作者能力的重要途径。通过分享经验、探讨问题，教育工作者可以相互启发，共同提高。建立健全激励机制也是提升高校思想政治教育工作队伍建设的关键，高校应鼓励教育工作者积极开展创新实践，为他们提供必要的支持和资源。同时，对于在教育工作中取得突出成绩的教育工作者，高校应给予充分的认可和奖励。这样的激励机制不仅能够激发教育工作者的工作热情，还能够吸引更多优秀人才加入高校思想政治教育工作中来。

### （四）提高思想政治教育方法的针对性

在自媒体环境下，高校思想政治教育方法面临着新的变革要求，其中更具针对性是核心所在。关注学生个体差异，因材施教，是提升教育效果的关键。每个学生都有其独特的成长背景、性格特点和兴趣爱好，因此，制订个性化的教育方案显得尤为重要。高校应深入了解每位学生的思想状况和学习需求，根据他们的实际情况，量身定制教育内容和方式，以确保每位学生都能在思想政治教育中有所收获，实现自我成长。与此同时，结合时代背景和社会热点，及时更新教育内容，也是提升高校思想政治教育针对性的重要方面。自媒体时代信息传播迅速，社会热点频发，这些都对大学生的思想观念产生着深刻影响。高校应敏锐捕捉时代脉搏，将最新的社会动态和热点问题融入教育内容中，使思想政治教育更加贴近现实，更具时代感和现实意义。这样不仅能增强教育的吸引力，还能帮助学生在复杂多变的社会环境中保持清醒的头脑，坚定正确的政治方向。

此外，创新教育教学手段，运用大数据、人工智能等现代技术，也是实现高校思想政治教育方法针对性的有效途径。通过大数据技术，高校可以精准掌握学生的学习需求和兴趣点，为他们提供更加个性化的学习资源和服务。而人工智能技术的应用，则能进一步实现教育过程的智能化和精准化，提高教育的针对性和实效性。这些现代技术的运用，不仅为高校思想政治教育带来了新的活力，也为学生提供了更加丰富、多元的学习体验。

（五）建立健全高校思想政治教育评价体系

面对自媒体带来的信息传播和交互方式的深刻变革，高校需要树立以学生为中心的评价理念，关注学生的全面发展，将学生的思想政治素质、道德品质、实践能力等全面纳入评价范畴。这一转变意味着评价体系不再仅仅关注学生的知识掌握情况，而是更加注重学生的综合素质和个性发展，以期培养出具有坚定理想信念、高尚道德品质和良好实践能力的新时代好青年。同时，完善评价标准也是评价体系改革创新的关键环节。高校应注重过程评价与结果评价相结合，突出教育实践环节的评价。这意味着在评价学生的思想政治素质时，不仅要关注其最终的学习成果，还要重视学生在学习过程中的表现和努力。通过教育实践环节的评价，可以更加真实地反映学生的思想政治水平和道德品质，为教育者提供更加准确的教学反馈。此外，充分利用自媒体平台开展多元化、多角度的评价也是提高评价科学性和公正性的重要途径。自媒体平台具有信息传播速度快、交互性强等特点，可以为高校思想政治教育评价提供更加丰富的数据来源和评价视角。通过引入自媒体平台的评价数据，高校可以更加全面地了解学生的思想动态和学习情况，从而做出更加科学、公正的评价。

## 二、自媒体环境下高校思想政治教育方法创新实践

### （一）案例分析法在思想政治教育中的应用

案例分析法通过精心筛选具有时代特点、紧密贴近大学生生活的案例，为教师提供了丰富的教学素材。在课堂上，教师可以引导学生深入剖析这些案例背后的道理，将抽象的理论知识与具体的生活实践相结合，使得理论教育更加具有说服力和感染力。学生们在分析案例的过程中，不仅能够更直观地理解理论知识，还能感受到其在实际生活中的应用价值，从而增强对思想政治教育的认同感和接受度。同时，案例分析法的实施还极大地激发了学生的思考热情。面对生动具体的案例，学生们不再是被动地接受知识，而是主动地思考、分析和探讨。他们需要运用所学的理论知识去解读案例，去挖掘案例背后的深层含义，去评价案例中的行为得失。这种主动学习的过程，不仅锻炼了学生的思维能力，还提高了他们分析问题和解决问题的能力。学生们在分析案例的过程中，学会了如何从多个角度审视问题，如何收集和处理信息，如何提出有见地的观点，这些都是他们未来人生道路上宝贵的财富。此外，案例分析法的应用还促进了师生之间的互动和交流。在课堂上，教师可以就案例与学生进行深入讨论，听取他们的见解和意见，引导他们形成正确的价值观念和道德判断。这种互动式的教学方式，不仅增强了课堂的活跃度和趣味性，还拉近了师生之间的距离，使得思想政治教育更加贴近学生的实际需求。

### （二）体验式教学法的探索与实践

体验式教学法旨在让学生在亲身体验中深入感受思想政治教育的真谛，通过实践活动使他们能够将理论知识转化为实际行动，进而提升自身的思想道德素养。教师可以精心组织丰富多样的实践活动，如模拟联合国、社会调查、志愿服务等，为学生提供多样化的体验机会。在模拟联合国活动中，学生可以扮

演不同国家的代表，通过模拟国际会议的形式，深入了解国际政治、经济、文化等领域的议题，培养全球意识和国际视野。志愿服务活动则鼓励学生积极参与公益事业，通过实际行动践行社会主义核心价值观，培养他们的奉献精神和爱心。体验式教学法在自媒体环境下的实施，还特别强调学生的主体地位。教师不再是传统意义上的知识传授者，而是学生学习过程中的引导者和伙伴。学生被鼓励积极参与实践活动的策划、组织和实施，勇于表达自己的观点和想法。通过自主学习和合作探究，学生能够更深入地理解和掌握思想政治教育的内容，同时培养他们的创新思维和实践能力。在自媒体平台的辅助下，体验式教学法可以更加生动、形象地展示思想政治教育的魅力。教师可以利用自媒体平台发布实践活动的相关信息和成果，与学生进行实时互动和交流。学生也可以通过自媒体平台分享自己的实践体验和感悟，与其他同学共同学习和进步。这种线上线下相结合的教学方式，不仅丰富了教学资源，还提高了思想政治教育的实效性和吸引力。

### （三）网络互动教学法的应用与创新

网络互动教学法充分利用了自媒体平台的优势，使得教师能够在线上开展丰富多样的教学活动。例如，教师可以利用自媒体平台发起线上讨论，引导学生就某一话题进行深入思考和交流，这种即时的互动不仅增强了学生的参与感，还使得思想政治教育更加贴近学生的生活实际。同时，教师还可以通过自媒体平台答疑解惑，及时解决学生在学习和生活中遇到的问题，这种即时的反馈机制极大地提高了教育的针对性和实效性。通过网络互动，教师能够更加方便地了解学生的思想动态和学习需求。自媒体平台上的数据分析和互动记录，为教师提供了宝贵的教学反馈。教师可以根据学生的线上表现和交流内容，更加精准地把握学生的思想脉搏，从而有针对性地调整教学内容和方法，确保教育教学工作更加符合学生的实际需求。

此外，创新性地运用网络互动教学法也是提升思想政治教育效果的关键。教师可以尝试将短视频、直播等自媒体形式融入教学中，通过生动有趣的视频内容和实时互动的直播形式，吸引学生的注意力，提高教育的趣味性和吸引力。

这种创新的教学方式不仅能够打破传统课堂的时空限制，还能让学生在轻松愉快的氛围中接受思想政治教育，实现寓教于乐的教学目标。

### （四）校园自媒体矩阵的构建与运用

在自媒体环境下，校园自媒体矩阵的构建与运用对于整合教育资源、提高思想政治教育的传播效率具有重要意义。高校应积极打造官方自媒体平台，如微信公众号、微博、抖音等，这些平台能够发布权威、及时的信息，有效引导学生正确认识世界和中国发展大势。通过官方自媒体平台，高校可以及时传达党的方针政策、学校的最新动态以及社会热点问题的正确解读，帮助学生在信息纷繁复杂的自媒体环境中保持清醒的头脑，树立正确的价值观和世界观。同时，高校还应鼓励院系、班级等建立自媒体账号，形成多层次、立体化的传播格局。院系和班级自媒体账号可以更贴近学生的学习生活，发布与学生密切相关的教学信息、学术活动、文化娱乐等内容，以更加接地气的方式传递思想政治教育信息。这种多层次、立体化的传播格局能够覆盖更广泛的学生群体，使思想政治教育更加深入人心。通过校园自媒体矩阵，高校可以实现线上线下教育的有效衔接。线上自媒体平台可以提供丰富多样的教育资源，如微课、讲座视频、在线讨论等，方便学生进行自主学习和交流。而线下教育则可以通过实践活动、课堂讨论等方式，进一步深化学生对思想政治教育内容的理解和认识。线上线下教育的有机结合，能够使学生在自媒体环境中获得更加全面、深入的思想政治教育。

### （五）创新实践成果的总结与反思

在自媒体环境下，高校思想政治教育方法的创新实践成果总结与反思显得尤为重要。这一环节不仅关乎教育方法的持续优化，也是提升教育质量的关键。高校应当建立起定期总结的机制，对在自媒体环境下开展的各类思想政治教育创新实践进行全面梳理。通过这样的总结，提炼出那些在实践中证明有效、具有推广价值的经验和做法，比如利用自媒体平台进行线上互动、开展主题教育活动等，这些都是宝贵的实践成果。同时，深入反思是不可或缺的。高校需要仔细审视在创新实践中遇到的问题和不足，比如教育内容是否与时俱进、教育形式是否足够吸引人、学生参与度是否达到预期等。这些问题都需要通过细致的反思来找出答案，并进一步调整和完善教育教学方法。例如，如果发现学生对某一主题的教育内容反应冷淡，那么就需要考虑是否需要更换主题或者调整教育方式，以更好地契合学生的兴趣点和需求。

通过总结与反思的紧密结合，高校可以不断积累经验、发现问题、解决问题，从而进一步提高思想政治教育的针对性和实效性。这样的过程不仅有助于提升教育质量，还能为培养德智体美全面发展的社会主义建设者和接班人提供有力保障。在自媒体环境下，高校思想政治教育方法的创新实践是一个不断试错、不断优化的过程，而总结与反思则是这个过程中不可或缺的指南针，指引着教育者们不断前行，探索出更加适合时代需求、更加贴近学生实际的教育路径。

## 第四节　自媒体环境下构建高校思想政治教育媒介合力

### 一、构建高校思想政治教育媒介合力的策略

#### （一）整合媒介资源

为了构建高校思想政治教育的媒介合力，整合媒介资源并实现传统媒介与自媒体平台的有机融合是至关重要的一步。高校应当充分认识到校报、广播、电视等传统媒介在思政教育中的独特价值，这些媒介以其权威性和深度报道的优势，长期以来一直是高校传播思政教育理念的重要渠道。它们不仅能够提供深入、全面的信息，还能够引导学生进行深入思考，形成对思政教育的深刻理解和认同。与此同时，高校也不能忽视自媒体平台在思政教育中的重要作用。微博、微信、短视频等自媒体平台以其即时性和互动性的特点，吸引了大量学生的关注和参与。这些平台不仅信息传播速度快，而且能够与学生产生直接的互动，使得思政教育更加贴近学生的生活实际，增强教育的吸引力和感染力。因此，高校应当积极寻求传统媒介与自媒体平台的有机融合，形成全方位、多

层次的思政教育传播体系。一方面，可以通过传统媒介发布深度报道、专题访谈等内容，为学生提供权威的思政教育资源；另一方面，可以利用自媒体平台发布短视频、图文消息等形式的内容，以更加生动、形象的方式呈现思政教育内容，吸引学生的关注和参与。同时，还可以通过自媒体平台与学生进行互动交流，及时了解他们的思想动态和需求，为他们提供更加有针对性的思政教育服务。

### （二）创新教育内容

在自媒体环境下，高校思政教育的内容形式面临着不断创新的迫切需求，以适应学生日益多样化的信息接收习惯。教育者需要敏锐地捕捉到自媒体平台的特点，充分利用其多媒体的优势，采用图文并茂、音视频结合等多种形式，将原本可能显得枯燥单调的思政教育内容，以更加生动、形象的方式呈现给学生。例如，通过制作富有创意的短视频、动画或图文并茂的课件，将思政知识与实际生活案例、热门话题相结合，使学生在轻松愉快的氛围中接受并内化这些教育内容。同时，教育者还可以借助自媒体平台的交互性，开展丰富多彩的线上讨论、话题互动等活动。这些活动能够极大地增强学生的参与感和体验感，使他们不再只是被动地接受知识，而是能够主动地参与到思政教育的过程中来，与教育者和其他同学共同探讨、交流思想和观点。通过这样的互动，思政教育将变得更加贴近学生的实际生活，更加能够引起他们的共鸣和思考。此外，教育者还可以利用自媒体平台的数据分析功能，对学生的学习行为和反馈进行精准的量化分析，从而更加准确地了解学生的学习需求和兴趣点，进而对思政教育内容进行有针对性的调整和优化。这种基于数据的个性化教育策略，将极大地提高思政教育的针对性和实效性，使每一个学生都能够在自媒体环境下获得更加适合自己的思政教育体验。

### （三）引导学生媒介参与

高校应当充分认识到学生媒介参与的重要性，并积极采取措施引导学生正确使用自媒体平台，培养他们形成良好的自媒体使用习惯。这包括教育学生如何辨别信息的真伪，如何避免盲目跟风或传播未经核实的内容，以及如何在自媒体平台上保护个人隐私等。通过这些引导和教育，学生将更加理性、成熟地使用自媒体，从而成为媒介合力构建中的积极力量。同时，高校还应通过开展媒介素养教育活动，着力提高学生的信息筛选和批判能力。在自媒体时代，信息海量且纷繁复杂，学生需要具备一双慧眼，才能从中筛选出有价值、有深度的内容。媒介素养教育活动可以帮助学生掌握信息筛选的方法和技巧，培养他们独立思考和判断的能力，使他们在面对各种网络信息时能够保持清醒的头脑，不轻易被谣言或虚假信息所迷惑。此外，加强学生的道德意识教育也是构建高校思想政治教育媒介合力不可或缺的一环。高校应引导学生认识到，自媒体平台不仅是信息交流的场所，更是展现个人品德和素养的舞台。学生应学会在自媒体平台上发表积极、正面的言论，传播正能量，为构建良好的网络舆论环境贡献自己的力量。同时，高校还应教育学生尊重他人、包容差异，在自媒体平台上展现文明、理性的交流风范。

## 二、实施媒介合力构建的具体措施

### （一）建立自媒体平台矩阵，扩大思政教育影响力

为实施媒介合力构建，高校应当首要考虑建立自媒体平台矩阵，这一矩阵应涵盖微博、微信公众号、短视频平台等多种形式的自媒体，旨在全面扩大思政教育的影响力。通过精心策划的多平台布局，高校能够构建一个覆盖广泛、传播迅速的信息网络，确保思政教育内容得以迅速且有效地传达给每一位学生，进而激发他们的关注和深入讨论。这一自媒体平台矩阵的构建，不仅要求数量上的覆盖，更强调质量上的提升，即各平台之间需形成紧密的互动与连接，共同推动思政教育话题的热度升级和深度挖掘。具体而言，微博平台凭借其即时性和广泛的传播范围，可成为发布思政教育最新动态、引发学生即时反馈的重要窗口。微信公众号则能依托其深度阅读和精准推送的功能，为学生提供更为系统、深入的思政教育内容，引导他们进行深入思考和探讨。而短视频平台，以其生动、直观的表现形式，能够吸引更多学生的注意力，使思政教育内容以更加活泼、有趣的方式呈现，从而增强教育的吸引力和感染力。

同时，各高校还应注重平台间的相互链接与互动，形成协同效应。例如：可以在微博平台上发布短视频预告，吸引学生关注；在微信公众号上发布深度解读文章，引导学生深入思考；在短视频平台上发布相关话题挑战，激发学生的参与热情。通过这种方式，各平台之间能够相互借力，共同推动思政教育话题的热度和深度，形成一个全方位、多层次的思政教育传播体系。

### （二）开展媒介素养教育活动，提升学生信息筛选与批判能力

针对自媒体环境下信息繁杂、真假难辨的问题，高校应当积极承担起提升学生媒介素养的责任，通过开展一系列媒介素养教育活动，着力提升学生的信息筛选与批判能力。这一目标可以通过多种途径来实现，例如开设专门的媒介素养课程，将信息筛选、批判性思维等作为重要内容纳入教学体系；或者定期举办讲座和工作坊，邀请专家学者、行业资深人士来校分享经验，向学生传授如何辨别信息真伪、如何理性看待网络舆论等实用技能。在这些教育活动中，学生将学习到一系列实用的方法和技巧，帮助他们在面对海量网络信息时能够保持冷静和理性。他们将学会如何从不同角度审视信息来源的可信度，如何通过交叉验证来确认信息的真实性，以及如何在众多声音中分辨出有理有据的观点。这些技能的掌握将使学生在自媒体平台上更加明智地选择信息，避免被虚假信息或极端言论所误导。更重要的是，通过这些媒介素养教育活动，学生将逐渐形成独立的思考和判断能力。他们将不再轻易接受他人的观点或论断，而是学会用自己的头脑去分析问题、评估证据，并得出自己的结论。这种独立思考的能力不仅对于他们在自媒体环境中的信息选择至关重要，也将对他们未来的学习和生活产生深远的影响。

### （三）实施教育者培训计划，提高自媒体环境下的教学能力

为了适应自媒体环境，高校应当积极实施教育者培训计划，旨在全面提升教育者的自媒体运用能力和教学能力。这一培训计划应当精心设计，涵盖自媒体平台操作技巧、网络传播规律以及在线教育工具使用等多重内容，以确保教育者能够全面掌握自媒体环境下的教学技能和策略。在自媒体平台操作技巧方面，培训应着重教授教育者如何有效管理自媒体账号，包括内容发布、粉丝互

动、数据分析等关键环节。教育者需要学会如何制定合适的发布策略，以确保思政教育内容能够准确触达目标学生群体，并引发他们的积极反馈和讨论。同时，网络传播规律也是培训中不可或缺的一部分。教育者需要深入了解自媒体环境下的信息传播机制，包括话题热度、舆论走向、用户行为等，以便更好地把握时机，精准传播思政教育内容。此外，他们还应学会如何利用网络传播规律，引导学生积极参与思政教育话题的讨论，提高教育的参与度和影响力。随着自媒体的发展，越来越多的在线教育工具应运而生，为思政教育提供了更多元化的教学手段。教育者需要学会如何灵活运用这些工具，如在线直播、互动问答、虚拟教室等，以创造更丰富、更生动的教学体验，提高学生的学习兴趣和积极性。

**（四）建立学生自媒体社团或组织，引导学生参与思政教育实践**

为了增强学生的媒介参与感，高校可以积极筹建学生自媒体社团或组织，为学生提供一个实践的平台，引导他们更加积极地参与到思政教育实践中来。这些由学生自主管理和运营的社团或组织，可以承担起学校自媒体平台的日常运营工作，包括内容的策划、创作、编辑以及传播等各个环节。通过这样的实践，学生将有机会亲身参与到思政教育的实际过程中，与教育者共同探讨和制定教育内容，以更加贴近学生视角和语言的方式呈现思政教育信息。在参与自媒体社团或组织的过程中，学生将能够更加深入地了解自媒体的运作机制，包括信息的筛选、编辑、发布以及推广等各个环节。他们将学会如何运用自媒体工具进行内容创作和传播，如何与受众进行有效的互动和交流，以及如何在自媒体平台上构建和维护一个积极健康的舆论环境。这些实践经验将使学生更加熟悉自媒体的特性和规律，为他们未来在自媒体领域的发展打下坚实的基础。同时，通过参与自媒体社团或组织的实践，学生也能够将所学的理论知识运用到实际中，为思政教育贡献自己的力量。他们可以将课堂上学到的思政教育理念、价值观等融入自媒体内容的创作中，通过生动有趣的形式传达给更多的受众。这种理论与实践相结合的方式，不仅能够加深学生对思政教育的理解和认同，还能够提升他们的实践能力和创新思维。

# 第七章

## 自媒体环境下高校思想政治理论课建设和教学模式研究

CHAPTER 7

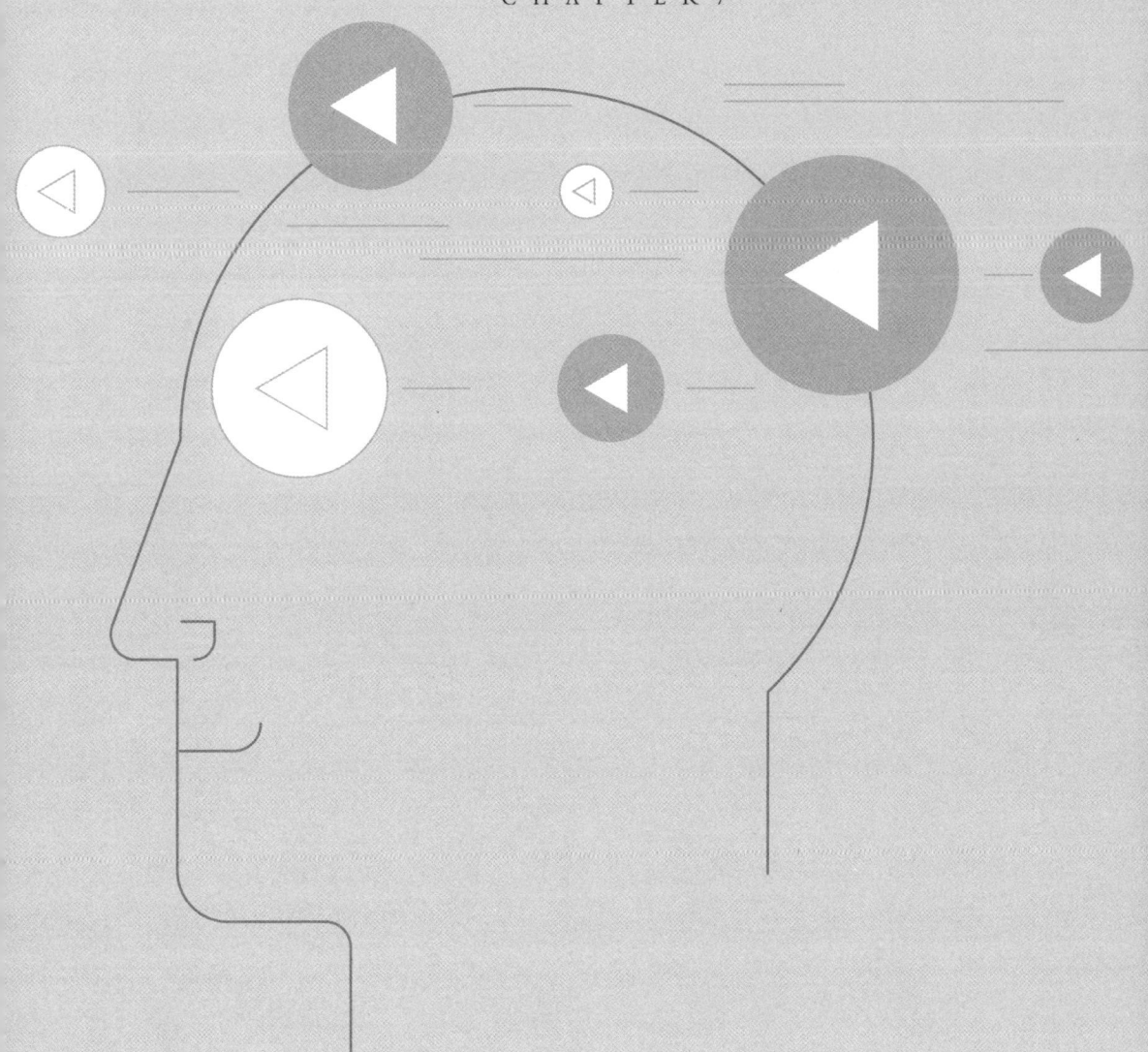

# 第一节 自媒体环境下的"大思政课"建设

## 一、自媒体时代"大思政课"的概念界定

### (一)"大思政课"的内涵

**1. 大视野:"大思政课"之大在于知识领域之大**

"大思政课"所蕴含的大视野,首先体现在其涵盖的知识领域之广泛,在自媒体时代,信息的传播速度极快,涉及的内容也极为丰富多样。这就要求"大思政课"不能仅仅局限于传统的思想政治理论知识,还应当拓宽视野,将更多元、更前沿的知识融入教学中。这种大视野要求教育者站在一个更具高度的角度,以更宽广的眼界去看待思想政治教育工作,不仅要关注国内的政治、经济、文化发展,还要关注国际形势的变化,以及这些变化对学生思想观念的影响。此外,"大思政课"的大视野还体现在对多学科知识的融合上。它不再仅仅局限于政治学科的知识,而是将历史学、社会学、心理学等多学科的知识融入其中,形成一个综合性的知识体系。这样的知识体系不仅能够帮助学生更好地理解思想政治理论,还能够培养他们的跨学科思维能力,提高他们的综合素质。

**2. 大格局:"大思政课"之大在于育人格局之大**

"大思政课"所展现的大格局,主要体现在其育人的广泛性和深远性上,传统的思政课往往只关注学生的知识掌握情况,而忽视了对学生思想观念、道德品质的培养。"大思政课"则将育人的目标扩展到了更广泛的领域,不仅包括知识的传授,更注重价值观的引领和道德品质的培养。在"大思政课"的育人格局中,学生不再是被动接受知识的容器,而是成为主动参与、积极思考的学习者。教育者通过设计丰富多样的教学活动,引导学生主动探索、实践,使他们在亲身体验中感悟思政理论的真谛,从而形成正确的世界观、人生观和价值观。

此外，"大思政课"还注重与社会实践的结合，鼓励学生走出课堂，参与社会实践活动，将理论知识与实际行动相结合，培养他们的社会责任感和实践能力。这种大格局的育人方式，不仅能够提高学生的综合素质，还能够为他们的未来发展打下坚实的基础。

### （二）自媒体时代的"大思政课"

#### 1. 传播属性

随着自媒体等移动终端的兴起，学校思想政治教育的阵地得到了拓展，正逐步从非媒体时代的传统课堂向自媒体时代的网络信息技术赋能的"新课堂"转移。自媒体所具备的便捷性、互动性、多样性、即时性、草根性、自由性等特征，能够与"大思政课"之"大"相互兼容，如提供了更为广阔的知识视野、更为宏观的教育内容、更为新颖的时政信息等，从而激发学生的求知欲与想象力，使他们在课堂上感悟国家和社会的发展，坚定"四个自信"，承载"大使命"。自媒体的热点内容走进课堂，与"大思政课"的时代大背景相适应，适时地引入具有时效性的典型案例，立足大视野的真实事件，为思想政治教育工作建设发展带来无限可能。

#### 2. 工具属性

自媒体时代的"大思政课"与传统课堂相比，更注重学生对自媒体课堂的体悟，即学生通过感受自媒体技术下的课程教学环境，在体验中得到满足感，进而对"大思政课"的实质问题有更全面的认识。自媒体改变了传统课堂的讲授方式，突破了教学场域的局限，借助多媒体音频、视频、VR、AR、全息互动投影等先进的信息技术手段，将学生亲闻亲历的时事政策、热点新闻、社会民生等话题引入课堂教学，全方位地向学生展现真实的社会实物场景，增强课堂教学的可视化和生动性。在增强技术层面的新颖体验感的同时，又注重现实层面的参与感，使学生置身于数字化的自媒体环境，实现实时互动交流，增进学生对学科知识的理解以增强他们对"大思政课"的认同。

## 二、自媒体时代"大思政课"建设的重要性和必要性

### （一）自媒体时代"大思政课"建设的重要性

#### 1. 有利于提升学生的获得感和参与感

自媒体时代，信息的传播与接收方式发生了翻天覆地的变化，这也为"大思政课"的建设提供了新的契机。通过自媒体平台，教师可以更加便捷地与学生进行互动交流，及时了解学生的思想动态和学习需求。在"大思政课"的教学中，教师可以利用自媒体的特点，设计更具互动性和参与感的教学活动，如线上讨论、小组协作、案例分析等，从而激发学生的学习兴趣和积极性。在这样的教学模式下，学生不再是被动的接受者，而是成为课程的主动参与者和建构者。他们可以通过自媒体平台发表自己的观点、交流学习心得，甚至参与到课程内容的策划与实施中。这种高度的参与感和获得感，不仅能够提升学生的学习效果，还能够培养他们的创新思维和批判性思维，为他们的全面发展奠定坚实基础。

#### 2. 有利于与学生的个性心理需求相适应

在当今社会，学生的个性心理需求越来越多样化，他们渴望被理解、被尊重，并希望在学习过程中找到与自己心灵相通的契合点。自媒体时代的"大思政课"建设，正好能够满足学生的这一需求。通过自媒体平台，教师可以更加深入地了解学生，关注他们的思想动态和情感需求，从而在教学过程中做到因材施教、个性化指导。同时，"大思政课"的丰富内容和多样化教学方式，也能够为学生提供更多选择的空间，让他们在学习中找到自己的兴趣点和擅长领域，进而实现自我价值。此外，"大思政课"还注重培养学生的自主学习能力和批判性思维，这正好符合当代学生追求独立自主、勇于探索的个性心理特征。在这样的教学环境中，学生不仅能够获得知识上的提升，还能够在心灵上得到满足和成长，真正实现教育与个性的和谐统一。

#### 3. 有利于拓宽教学视野，增强课程的时代性

自媒体时代的信息传播速度之快，为"大思政课"的教学带来了全新的机遇。在这个时代背景下，通过引入自媒体资源，教师不再仅仅局限于传统的教

材和教学大纲，而是可以根据时事动态，灵活调整教学内容，确保课程与时代的紧密连接。这样的教学方式，极大地拓宽了学生的视野，使他们能够在课堂上就接触到社会的最新动态，感受到时代的脉搏。同时，这种与时代紧密相连的教学方式，也有助于学生更好地理解理论知识，将抽象的概念与具体的现实相结合，从而增强他们的时代感和使命感。更重要的是，通过这样的教学方式，学生能够培养起分析现实问题、解决社会问题的能力，为他们未来步入社会、成为有用之才打下坚实的基础。

#### 4. 有利于构建全方位、多层次教学体系

自媒体时代的"大思政课"建设，不再局限于传统的课堂教学，而是延伸到了课外实践、网络学习等多个领域。这一变化，为"大思政课"的教学带来了全新的可能。通过整合线上线下资源，构建全方位、多层次的教学体系，可以更好地满足学生的不同学习需求。在课堂上，教师可以利用多媒体和网络技术，将抽象的理论知识以更加生动、形象的方式呈现给学生；在课外，教师可以利用自媒体平台开展在线辅导、答疑解惑，为学生提供更加及时、便捷的学习支持。而学生则可以通过自媒体渠道进行自主学习、互动交流，他们的学习不再局限于课堂之内，而是可以随时随地进行。这种多元化的教学体系，既丰富了教学内容和形式，也提高了教学的针对性和有效性。更重要的是，它激发了学生的学习兴趣和积极性，使他们更加主动地参与到学习过程中来，从而实现了更好的学习效果。

### （二）自媒体时代"大思政课"建设的必要性

#### 1. 高校思政课创新发展的必然要求

在自媒体时代，高校思政课亟须创新发展以适应新时代的教育需求，传统的思政课教学方式往往侧重于理论传授，而在自媒体环境下，学生获取信息的方式和渠道发生了显著变化，他们更加习惯于通过自媒体平台获取知识和信息。因此，高校思政课必须与时俱进，结合自媒体的特点进行创新，以吸引学生的兴趣并提升教学效果。"大思政课"建设正是高校思政课创新发展的重要途径。通过引入自媒体元素，丰富教学内容和手段，可以使学生更加主动地参与到思

政课的学习中。例如，利用自媒体平台开展线上讨论、互动问答等活动，能够激发学生的学习兴趣，提高他们的学习积极性和自主性。同时，"大思政课"还可以结合自媒体时代的热点话题和案例，引导学生进行深入思考，培养他们的批判性思维和创新能力。

**2. 突破自媒体负面影响的必然要求**

自媒体时代的到来，虽然为学生提供了更多获取信息和表达观点的渠道，但同时也带来了一些负面影响。自媒体平台上信息的真实性、准确性和客观性难以保障，虚假信息、不良信息甚至有害信息层出不穷，给学生的思想观念和价值取向带来了不小的冲击。在这种情况下，"大思政课"的建设显得尤为重要。通过加大思政课的教学力度，引导学生树立正确的世界观、人生观和价值观，增强他们对自媒体信息的辨识能力和批判性思维，从而有效抵御自媒体负面信息的影响。同时，"大思政课"还可以结合自媒体平台的热点事件和话题，开展有针对性的教学和讨论，帮助学生认清事实真相，形成正确的舆论观念。

**3. 提升学生思想政治素养的必然要求**

自媒体时代，信息传播的速度和广度达到了前所未有的水平，各种思潮和观点交织碰撞，形成了一个复杂多变的信息环境。在这样的背景下，学生的思想政治素养面临着更高的要求。他们不仅需要具备扎实的专业知识，还需要有正确的世界观、人生观和价值观，以便在纷繁复杂的信息中保持清醒的头脑和坚定的立场。因此，"大思政课"的建设显得尤为必要。它能够通过系统的教学和引导，帮助学生建立起科学的思想体系，提升他们的思想政治素养。通过"大思政课"的学习，学生能够更好地理解和把握社会发展的规律，增强对国家和民族的认同感和责任感，从而在未来的生活和工作中发挥出更大的作用。

**4. 应对社会思潮多元化挑战的必然要求**

自媒体时代，社会思潮的多元化趋势日益明显，各种思想观点、价值观念相互激荡，形成了一个多元、开放的思想环境。这对高校思政课的教学内容和方式提出了新的挑战，要求思政课必须更加全面、系统、深入地引导学生正确认识和理解各种社会思潮。为了应对这一挑战,"大思政课"的建设显得尤为迫切。它不仅要向学生传授基本的理论知识,还要培养学生的批判性思维和独立思考能力。通过"大思政课"的学习,学生能够学会在多元化的思想环境中明辨是非,坚守正确的价值导向,形成自己独特的思想观点和价值观念。这样的教育过程,不仅能够提升学生的思想政治素养,还能够促进他们的全面发展和成长。

**5. 实现高等教育育人目标的必然要求**

高等教育的主要目标是培养德智体美劳全面发展的社会主义建设者和接班人。在自媒体时代,这一目标的实现更加依赖于有效的思想政治教育。因此,"大思政课"在高等教育中占据着核心的地位,是实现育人目标的必然要求。为了不断提升"大思政课"的教学质量和效果,高校需要不断优化教学内容、创新教学方法、完善评价体系。通过这些措施的实施,"大思政课"能够更好地与专业知识教育相结合,使学生在接受专业知识教育的同时,也能够得到充分的思想政治教育和道德熏陶。这样的教育过程,不仅能够培养出具有扎实专业技能的人才,还能够培养出具有高尚道德情操的优秀人才,为实现高等教育的育人目标提供有力的支持。

## 三、自媒体时代"大思政课"建设的推进路径

### (一)创新教学理念,建设"大思政"教师队伍

随着信息技术的迅猛发展,自媒体已成为学生获取信息、交流思想的重要渠道。因此,教师需要紧跟时代步伐,不断更新自己的教学观念,深刻认识到思政课的重要性。思政课不仅仅是传授知识的课堂,更是塑造和引导学生价值观形成的关键环节。这就要求教师不仅要有扎实的思政理论基础,还要具备高超的自媒体运用能力。为了更有效地应对自媒体带来的信息冲击,建设一支高素质的"大思政"教师队伍势在必行。这样的教师队伍应具备深厚的思政理论知识和实践经验,能够灵活运用自媒体工具,将思政理论与现实生活紧密结合,引导学生在纷繁复杂的自媒体信息中明辨是非,树立正确的世界观、人生观和

价值观。

### (二)提高学生媒介素养与能力

提升学生的媒介素养,在自媒体时代显得尤为关键,这也是"大思政课"所承担的重要任务之一。在信息爆炸的背景下,学生每天都会接触到海量的信息,其中不乏虚假、夸大甚至有害的内容。因此,通过"大思政课"的系统教学,培养学生的信息筛选和辨识能力,就显得至关重要。这样的课程会教会学生如何在自媒体环境中保持理性思考,不被纷繁复杂的信息所迷惑。学生将学会如何识别信息的真伪,区分事实和谣言,避免被误导。这种能力的培养,不仅有助于学生在日常生活中做出明智的决策,更能增强他们的自我保护能力,防止受到不良信息的侵害。通过提升学生的媒介素养,还能帮助他们成为有责任感的自媒体使用者。这样,学生不仅能够保护自己,还能为营造一个健康、正面的网络环境贡献自己的力量。

### (三)推进教学方式改革与创新

自媒体技术的快速发展为思政课教学注入了新的活力,提供了前所未有的可能性。通过自媒体平台,教师能够灵活地结合线上线下教学模式,打破传统课堂的时空限制,使学习更加便捷、高效。这种混合式教学不仅丰富了教学手段,还大大增加了学生与教师、学生与学生之间的互动机会。在实际教学中,教师可以利用自媒体平台发起在线讨论,鼓励学生就某一思政话题发表看法,这样既能及时了解学生的思想动态,又能增强课堂的互动性和学生的参与度。此外,小组合作也是一种有效的教学方式,学生可以在自媒体平台上分组协作,共同完成某项研究或项目,这不仅培养了学生的团队协作能力,也让思政课变得更加生动有趣。通过这些创新的教学方式,思政课不再是单调枯燥的理论灌输,而是变成了学生主动参与、积极思考的过程。

### (四)拓展教学资源,丰富教学内容

在自媒体时代,教学资源的多元化显得尤为重要,它为思政课的教学提供了更为广阔的空间和更为丰富的内容。教师可以通过自媒体平台,便捷地搜集和整合多样化的教学资源,如时事热点、社会案例、专家观点等,这些资源能

够极大地丰富思政课的教学内容。将这些贴近现实、具有时代感的教学资源融入思政课教学，不仅可以使课程内容更加生动有趣，还能有效增强学生的代入感和认同感。当学生发现所学内容与他们的生活息息相关，他们会更愿意投入时间和精力去学习和思考。例如，通过分析当前社会的热点事件，引导学生理解其背后的社会价值和道德意义，这样的教学方式无疑比单纯的理论讲解更能吸引学生的注意力，也更能激发他们的学习兴趣。

### （五）优化教育环境，构建全员参与的"大思政课"格局

构建一个全员参与的"大思政课"格局，已成为自媒体时代的必然要求，这一格局的形成，离不开校内外的协同合作与共同努力。学校、家庭、社会三方需紧密配合，形成思政教育的强大合力，共同为学生营造一个积极健康的思政教育环境。学校在此过程中扮演着关键角色，不仅需要加强与家庭和社会的联系，更要积极寻求合作机会，共同推进思政教育的深入发展。与此同时，学校还应鼓励学生积极参与到思政课的建设与传播中，充分发挥学生的主观能动性和创造力。通过开展丰富多彩的活动，如主题演讲、社会实践等，让学生在亲身参与中深化对思政知识的理解，提升他们的实践能力和社会责任感。这样的全员参与格局，不仅能够提高思政教育的效果，还能够促进学生的全面发展，为培养新时代的优秀人才奠定坚实基础。

## 第二节　中国传统文化中大运河文化融入高校思政课实践教学

### 一、中国传统文化与大运河文化之间的联系

#### （一）天人合一：传统文化哲学在大运河中的实践

中国传统文化以"天人合一"为核心思想，强调人与自然和谐共生的智慧。这种哲学理念在《周易》"观乎天文以察时变，观乎人文以化成天下"中得到集中体现。大运河的修建正是这种哲学的物质投射，2500年的开凿历程中，先民

们既遵循自然地理规律——利用黄淮海平原的天然水系走向，又通过人工河道连接天然水道，形成贯通五大水系的人工奇迹。隋代宇文恺设计汴渠时"因势利导，引水济运"的工程理念，宋代复闸技术的发明应用，无不体现着"道法自然"的营造智慧。运河沿岸的镇水兽雕刻、龙王庙宇，更将水利工程升华为文化符号，使实用功能与精神信仰完美统一，这正是传统文化中"制器尚象"思维的具体呈现。

**（二）文脉交融：大运河催生的文化共同体建构**

作为"流动的文化长廊"，大运河打破了地理阻隔，促成多元文化的深度交融。唐宋时期"半天下之财赋，悉由此路而进"的漕运体系，不仅运输物资，更搭载着文化基因的传播。运河沿岸形成的"码头文化圈"，使吴越细腻与燕赵豪放相遇，齐鲁礼仪与荆楚浪漫交织。扬州成为南北戏曲交汇地，催生出融合昆腔与梆子特色的扬剧；临清钞关遗址出土的波斯银币，见证着中外文明对话。这种交融在饮食文化中尤为显著：杭州的片儿川带着汴梁面食基因，徐州的把子肉融合鲁菜技法，天津的煎饼果子则保留着运河船工饮食记忆。大运河犹如文化催化剂，将地域文化淬炼为具有共同记忆的中华文化共同体。

**（三）生生不息：传统文化的现代表达与创新传承**

大运河文化作为活态遗产，持续为传统文化注入时代活力。2014年申遗成功以来，运河沿线城市通过数字化保护、文旅融合等方式，让传统文化实现创造性转化。扬州中国大运河博物馆运用全息投影重现漕船过闸场景，杭州拱宸桥畔的活态非遗展示馆让传统技艺"见人见物见生活"。更值得注意的是，运河文化催生了新的文化形态：北京通州运河商务区将古粮仓改造为现代艺术空间，苏州平江路历史街区实现"老宅新用"，这种新旧共生模式恰是《考工记》"天有时，地有气，材有美，工有巧"的现代诠释。当代运河文化节庆活动，既传承清明放河灯、端午赛龙舟等传统民俗，又创新开发灯光秀、运河马拉松等新载体，彰显传统文化与时俱进的强大生命力。

大运河文化不是简单的历史遗存，而是中华文明演进的文化基因库。从哲学理念到实践智慧，从物质创造到精神积淀，这条千年水道始终与传统文化同频共振。在新时代背景下，大运河文化既承载着"让文物活起来"的使命，更肩负着构建文化认同、增强文化自信的重任。正如运河之水奔流不息，中华优秀传统文化也必将在创新传承中绽放永恒魅力。

## 二、中国传统文化中的大运河文化，在高校思政课实践教学的契合性

目前，我国互联网的使用率连年攀升。其中，20—29岁的网民在所有年龄段群体中占比位列三位。网络、手机等自媒体发展迅速，应用广泛。并且利用互联网展开了一系列活动：网络直播、网络文学、网络音乐、网络视频等。互联网对于学生群体而言还承担着"网课"这一不可忽视的重要作用。可见，在当代大学生普遍使用自媒体的背景下，运用自媒体助力高校思政课教学，创新高校思政课教学内容和形式，适应了自媒体时代发展的要求。

自媒体为大运河文化融入高校思政课实践教学提供了无限的可能。黄岩、朱杨莉认为，思政教师需要发挥自己的职责，做到将中华优秀传统文化融入思政课。这一融入不仅能够促进文化的继承与弘扬，提高社会主义核心价值观在大学生心中的地位，还能够增强思政课堂的吸引力、提高课堂质量。邱冬梅也提出了目前的思政课教学存在的问题：教学中华优秀传统文化利用率低、不够深刻；渗透方式与手段单一，缺乏相应的体制机制。学者们的论述表明，高校思政课实践教学需要融入中华优秀传统文化，但目前还存在较大的进步空间。因此，借助自媒体将大运河文化融入高校思政课实践教学，有助于解决目前高校思政课实践教学资源不足难以展开的问题。

## 三、中国传统文化中，基于大运河文化的高校思政课实践教学现状

### （一）融入程度不断提升

随着国家对传统文化和思政教育的日益重视，大运河文化这一承载着深厚历史底蕴的文化元素，正逐渐在高校思政课程中占据一席之地。这种融入并非仅仅停留在纸面上的理论探讨，而是真切地贯穿于课堂理论教学与实践教学之

中。在课堂理论教学方面，教师们开始将大运河文化的丰富内涵与思政课程内容紧密结合，使学生在学习思政理论的同时，能够领略到中华优秀传统文化的博大精深。然而，更为引人注目的是大运河文化在实践教学中的生动展现。为了让学生更加直观地感受大运河文化的独特魅力，高校积极组织学生进行实地考察。他们踏上大运河畔，目睹这条古老运河的壮丽景色，亲身感受其流淌千年的历史气息。在考察过程中，学生们还有机会参观与大运河相关的博物馆和遗址。这些珍贵的文物和古迹，无声地诉说着大运河的辉煌过往，让学生们仿佛穿越时空，与大运河的历史对话。

### （二）实践教学形式多样

在自媒体时代，高校思政课实践教学正迎来前所未有的变革，随着科技的进步和自媒体平台的兴起，传统的教学方式已经不再是唯一的选择。除了组织学生进行实地考察，深入了解和体验相关知识外，现在的高校还巧妙地结合了自媒体平台，为实践教学注入了新的活力。微信公众号、短视频等自媒体工具，因其便捷性和互动性，成为高校思政课实践教学的新宠。通过这些平台，教师可以发布与课程内容相关的资料、案例和视频，引导学生进行线上讨论和思考。这种线上线下相结合的教学方式，打破了时间和空间的限制，让学生可以随时随地进行学习。这些新形式的教学手段大大提高了学生的学习兴趣和参与度。与传统的课堂教学相比，自媒体平台上的内容更加生动有趣，更能吸引学生的注意力。而学生也可以通过留言、评论等方式，与教师和其他同学进行实时互动，分享自己的看法和见解。这种线上线下互动的教学模式，不仅丰富了高校思政课实践教学的手段，还为学生提供了一个更加开放、多元的学习环境。在这样的环境中，学生不再是被动的接受者，而是成为主动的学习者和参与者，更加积极地投入到思政课的学习中去。

### （三）教师素养与教学理念不断更新

为了更好地将大运河文化融入思政课实践教学，很多高校教师也在不断努力提升自身的文化素养和教学理念。他们深知，只有深入了解和掌握大运河文化的精髓，才能更好地将其传授给学生，并引导学生在实践中感悟和体验。为了实现这一目标，教师们积极参与各种相关培训和研讨会。在这些活动中，他们不仅深入学习了大运河文化的历史渊源、发展脉络和丰富内涵，还了解了其在当代社会的价值和意义。同时，教师们也借此机会交流了各自的教学经验和心得，共同探讨如何将大运河文化更加有机地融入思政课实践教学中。除了学习和交流，教师们还在积极探索如何将传统文化与现代教学理念相结合。他们尝试运用现代教学手段和方法，如多媒体教学、情境教学等，来呈现大运河文化的独特魅力。同时，他们也注重培养学生的实践能力和创新思维，通过组织各种实践活动和课题研究，让学生在亲身体验中深化对大运河文化的理解。

## 四、基于大运河文化的高校思政课实践教学策略

### （一）深入挖掘大运河文化资源，培养大学生文化自信与家国情怀

大运河这条历经千年的古老河流，不仅仅是水流汇聚之地，更是中华历史与文化的深厚积淀。它见证了多个王朝的兴衰更迭，承载了无数英雄豪杰的壮志豪情，也滋养了沿岸丰富多彩的地域文化。在高校思政课实践教学中，对大运河文化资源的深入挖掘显得尤为关键。通过详细讲述大运河的历史变迁，从它的开凿到如今的现状，可以让学生们深刻理解这条河流如何与中华民族的历史紧密相连。大运河的文化传承也是不可或缺的教学内容，其中包含的诗词歌赋、民间故事以及传统工艺，都是中华文化的瑰宝。当学生们了解到这些丰富多彩的文化元素时，他们会对中华文化的深厚底蕴有更深的体会。此外，大运河与沿线地区的经济文化交流也是一个重要的教学点。这些交流不仅促进了各地文化的融合，还推动了社会经济的发展。通过讲解，可以帮助学生们认识到大运河在历史上的重要地位，以及它对于中华文化多样性的贡献。通过展示大运河在维护国家统一、促进民族团结中的关键作用，可以激发学生的家国情怀。当学生们了解到大运河如何在不同历史时期都发挥着维系国家统一和民族团结的纽带作用时，他们会更加珍视这份来之不易的文化遗产，并意识到自己有责任去传承和发扬中华优秀传统文化。

### (二)发挥教师引导作用,激发大学生学习大运河文化的积极性主动性

面对大运河文化这一深邃且多元的主题,如何激发学生的学习热情,引导他们深入探索,成为教师需精心策划的课题。为了吸引学生的注意,教师可以通过绘声绘色的讲述,将大运河的历史、文化和传奇故事娓娓道来。生动的语言和丰富的情感,能够迅速捕捉学生的心灵,引领他们跨越时空,感受大运河的古老韵味。除了言语的传达,丰富的案例也是教师手中的有力武器。通过展示大运河沿线的历史遗迹、文化产物和社会变迁的实例,教师可以为学生构建一个真实而鲜活的历史场景,使遥远的历史变得触手可及。互动式的教学方式更是现代教育的趋势。教师可以设置讨论环节,鼓励学生提问、辩论,让他们在思想的碰撞中深化对大运河文化的理解。这种教学方式不仅能够锻炼学生的思辨能力,还能提升课堂的活跃度和学生的参与度。考虑到学生们的兴趣点和需求各不相同,教师还可以量身定制一系列实践活动。例如:组织实地考察,让学生亲身体验大运河的风土人情;或者开展主题研讨,让学生围绕某个特定议题进行深入探讨。这些活动旨在让学生在实践中感受大运河文化的独特魅力,从而自发地产生对这段历史的浓厚兴趣,更加主动地投身于学习之中。

### (三)合理利用网络媒介,充分发挥自媒体优势

在自媒体时代,网络媒介的迅猛发展为高校思政课实践教学带来了前所未有的便捷与高效。如今,教师可以通过微信公众号、微博等社交媒体平台,迅速地将与大运河文化紧密相关的资讯、最新研究成果以及丰富的教学资源推送给学生。这些平台不仅信息更新迅速,而且覆盖面广,能够确保学生及时获取到最新、最全面的学习材料。自媒体平台的互动性和传播性为师生之间的交流提供了更多可能。教师可以利用这些平台组织学生开展线上讨论,让学生们围绕大运河文化的某个主题各抒己见,进行思想的碰撞与交流。同时,学生们也可以分享自己的学习心得和体会,这种互动式的学习方式有助于形成良好的学习氛围,激发学生的学习兴趣。此外,自媒体平台还能帮助学生拓宽学习视野。通过浏览和关注不同的公众号或微博账号,学生可以接触到更多关于大运河文化的多角度解读和深入分析,从而更加全面地了解这一历史文化遗产。

## （四）创新实践教学模式，将大运河文化融入思政课堂

### 1. 创新实践教学模式：将大运河文化贯穿于思政课堂

在自媒体时代，高校思政课的实践教学需要积极创新，以适应时代发展的需求。将大运河文化深度融入思政课堂，是一种富有创意和实效的教学模式。大运河作为中国古代的伟大工程，不仅承载着丰富的历史文化内涵，还具有重要的当代价值和教育意义。将其融入思政课，可以使学生在学习理论知识的同时，更加直观地感受到中华优秀传统文化的魅力。教师在设计实践教学内容时，应充分挖掘大运河文化的历史脉络、文化特色以及其在当代社会的价值体现，并将其与思政课的理论教学有机结合，形成一套完整的教学体系。通过这样的教学模式，学生可以在实践中深化对理论知识的理解，增强对中华优秀传统文化的认同感和自豪感。

### 2. 通过实地考察与专题研讨，让学生亲身体验大运河文化的魅力

为了使学生更好地感受大运河文化的魅力，高校可以组织实地考察和专题研讨活动。通过实地考察，学生可以亲身体验大运河的历史遗迹、文化景观和当代发展，从而更加深入地了解其文化内涵和当代价值。在考察过程中，教师可以引导学生观察、思考、交流，使他们能够在实践中发现问题、解决问题，提升他们的实践能力和综合素质。同时，结合实地考察，高校还可以开展专题研讨活动，邀请专家学者举办讲座，组织学生进行小组讨论和汇报，进一步深化他们对大运河文化的理解和认识。通过这样的实践活动，学生可以更加直观地感受到大运河文化的独特魅力，增强对中华优秀传统文化的认同感和自豪感。

### 3. 通过研究性学习与多媒体作品创作，让学生在实践中提升文化素养和综合能力

教师应积极引导学生围绕大运河文化进行研究性学习，鼓励他们自主查阅资料、开展调研，并撰写研究报告或制作多媒体作品。通过这样的学习方式，学生可以更加深入地了解大运河文化的历史渊源、文化内涵和当代价值，同时也可以提升他们的文化素养和综合能力。在研究性学习过程中，学生可以学会如何自主查找资料、如何进行分析和归纳、如何撰写研究报告或制作多媒体作

品等技能。这些技能不仅对他们在学术领域的发展有帮助，也可以为他们未来的职业生涯打下坚实的基础。通过这样的实践活动，学生可以在实践中不断提升自己的文化素养和综合能力，成为具有全面素质和创新能力的新时代人才。

### （五）构建校企合作平台，拓展大运河文化实践教学基地

#### 1. 构建校企合作平台，促进大运河文化与高校思政课的深度融合

为了更有效地将大运河文化融入高校思政课实践教学，高校应积极寻求与地方政府、文化机构、企业等社会各界的合作，共同构建校企合作平台。这一平台的建立，不仅有助于高校充分利用地方资源，还能促进大运河文化的传承与发展。通过校企合作，高校可以与地方博物馆、文化馆、历史遗址等文化机构建立紧密联系，共同开发实践教学项目。这些项目可以包括现场教学、文化讲座、志愿服务等多种形式，旨在让学生在实践中深入了解大运河文化的历史渊源、文化内涵和当代价值。通过这样的合作模式，高校可以为学生提供更加丰富多样的实践学习机会，使他们在学习中感受到大运河文化的独特魅力。

#### 2. 依托地方资源，建立大运河文化实践教学基地

在构建校企合作平台的基础上，高校可以依托地方资源，建立大运河文化实践教学基地。这一基地的建立，将为学生提供更加便捷、高效的实践学习环境。高校可以与地方政府合作，将当地的博物馆、文化馆、历史遗址等场所作为实践教学的现场课堂。在这些场所中，学生可以亲身体验大运河文化的历史遗迹和文化景观，感受其深厚的文化底蕴。同时，高校还可以邀请当地的专家学者、文化传承人等作为实践教学的指导教师，为学生提供更加专业、深入的指导。通过这样的实践教学基地，学生可以更加直观地了解大运河文化的各个方面，提升学生的文化素养和实践能力。

#### 3. 开发研学旅行项目，让学生在游览中学习、在学习中体验

为了进一步拓展大运河文化的实践教学形式，高校还可以与文化旅游企业合作，共同开发以大运河文化为主题的研学旅行项目。这些项目可以将学习与旅游相结合，让学生在游览中感受大运河文化的魅力，在学习中体验旅游的乐趣。通过研学旅行项目，学生可以亲身体验大运河沿线的历史文化遗址、风景

名胜等，了解大运河的历史渊源、文化内涵和当代价值。同时，在旅行过程中，高校还可以组织学生进行专题研讨、文化交流等活动，进一步深化他们对大运河文化的理解和认识。通过这样的研学旅行项目，学生可以在轻松愉快的氛围中学习大运河文化，提升学生的文化素养和综合能力。

### （六）强化自媒体宣传，营造大运河文化学习的良好氛围

#### 1.自媒体平台构建是大运河文化传播的新窗口

自媒体时代，信息传播的速度与广度达到了前所未有的水平，高校应紧跟时代步伐，充分利用自媒体平台的优势，构建大运河文化传播的新窗口。通过建立微信公众号、微博账号等自媒体矩阵，高校可以形成一个多元化、立体化的宣传网络，定期发布关于大运河文化的深度文章、生动视频、精彩音频等，以丰富多样的形式展现大运河文化的独特魅力和深厚底蕴。这些自媒体平台不仅是信息发布的渠道，更是师生互动、生生互动的重要场所，能够吸引广大学生的关注和积极参与，使学生在轻松愉悦的氛围中接受大运河文化的熏陶。

#### 2.线上活动组织是激发学生兴趣与积极性的新途径

除了定期发布内容外，高校还可以利用自媒体平台组织各种线上活动，如大运河文化主题的知识竞赛、线上讨论会、征文比赛等，为学生提供一个展示自我、交流思想的舞台。这些活动不仅能够激发学生的学习兴趣和积极性，还能够培养他们的团队合作精神和创新能力。通过参与这些线上活动，学生可以更加深入地了解大运河文化的历史渊源、文化内涵和当代价值，从而增强对中华优秀传统文化的认同感和自豪感。同时，线上活动的广泛参与也能够形成一种全员关注、全员参与的大运河文化学习的良好氛围。

#### 3.打造大运河文化学习的生态环境

强化自媒体宣传的最终目的是要营造出一个全员关注、全员参与的大运河文化学习的良好氛围。为了实现这一目标，高校需要在自媒体平台上持续不断地进行内容创新和活动组织，同时也要注重文化氛围的营造和文化的沉浸式体验。例如，可以通过自媒体平台发布大运河文化相关的虚拟现实体验内容，让学生身临其境地感受大运河的壮丽景色和悠久历史；也可以邀请专家学者进行线上讲

座或访谈，为学生提供更加深入、专业的学术指导。通过这些措施的实施，高校可以逐步打造出一个充满活力、富有创意的大运河文化学习的生态环境。

## 第三节　地方红色文化融入高校思政课教学

### 一、自媒体时代地方红色文化融入高校思政课教学的一般理论

#### （一）地方红色文化概念的界定

学术界对于地方红色文化的内涵阐释各有侧重，主要围绕地方红色文化的物质形态、精神表现及其意义、与中国特色社会主义文化的关系展开。专门针对地方红色文化这一概念进行界定的则较少，因此研究空间较为广阔。张智和王芝华将红色文化进行了广义与狭义的精炼区分。他们认为，广义上，红色文化囊括了整个共产主义运动的历史进程中无产阶级创造的一切物质和精神文明，而以马克思主义为指导的蕴含中国特色的先进文化则是狭义的红色文化。赵月枝和沙垚则认为，在构建中国革命故事这棵参天大树的过程中，全国性的叙事是躯干，地方性的叙事是枝叶。不同的地方，不仅以各种方式参与和支持全国革命，与一个时期的中国革命中心构成众星拱月之势，而且以卓有成效的地方工作为中国革命在全国的胜利打下了广泛的群众基础。今天，在新时代弘扬红色文化，既要突出主干，也不能忽视枝叶。

#### （二）自媒体时代地方红色文化融入高校思政课教学的重要意义

**1. 自媒体愈加被学生关注，高校思政课教学迎来新要求**

技术的迅速进步推动了自媒体的发展，其及时性、信息丰富性、互动性和便捷性等特点正在深刻改变人们的学习方式和价值观念。这一变革对高校思政课教学提出了新的挑战。唐世刚全面分析了自媒体对思政课的积极和消极影响。他指出，尽管自媒体的开放性可以扩展教学的时间和空间，但同时也增加了教学与教材内容脱节的风险。其隐秘的互动方式虽然有其优点，但也可能为不良信息的侵入提供机会。自媒体的海量信息能更好地满足个性化教育需求，但也

可能导致传统课堂的逐渐衰落。尽管自媒体鼓励了学生的参与性，但也可能引发教育价值被教育工具所超越的隐患。因此，自媒体在思政课教学中的运用既带来机遇也带来挑战，需要谨慎评估其利弊，提高警觉，预防潜在问题。

自媒体的崛起也使得高校思政课教学的环境变得更为复杂，高校在意识形态领域的防守任务也更为艰巨。姬立玲分析了自媒体对学生产生的影响，她指出，在自媒体环境下，学生的思想更加独立、选择更多样、差异更明显。一些偏激和消极的信息对学生的思想和行为产生深远影响，有可能消磨部分学生对未来的期望，导致意志力减弱，产生消极心态，甚至对社会产生不满。因此，自媒体时代的高校思政课承载着培养学生品德的重要使命。将地方红色文化融入思政课教学中，可以预防学生的价值观偏离社会主义方向，帮助学生在信息爆炸的环境中保持清晰的判断力，避免迷失和颓废，为学生的健康成长提供坚实保障。

**2. 地方红色文化打开高校思政课教学新天地，发展前景广阔**

地方红色文化在高校思政课教学中扮演着重要角色，它能够潜移默化地影响并感染学生。随着时代的变化和社会的进步，对人的素质培养要求也在不断提高，需要塑造出具有时代特色和社会特征的人才。因此，高校思想政治工作的核心问题在于明确培养人才的方向以及如何实现人的全面发展。有学者指出，当前高校思想政治工作所面临的环境极为复杂，教育的主体、对象、内容和方法都发生了新的变化。仅仅依靠单一的思政课已经难以满足思想政治工作的实际需求，也无法实现立德树人的目标。为了深入挖掘和整合各类课程的思政教育资源，需要将思想政治教育贯穿于整个教育教学过程中，构建全员育人、全方位育人的大思政创新格局，这已成为当务之急。

通过将地方红色文化融入高校思政课，教师可以从多个角度向学生展示地方的独特红色文化底蕴，弘扬地方红色文化的使命，从而将红色基因传承下去，推动地方红色文化的可持续发展。这将成为激发青年大学生奋发进取的精神动力。因此，对自媒体、地方红色文化和高校思政课教学进行融合研究，系统整理和总结相关的教学理论和实践经验，具有重要的理论和现实意义。

### 3.弘扬红色精神，培育学生爱国情怀

地方红色文化作为中华民族宝贵的精神财富，不仅承载着丰富的爱国主义精神与革命传统，更是理解党的历史、国家奋斗历程及民族优秀传统文化的重要窗口。在高校思政课中引入这些内容，不仅有助于学生从历史的角度审视当下，更能从中汲取精神养分，形成正确的世界观、人生观和价值观。利用自媒体平台的优势进行红色文化宣传，不仅能够跨越时空限制，还能以更生动的形式呈现历史事件，使年轻一代在沉浸式体验中感受革命先辈的理想信念与牺牲奉献，进而激发起内心的爱国情怀与社会责任感。通过这种方式，不仅能够促进学生个人情感与国家命运紧密相连，还能够激励他们在实现中华民族伟大复兴的历史进程中，积极贡献自身的力量，将个人梦想与国家愿景相融合，共同谱写新时代的华章。

### 4.传承红色基因，增强学生文化自信

地方红色文化作为中华文化不可或缺的一部分，不仅体现了革命精神，更蕴含了深厚的民族文化基因。将其纳入高校思政课程，有助于学生深刻认识并继承这些红色基因，进一步强化文化自信。借助自媒体工具进行广泛传播，不仅可以让学生接触到更多元化的红色文化表达形式，更能加深他们对地方红色文化独特魅力的认识，理解其在当代社会中的价值所在。这一过程不仅提升了学生的文化素养，也为他们成为中华优秀传统文化的守护者与传播者奠定了基础。通过这种教育模式，学生们能够更加坚定地站在历史与文化的交汇点上，用实际行动传承与发展红色文化，使之成为推动社会进步与民族复兴的精神动力。

## 二、自媒体时代地方红色文化融入高校思政课教学存在问题的原因分析

### （一）自媒体技术尚不完善，无法满足教学需要

目前多数高校利用自媒体开展地方红色文化思政课还停留在简单的初级投影播放阶段，VR等高级技术应用较少，无法满足日趋多样化的教学需要，或

者教学实施的高阶需要无法被现有的自媒体技术手段满足，还停留在理想化的设想阶段。许多学校忽视自媒体教学设备的配置、维护和高科技教育基地建设。高校完善自媒体设施所需的相关资金、技术指导、专业技术人员等支持力度不够，教学可应用的器材少。自媒体时代地方红色文化教育融入高校思政课教学，迫切需要政府、高校、社会等各方携手，共同建设现代化的全方位数字教学服务系统。

地方红色文化发掘力度不够，师生认知匮乏，一些地方重视外在的物质文明发展，忽视了内在的精神文明发展，造成两者的失衡。当地的红色文化发展程度较低，未能形成鲜明特色，也没有挖掘红色文化中的宝贵且兼具实用性与时代性的精神内容，未能使大学生在体验当地红色文化的魅力过程中积极思考问题，增强民族意识，健全人格，提升坚守传承地方红色文化的信心。地方对红色文化的开发建设力度欠佳，加上师生本身不重视、不了解，过分关注学业成绩，加剧了他们对地方红色文化资源认知匮乏的情况。

### （二）教师知识水平和教学技能不足，学生素养亟待提高

教师自身缺少过硬的教学素养，地方红色文化知识贫乏，无力实施高质量教学。主要体现在：一是教师在运用自媒体把地方红色文化有机融入高校思政课的核心理念要点的认识上有偏差、误区，对该工作体系的整体把握不精准、不深入；二是在执行课堂教学活动的能力、掌控课堂节奏、处理突发性即时生成问题方面也存在不足，无法创设知识性、启发性与探索性兼容的多元课堂。还有一些大学生对地方红色文化也缺少充足的知识储备和深入探究的兴趣。求知欲低，思维能力、想象能力、创新能力不足，不善质疑、不愿解疑，不与教师同学互动共进，缺乏自我教育能力。

### （三）高校思政课教学形式传统单调，内容单薄，融合生硬

一些高校的地方红色文化教育，沿用简单化、模式化的教学方式。该陈旧僵化的教学方法，无法以学生喜闻乐见的形式转变为学生学习的兴趣，导致大学生对地方红色文化认同感不高。此外，当前高校对大学生的红色文化教育，还存在随意度高的问题，既没有科学合理的上层统筹规划，也没有分阶段、分

层级的具体规划，无法把当地红色文化内容转变为课堂教学内容，内容单纯重叠，从而导致了学习者在实际教育中常常缺乏兴趣，不能主动投入，对红色文化教育厌倦逆反。

### 三、自媒体时代地方红色文化融入高校思政课教学的策略

#### （一）构建自媒体平台矩阵，打造红色文化传播新渠道

在自媒体时代，高校应积极构建包括微博、微信公众号、短视频平台在内的自媒体矩阵，这一矩阵应专注于地方红色文化的传播，旨在将红色文化的独特魅力生动展现给学生。通过精心策划和定期发布，高校可以推送一系列丰富多样的内容，如红色故事、历史回顾、人物访谈等，这些内容不仅涵盖了地方红色文化的深厚底蕴，还以其独特的形式和视角吸引着学生的关注。微信公众号能够依托其深度阅读和精准推送的功能，为学生提供更为系统、深入的红色文化知识，引导他们进行深入思考和探讨；而短视频平台，则以其生动、直观的表现形式，将红色文化以更加活泼、有趣的方式呈现给学生，从而增强红色文化的吸引力和感染力。同时，高校还应充分利用自媒体平台的互动功能，鼓励学生积极参与并分享自己的见解和感受。通过设置话题讨论、在线问答、评论区互动等环节，学生可以更加深入地参与到红色文化的学习中来，形成线上线下相结合的红色文化学习氛围。这种氛围不仅有助于提升学生对红色文化的认知和理解，还能够激发他们的爱国情感和历史责任感，使他们在学习中不断成长和进步。此外，高校还可以通过自媒体矩阵举办一系列线上线下的红色文化活动，如红色故事征集、红色文化创意大赛等，进一步丰富学生的学习体验。

#### （二）开发特色课程与资源，丰富红色文化教学内容

结合地方红色文化资源，高校在思政教育课程的开发上应当注重融入地域特色，打造出具有独特魅力的思政课程体系。例如，可以开设地方革命史、红色文化赏析等课程，将地域文化与思政教育有机结合，使学生在学习过程中既能了解地方历史，又能接受到深刻的思政教育。为了实现这一目标，高校应当

积极引入地方红色故事，将这些故事作为课程内容的重要组成部分，通过生动讲述使学生感受到革命先烈的英勇事迹和崇高精神。同时，组织学生进行遗址参观、纪念馆实践等活动，让他们亲身感受到红色文化的厚重与魅力，从而更加深刻地理解思政教育的内涵。除了传统的课堂教学，高校还应充分利用自媒体平台，整合优质红色文化资源，为学生提供更加丰富多样的学习材料。例如，可以制作电子教材、微课视频等，将红色文化资源以数字化、网络化的形式呈现给学生，使他们在任何时间、任何地点都能进行自主学习。这些学习材料不仅可以包含文字、图片等静态内容，还可以融入音频、视频等动态元素，使课程内容更加生动具体，激发学生的学习兴趣和积极性。

**（三）实施教育者培训计划，提升自媒体运用能力**

教育者作为红色文化传播的关键力量，其自媒体运用能力的高低直接影响着红色文化教学效果的好坏。为了提升教育者在自媒体环境下的教学效能，高校应当积极组织定期的培训计划，重点聚焦于增强教育者在自媒体平台操作、内容创作以及互动管理等多个方面的专业技能。在自媒体平台操作方面，培训应涵盖如何高效管理自媒体账号、精准定位受众群体、优化内容发布策略等核心技能。教育者需要学会如何运用自媒体平台的数据分析工具，以便更准确地了解学生的学习需求和兴趣点，从而有针对性地调整教学内容和方式。在内容创作上，培训应鼓励教育者创新红色文化的呈现方式，如通过图文结合、短视频、直播等多种形式，将红色文化以更加生动、有趣的方式传达给学生。同时，教育者还应注重内容的原创性和深度，避免简单重复和表面化传播。互动管理也是培训中不可忽视的一环，对此，教育者需要掌握如何有效管理自媒体平台上的用户互动，包括及时回复学生评论、引导学生参与话题讨论、处理网络舆情等。通过积极的互动管理，教育者可以建立起与学生之间的良好沟通桥梁，进一步增强红色文化教学的吸引力和实效性。为了实现这些目标，高校可以邀请具有丰富自媒体运营经验的专业人士进行授课，通过案例分享、实操演练等多样化的教学方式，帮助教育者快速掌握自媒体运用的核心技能。同时，高校还可以建立起一个教育者之间的自媒体交流平台，鼓励大家分享经验、互相学习，共同推动红色文化在自媒体时代下的有效传播。

### （四）强化实践教学与体验，深化红色文化教育效果

实践教学是深化红色文化教育效果的重要途径，对于增强学生的红色文化认知和情感认同具有不可替代的作用。高校应当积极组织学生前往地方红色遗址、纪念馆等具有历史意义的地点进行实地考察，通过亲身体验的方式，让学生亲身感受红色文化的厚重与伟大。在这样的实践活动中，学生可以目睹革命先烈的英勇事迹和革命遗址的历史沧桑，从而更加深刻地理解红色文化的内涵和价值。同时，为了进一步扩大红色文化教育的影响力，高校还可以结合自媒体平台开展线上互动活动。例如，可以组织红色知识竞赛，通过在线答题的形式，让学生在轻松愉快的氛围中学习红色文化知识，提高他们的学习兴趣和积极性。此外，还可以利用在线直播技术，带领学生远程参观红色遗址或纪念馆，让无法亲临现场的学生也能感受到红色文化的独特魅力。除了实地考察和线上互动，高校还应鼓励学生积极参与红色志愿服务活动。通过参与志愿服务，学生可以将红色文化精神内化于心、外化于行，将所学理论知识转化为实际行动。例如，学生可以参与红色景区的导览服务、红色文化的宣传推广等活动，用自己的实际行动传承和弘扬红色文化精神。

# 第八章

## 自媒体时代高校思想政治教育的创新优化

CHAPTER 8

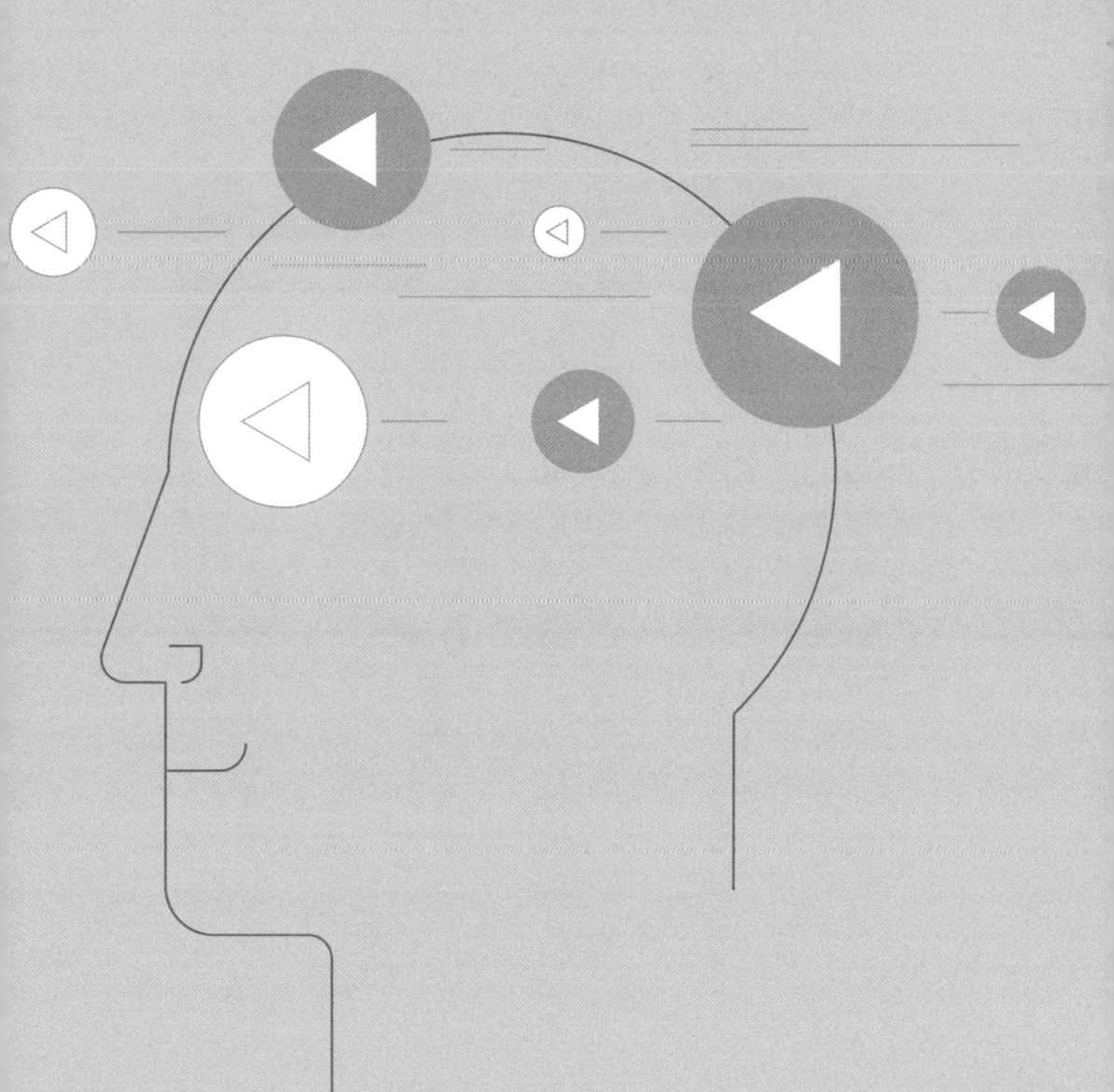

## 第一节　创新高校思想政治教育的理论依据

### 一、教育学与心理学依据

#### （一）教育学关于教育创新的理论

在教育实践的广阔舞台上，创新不仅仅局限于教学方法和手段的革新，更深刻地体现在教育理念和目标的与时俱进上。对于肩负着塑造青年一代思想重任的高校思想政治教育而言，教育创新理论犹如一盏明灯，指引着教育者不断探索适应新时代要求的教育模式和策略，以积极响应学生日益增长的多样化、个性化需求。在这一探索过程中，互动式、体验式等教学方法的引入，成为打破传统课堂沉闷氛围、激发学生主动学习热情的关键。这些方法鼓励学生积极参与、主动思考，通过师生间、生生间的多维互动，促进知识的深度加工与内化，使思想政治教育不再是单向灌输，而是双向乃至多向的思想碰撞与共鸣。同时，现代信息技术手段的运用，为高校思想政治教育创新提供了无限可能。数字化教学资源、网络课程平台、虚拟现实技术等，不仅极大地丰富了教学手段，还拓宽了教学时空，使得学习不再受限于固定的教室和时间，而是可以随时随地进行，增强了教学的灵活性与便捷性。更重要的是，这些技术手段能够创设更加生动、直观的学习情境，让学生在近乎真实的环境中体验、感悟，从而深刻理解和认同社会主义核心价值观，有效提升了教学效果。

#### （二）心理学关于学习动机、认知发展、社会化的理论

在高校思想政治教育的广阔舞台上，洞悉并精准把握学生的学习动机，进而激活其内在的学习兴趣，无疑成为提升教育实效性的关键所在。这一洞察促使教育者不仅仅满足于知识的传授，更致力于探索如何触动学生心灵、点燃他们对知识的渴望与追求。与此同时，认知发展理论如同一盏明灯，照亮了教育实践的道路，它明确指出个体在生命的不同阶段会展现出各异的认知特征与能

力水平。这一理论要求教育者在设计与实施教学活动时,必须将学生当前的认知发展阶段视为不可或缺的考量因素,灵活选用与之相匹配的教学策略,旨在有效促进学生的认知结构不断向更高层次迈进。进一步的,社会化理论则将目光聚焦于个体如何在纷繁复杂的社会环境中逐步塑造并发展其社会属性与个性特征。在高校思想政治教育的宏大叙事中,这不仅仅意味着要传授知识,更蕴含了培养学生深厚社会责任感与强烈公民意识的深远使命。教育者需精心营造富含社会责任感培育与公民意识启蒙的教育环境,让学生在日常学习与生活的点滴中,潜移默化地学会担当,学会如何在个人成长与社会进步之间架起桥梁,最终成长为能够适应并引领社会发展潮流的优秀人才。

### (三)积极心理学在学生思想政治教育中的应用

积极心理学作为一门关注人类积极品质和力量的学科,其核心理念在于探索并运用这些积极因素以促进个人的全面成长与发展。在高校思想政治教育的广阔天地里,积极心理学的融入无疑为学生们提供了一种全新的、积极向上的视角,助力他们更加从容地应对学习与生活中的种种挑战。这一学科鼓励学生培养乐观的心态,学会在逆境中寻找成长的机会,将每一次的挑战视为自我提升的宝贵契机。通过积极心理学的引导,使学生逐步建立起坚实的自我效能感,相信自己拥有克服困难的能力和智慧,这种内在的信念将成为他们不断前行的强大动力。此外,积极心理学还着重于构建积极的人际关系,强调在人与人的相互支持与理解中共同成长。良好的人际关系不仅能够为学生提供情感上的慰藉,还能在他们面临困境时提供实际的帮助与指导,从而进一步增强其心理韧性,提升面对生活挫折的应对能力。对于教育者而言,积极心理学的应用如同一扇窗,帮助他们更深入地窥见学生的内心世界,理解他们的真实想法与需求。这种理解力的提升,使得教育者能够制定出更加贴近学生实际、更具人文关怀的教育策略与方法,使思想政治教育不再是简单的知识传授,而是心灵的交流与共鸣。

## 二、社会学与文化学依据

### （一）社会学关于社会变迁、文化适应与传承的理论

社会学视野下的社会变迁理论，深刻揭示了社会结构、功能及文化等层面所经历的动态变化与持续演进过程。这一理论为高校思想政治教育提供了重要的理论指导，要求教育者必须敏锐洞察社会发展的潮流与趋势，不断对教育内容与方法进行适时调整与优化，以确保教育能够紧密贴合社会发展的需要，有效回应时代提出的挑战与要求。与此同时，文化适应与传承理论则为我们揭示了个体在社会化进程中如何与本民族文化达成和谐共生，并在传承中寻求创新与发展的内在机理。在高校思想政治教育的广阔舞台上，这一理论赋予了教育者新的使命与责任，即不仅要注重培养学生的文化素养，更要着力激发他们的文化自觉与文化自信。这意味着，教育过程需精心设计，以引导学生深刻认识并珍视本民族文化的独特价值与优越性，使他们在全球化的多元文化环境中，能够坚定地保持自身的文化根基，同时以开放包容的心态，积极借鉴与吸收其他文化的精髓与优秀元素，实现文化的交流互鉴与共同繁荣。

### （二）文化学关于文化多样性、文化自信的理论

文化学的研究深刻揭示了文化多样性作为人类社会基本特征的内在价值，它如同一面多棱镜，映射出人类文明的丰富面貌与独特魅力。在高校思想政治教育的广阔舞台上，尊重并保护这一文化多样性，不仅是促进学生个体全面发展的重要基石，更是构建和谐、包容校园文化氛围的关键所在。教育者承担着引领学生探索不同文化独特价值的重任，他们需精心设计教学内容与方法，鼓励学生以开放的心态去欣赏和认知各种文化的异彩纷呈，从而在学生心中播下跨文化交流与理解的种子，培养其成为具有全球视野和本土情怀的新时代青年。与此同时，文化自信作为民族与国家发展的精神基石，其重要性不言而喻。它是一种深沉而持久的力量，根植于历史的深厚土壤，又在时代的风雨中茁壮成长。在高校思想政治教育的宏大叙事中，培养学生的文化自信不仅是传承与创新的需要，更是实现中华民族伟大复兴中国梦的必然要求。这要求教育者不仅要深入挖掘中华优秀传统文化的精髓，通过经典诵读、文化体验等形式，让学

生亲身体验传统文化的魅力，增强其对本土文化的认同感与自豪感；同时，还需以开放的姿态积极吸收和借鉴世界文明的优秀成果，引导学生在比较与借鉴中更加坚定文化自信，学会在国际交流的舞台上讲好中国故事，传播好中国声音。

### （三）全球化背景下的跨文化交流与理解

全球化不仅极大地促进了经济、政治等诸多领域的广泛交流与合作，还深刻地推动了不同文化之间的交流与融合，为世界文化的多样性增添了新的色彩。然而，伴随着文化的交流与碰撞，文化差异与冲突也日益显现，成为全球化进程中不可忽视的挑战。因此，高校思想政治教育承载着新的历史使命，教育者需将培养学生的跨文化交流能力视为核心任务之一。这意味着，学生不仅应掌握扎实的语言技能，更应具备在不同文化背景下进行有效沟通和合作的能力，能够跨越文化的界限，理解并尊重他人的观点与习俗，从而达成真正的交流与共识。同时，教育者还需肩负起引导学生深刻理解并尊重不同文化差异与多样性的重任。这要求教育过程不仅要传授知识，更要培养学生的全球意识与国际视野，使他们能够站在一个更宽广的视角去审视和理解世界的多元性。通过教育，学生应学会欣赏各种文化的独特魅力，认识到每一种文化都是人类文明宝库中的瑰宝，都值得我们去了解、去尊重、去保护。

最终，这样的教育旨在培养出能够适应全球化时代发展需求的新型人才。他们不仅具备扎实的专业素养和跨文化交流能力，还拥有开阔的国际视野和深厚的全球意识，能够在全球化的舞台上自信地展现自己的才华，同时也能够为推动世界的和平与发展贡献自己的力量。

## 三、信息技术与网络传播理论

### （一）信息技术在教育中的应用与发展

信息技术的发展如同一股强劲的东风，为教育创新提供了前所未有的技术支持，尤其在高校思想政治教育领域，其影响深远且显著。这一技术的融入，不仅深刻地改变了传统的教学方式和手段，更为教育开辟了广阔的新天地，使得教育的空间与时间得以极大拓展。多媒体教学、网络教学等新型教学方式雨后春笋般涌现，它们以更加生动、形象的方式展示教学内容，将抽象的理论知识转化为具体可感的视觉、听觉体验，从而极大地提高了学生的学习兴趣和积极性。在这样的教学环境下，学生不再是被动接受知识的容器，而是成为主动探索知识的主体，他们的思维被激活，想象力得以释放，学习效果显著提升。同时，信息技术的发展也为教育者打开了一座宝库，提供了丰富多样的教学资源和教学工具。教育者可以轻松获取到最新的学术研究成果、权威的教学资料，以及各类先进的教学软件和应用，这些都为教学内容的更新与丰富提供了便利。借助这些资源和工具，教育者能够设计出更加贴近学生实际、更具吸引力的教学方案，实现教学方法的创新与多样化。无论是制作精美的电子课件，还是开展线上互动讨论，信息技术都为提升教学质量和效果提供了强有力的支撑。

### （二）网络传播理论及其对思想政治教育的影响

网络传播理论，作为探究信息在网络空间中传播规律及其深远影响的重要理论框架，为高校思想政治教育提供了全新的视角与工具。在这一理论的指导下，教育者能够更为精准地把握网络舆论的脉动与趋势，如同航海者紧握罗盘，引领学生在纷繁复杂的网络信息海洋中，明确方向，树立正确的价值观与舆论导向。这不仅要求教育者具备敏锐的洞察力，能够迅速识别网络舆论的热点与焦点，更需要他们拥有高超的引导技巧，巧妙地将正面价值观融入网络讨论之中，使学生在潜移默化中受到积极影响。同时，网络传播理论如同一把钥匙，为教育者打开了理解学生在网络空间的行为特征与心理需求的大门。通过分析学生的网络行为模式，教育者可以洞察到他们内心的真实想法与情感波动，这为制定更加贴近学生实际、更具针对性的教育策略与方法提供了宝贵的依据。教育者可以依据这些分析，设计出既符合学生兴趣又富有教育意义的网络活动与内容，使思想政治教育更加生动有趣，易于被学生接受与内化。

进一步而言，网络传播理论的应用，使得高校思想政治教育能够在维护校园网络空间清朗方面发挥更大作用。教育者可以利用这一理论，有效识别并抵御网络上的不良信息与负面言论，为学生营造一个健康、积极、向上的网络环境。同时，通过引导学生参与网络空间的正面建设，如开展网络文明倡议、线上志愿服务等活动，教育者可以帮助学生树立正确的网络公民意识，共同守护校园网络的蓝天。

### （三）大数据、人工智能等新技术在思政教育中的应用潜力

大数据技术的运用，如同一位无形的洞察者，使教育者能够以前所未有的全面性和深度，洞悉学生的思想动态与行为特征。这一技术不仅提供了海量数据的收集与分析能力，更为制订个性化教育方案奠定了坚实的数据基础。教育者可以依据数据反馈，精准识别学生的不同需求与特点，从而量身定制教育内容与方法，确保每位学生都能得到最适合自己的指导与帮助。与此同时，人工智能技术的融入，则为高校思想政治教育插上了智能化的翅膀。通过智能算法与机器学习，教育者可以实现更为高效、精准的教学辅导，使教育过程更加符合学生的学习习惯与节奏。这种智能化的教学方式，不仅能够显著提升教育的针对性与实效性，还能够在很大程度上减轻教育者的工作负担，让他们有更多时间与精力去关注学生的个性化成长与发展。

更为重要的是，这些新技术的应用，为高校思想政治教育开辟了一个充满无限可能与创新的空间。教育者可以不断探索如何将大数据与人工智能技术与传统教育理念相结合，创造出更多元、更生动、更具吸引力的教育模式。例如：通过虚拟现实技术模拟历史场景，让学生身临其境地感受历史的厚重与文化的魅力；或是利用智能推荐系统，为学生推送最符合其兴趣与需求的学习资源。

## 第二节 自媒体时代高校思想政治教育创新的原则

### 一、教育目标与内容创新的统一性原则

#### （一）教育目标的隐蔽性

在自媒体时代，高校思想政治教育的目标设定应当更加精细与巧妙，具有一定的隐蔽性。这是因为，直接显露的教育意图往往容易引发学生的抵触情绪，使

得教育效果大打折扣。相反，以潜移默化的方式，将教育目标融入学生的日常生活中，使他们在不经意间接受并内化社会主义核心价值观，可以更好地达到教育的目的。这种隐蔽性的教育目标，不仅避免了学生的反感，还能让他们在日常生活中自然而然地形成正确的世界观、人生观和价值观。例如，通过自媒体平台分享一些正能量的故事、人物或者事件，让学生在阅读、分享和讨论的过程中，不知不觉地受到社会主义核心价值观的熏陶。这种方式既增强了教育的吸引力，又提高了教育的感染力，使得学生在轻松愉快的氛围中接受教育，从而大大提高了教育的实效性。因此，在自媒体时代，高校应当充分利用这一特点，创新思想政治教育的方式方法，以实现更加高效、深入的教育效果。

### （二）教育内容的渗透性

教育内容的渗透性，其核心在于将思想政治教育的内容巧妙地融入学生的日常学习和生活中，使学生在无形之中受到教育和影响。这一特性强调了教育内容与学生实际生活的紧密联系，要求教育者具备敏锐的洞察力和创新思维，能够深入挖掘和利用自媒体平台中丰富的教育资源。在实际操作中，教育者应将思想政治教育与学生的学习、生活、娱乐等多个方面相结合，通过设计贴近学生实际、富有吸引力的教育活动，使学生在轻松愉快的氛围中自然而然地接受教育。例如，可以利用自媒体平台开展线上主题讨论、分享会等活动，让学生在参与中思考和探讨社会主义核心价值观的内涵和实践要求。这种方式不仅增强了教育的趣味性，也提高了教育的针对性和实效性。通过教育内容的渗透性，思想政治教育不再仅仅是课堂上的知识传授，而是成为学生日常生活的一部分，真正实现了教育的润物细无声，让学生在潜移默化中成长为具有正确世界观、人生观和价值观的新时代青年。

## 二、教育手段与过程特性的统一性原则

### （一）坚持教育手段的非强制性

在自媒体时代，高校思想政治教育的手段需要适应时代的变化，避免采取强制性的方式，要充分尊重学生的个性和选择。这种转变意味着教育者需要采

用更加灵活和多元的教育手段，如引导、启发、激励等，以激发学生的学习兴趣和主动性。通过这些方式，学生能够在自愿的基础上接受并参与思想政治教育，而不是感到被迫或压抑。非强制性的教育手段有助于营造一个宽松、自由的学习氛围，这样的环境更有利于学生的全面发展和个性成长。当学生感受到自己的选择和个性被尊重时，他们会更愿意开放心扉，积极思考和探索思想政治教育的内涵和价值。同时，非强制性的教育手段也能够增强教育的吸引力和感染力，使思想政治教育更加贴近学生的实际需求和生活体验。这种方式的采用，不仅能够提高教育的实效性，还能够促进学生在思想和行为上的积极变化，培养他们成为具有独立思考能力和社会责任感的新时代好青年。

### （二）坚持教育过程的长期性

高校思想政治教育是一个长期且复杂的过程，它要求教育者持之以恒、循序渐进地开展工作。在这个过程中，教育者需要具备足够的耐心和毅力，因为学生的思想和价值观的形成不是一蹴而就的，而是需要时间的积累和沉淀。教育者需要密切关注学生的思想动态和成长过程，及时给予他们必要的指导和帮助，引导他们正确面对生活中的挑战和困惑。同时，为了确保学生在不同阶段都能够受到系统的思想政治教育，教育者还应注重教育的连续性和稳定性。这意味着教育者需要制订长期的教育计划，确保教育内容的连贯性和递进性，使学生在不同学习阶段都能够得到相应的思想政治教育。通过这样的长期性教育，学生不仅能够逐渐形成稳定的价值观和行为习惯，还能够在思想政治素质和综合素养方面得到全面提升。因此，高校思想政治教育需要教育者以持久的耐心和坚定的决心，陪伴学生走过成长的每一个阶段，为他们的全面发展奠定坚实的基础。

## 三、教育方式与载体选择的统一性原则

### （一）坚持教育方式的差异化

在自媒体时代，高校思想政治教育的对象展现出了多样性和差异性的特点，这无疑对教育方式提出了新的要求。面对这一挑战，教育方式必须注重差异化，

以适应不同学生的独特需求。教育者需要深入了解每位学生的特点、需求和兴趣，这是实现差异化教育的关键。在此基础上，教育者应灵活选择和设计教育方式，确保每位学生都能在个性化的教育环境中获得成长。差异化的教育方式多种多样：可以进行生动的课堂讲授，引导学生主动思考；也可以组织小组讨论，让学生在交流中碰撞思想；还可以进行案例分析，让学生在实际情境中学习解决问题；更可以安排实践体验，让学生在亲身体验中深化对理论的理解。这些方式旨在激发学生的学习兴趣和主动性，使他们在愉快的学习氛围中探索思想政治教育的内涵。通过差异化的教育方式，教育者能够更准确地把握每位学生的成长轨迹，提供更有针对性的指导。这不仅提高了教育的实效性，也为学生的全面发展和个性成长奠定了坚实的基础。

### （二）坚持载体选择的实用性

自媒体平台作为高校思想政治教育的重要载体，其选择与应用应当充分注重实用性。教育者需要深入考虑教育目标和内容，精心选择那些与学生日常生活紧密相连、具有广泛影响力的自媒体平台作为教育载体，如微信公众号、微博、抖音等。这些平台以其独特的传播方式和广泛的用户基础，为思想政治教育提供了全新的舞台。同时，教育者还应当密切关注自媒体平台的发展动态和趋势，及时了解和掌握新兴平台的特点和优势。随着技术的不断进步和市场的不断变化，新的自媒体平台不断涌现，教育者需要保持敏锐的洞察力，及时更新和调整教育载体，以确保教育的时效性和有效性。通过选择实用的自媒体载体，教育者能够更有效地吸引学生的关注和参与，使思想政治教育更加贴近学生的实际生活，从而促进学生深入思考和探索思想政治教育的内涵和价值。这样的教育方式不仅能够提高学生的思想政治素质，还能够培养他们的社会责任感和公民意识，为社会的和谐发展贡献力量。

## 四、以学生为本的核心原则

### （一）强调学生的主体地位

在高校思想政治教育中，学生始终是教育的核心与主体，这一原则强调了教育者在教育过程中应充分尊重学生的主体性，认识到学生不是被动接受知识的容器，而是具有主观能动性的个体。因此，教育者需要积极鼓励学生主动参与到教育过程中，引导他们从被动接受转变为主动探索，成为自我教育的主体。为了实现这一目标，教育者需要深入了解每位学生的兴趣、爱好、需求以及个性特点，这是设计和实施教育活动的基础。教育者应确保教育内容与学生的实际生活紧密相连，而不是脱离实际的空洞说教。通过与学生生活息息相关的教育内容，教育者可以更有效地激发学生的学习兴趣和动力，使他们在学习过程中感受到知识的价值和意义。这样的教育方式不仅能够提升学生的思想政治素质，还能够培养他们的自主学习能力、批判性思维和创新能力，为他们未来的全面发展奠定坚实的基础。因此，尊重学生的主体地位，关注他们的个体差异和需求，是高校思想政治教育不可或缺的重要原则。

**（二）注重学生的实际需求和发展**

高校思想政治教育应当紧密围绕学生的实际需求和发展来展开，将学生的全面发展视为教育的终极目标。这要求教育者必须深入学生群体，细致了解他们的思想状况、学习需求、生活中遇到的困扰以及他们对于未来发展的规划与憧憬。通过这样全面的了解，教育者能够更准确地把握学生的脉搏，为他们提供有针对性、有实效性的指导和帮助。不仅如此，教育者还应当时刻关注学生的心理健康和成长过程，这是实现学生全面发展的关键一环。在思想政治教育的过程中，学生可能会遇到各种心理困惑和挑战，教育者需要及时察觉并提供必要的心理辅导和支持，帮助他们化解压力、树立自信。通过这样全方位的教育关怀，教育者可以确保学生在接受思想政治教育的过程中，不仅能够获得知识上的提升，更能够在身心两方面实现全面发展和健康成长。这样的教育方式才能真正培养出既有深厚思想政治素养，又具备良好心理素质和全面发展能力的新时代好青年。

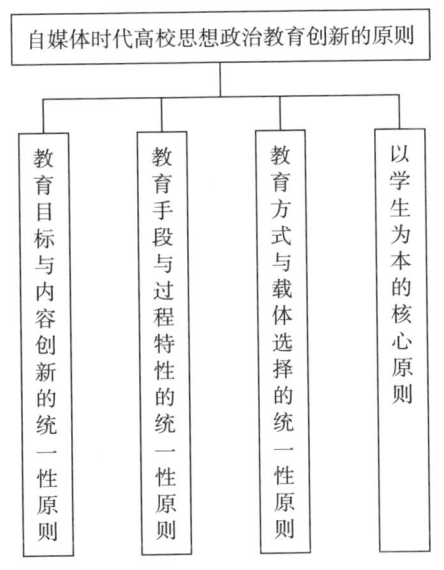

图8-1　自媒体时代高校思想政治教育创新的原则

# 第三节　构建自媒体时代的思想政治理论课教学考评体系

## 一、自媒体时代思想政治理论课教学考评体系构建的必要性

### （一）适应自媒体环境，优化考评机制，提升教学实效性

自媒体时代，信息传播方式发生了深刻变革，高校思想政治理论课教学也面临着新的挑战和机遇。传统的考评体系往往侧重于对学生知识掌握程度的考核，而在自媒体环境下，学生的思想观念、价值取向等更容易受到外界信息的影响。因此，构建适应自媒体时代的思想政治理论课教学考评体系显得尤为重要。这一体系的构建，需要充分考虑自媒体环境的特性，如信息的即时性、互动性、多样性等，将这些特性融入考评机制中，从而实现对学生思想动态、价值观念变化的准确跟踪与科学评估。通过这样的考评体系，教师可以更加全面地了解学生的学习情况和思想状况，及时调整教学策略，提升教学的针对性和

实效性。

### （二）强化教学互动，促进师生交流，实现教学相长

自媒体平台的交互性特点为思想政治理论课教学提供了新的机遇。构建自媒体时代的教学考评体系，可以充分利用这一特点，强化师生之间的教学互动。通过线上讨论、问答、投票等活动，引导学生积极参与教学过程，表达自己的观点和看法。这样的考评体系不仅有助于激发学生的学习兴趣和积极性，还能让教师在与学生的交流中了解他们的需求和困惑，从而及时调整教学策略和内容。同时，学生也可以通过自媒体平台向教师反馈学习情况，提出问题和建议，实现师生之间的有效沟通。这样的教学考评体系有助于促进教学相长，提升教学质量和效果。

### （三）实现多元化评价，关注学生全面发展，培养综合素质

传统的思想政治理论课教学考评体系往往以考试成绩为主要评价标准，这种单一的评价方式已经无法满足自媒体时代的需求。构建自媒体时代的教学考评体系，应注重实现多元化评价。除了关注学生的知识掌握情况外，还应重视他们的学习态度、参与程度、实践能力以及创新思维等方面的评价。通过自媒体平台的数据分析功能，可以更全面地了解学生的学习情况和思想状况，为多元化评价提供有力支撑。同时，多元化的评价方式也能更好地反映学生的综合素质和能力，从而引导他们注重全面发展。这样的教学考评体系有助于培养学生的综合素质和能力，提升他们的社会适应力和竞争力，更好地适应自媒体时代的发展需求。此外，多元化评价还能激发学生的学习兴趣和动力，让他们更加积极地参与到教学过程中来，形成良性循环的教学氛围。

## 二、自媒体时代思想政治理论课教学考评体系存在的主要问题

### （一）考评标准滞后于时代需求

当前，思想政治理论课的教学考评标准面临着一系列挑战，其中一个显著问题就是过于侧重理论知识的记忆与理解，而忽视了对学生实际问题解决能力、创新思维及道德素养的综合评估。这种偏向不仅限制了对学生全面能力的考查，

也难以适应自媒体时代下信息快速传播和多元化思想对学生价值观的冲击。在自媒体时代，学生置身于一个信息爆炸的环境中，各种思想、观点交织碰撞，对他们的政治方向和道德判断构成了严峻考验。因此，思想政治理论课的教学考评体系需要与时俱进，更加注重考查学生在这种复杂多变的信息环境中如何保持清醒的头脑，坚守正确的政治立场和道德底线。然而，遗憾的是，现有的考评标准往往滞后于这一时代需求，仍然过于强调对理论知识的掌握程度，而对于学生如何运用所学知识解决实际问题、如何在实践中展现创新思维和道德素养等方面的考查则显得相对薄弱。这种滞后性不仅导致了考评结果难以全面反映学生的真实水平和能力，也在一定程度上削弱了思想政治理论课的教学效果。因为学生可能会误以为只要死记硬背一些理论知识就能获得好成绩，而忽视了培养自己分析问题、解决问题的能力和提升道德素养的重要性。长此以往，将不利于学生全面发展成为具备高度政治觉悟、良好道德素养和较强实践能力的优秀人才。

### （二）考评方式单一，缺乏多样性

传统的教学考评方式多以笔试为主，这种单一的考评方式在衡量学生在思想政治理论课学习过程中的综合表现时显得力不从心。笔试虽然能够考查学生对理论知识的掌握程度，但难以全面反映学生在思政课程学习中的实际表现和能力发展。自媒体时代的到来为教学考评提供了更多元化的可能性，如在线讨论、案例分析、社会实践等，这些新的考评方式能够更全面地评估学生的综合素质和能力。然而，当前许多高校在考评体系上仍然过于依赖笔试成绩，忽视了对学生实践能力、团队协作能力、创新能力等综合素质的考查。这种单一的考评方式不仅限制了学生的全面发展，也影响了思想政治理论课教学的实效性。笔试成绩只是学生学习表现的一部分，它无法体现学生在实际问题解决、团队合作、创新思维等方面的能力。

### （三）考评过程缺乏互动性与反馈机制

当前的教学考评过程往往未能充分利用自媒体的优势，缺乏足够的互动性与反馈机制，这一现状导致教师难以及时、全面地了解学生的学习动态和存在的困惑，无法为他们提供有针对性的指导和建议。同时，学生也因此在遇到问题时无法得到及时的帮助和解答，这不仅影响了他们的学习效果，也降低了他们对思想政治理论课的学习兴趣和积极性。缺乏互动性的考评过程使得教学成为一种单向的知识传授，而非双向的知识交流与思想碰撞。在这种模式下，教师难以准确掌握学生对知识点的理解程度和应用能力，也无法根据学生的反馈及时调整教学策略和方法。而学生则可能因为无法得到及时的指导和反馈而感到迷茫和挫败，从而逐渐失去对学习的热情和动力。

### （四）考评结果运用不充分影响激励效果

在自媒体时代下，考评结果运用的重要性愈发凸显，然而部分高校在考评结果的运用上仍存在不足之处。一方面，考评结果往往仅被作为评优评先的依据，其潜在的指导和支持学生个性化发展的价值被忽视。这种单一的运用方式不仅限制了考评结果的多维效用，也未能充分满足学生个性化成长的需求。每个学生都有其独特的优势和潜力，而考评结果应当成为发掘和培养这些优势和潜力的重要参考。另一方面，考评结果的反馈机制也存在不足。部分高校在考评后未能及时、具体地向学生反馈其表现，这使得学生难以明确自身的优势与不足，从而影响了激励效果的提升。及时的反馈是学生调整学习策略、提升自我认知的重要途径，而缺乏具体反馈的考评结果则如同隔靴搔痒，无法真正触动学生的内心，也难以激发其改进和提升的动力。

## 三、自媒体时代完善思想政治理论课教学考评体系的思路

### （一）强化数据驱动，精准评估学情

在自媒体时代这一背景下，完善思想政治理论课的考评体系，其核心在于强化数据驱动的理念与实践。具体而言，这意味着要充分利用大数据技术，全面收集并分析学生在各类自媒体平台上的学习行为数据，包括但不限于观看教学视频的时长、参与线上讨论的频次、分享及转发教学内容的次数等。通过这些细致入微的数据，教育者可以精准地把握学生的学习动态与兴趣偏好，从而获得对学生学习状态更为全面而深入的理解。

这些数据不仅仅是冰冷的数字，它们背后蕴含着丰富的信息，直接反映了学生的学习投入度与参与度，为个性化教学方案的制订提供了坚实的科学依据。教育者可以根据这些数据，识别出学生在学习过程中的强项与弱点，进而量身定制适合每个学生的教学策略，确保教学内容与方法的针对性和有效性。

进一步而言，通过构建学生学情数据库，教育者能够实现对学生学习效果的实时监测与动态评估。这一数据库如同一面明镜，清晰映照出学生学习进展的每一步，使得考评体系更加客观、准确，减少了传统考评方式中可能存在的主观偏见和片面性。同时，实时的监测与反馈机制也鼓励学生积极参与学习过程，及时调整学习策略，形成良性循环，不断提升自我。

（二）注重过程评价，促进全面发展

自媒体时代的教学考评体系构建，其核心在于转变传统单一的结果导向评价模式，更加注重过程评价的重要性。对于思想政治理论课而言，这一转变尤为关键。课程的目标不仅仅是传授理论知识，更重要的是引导学生在学习过程中经历思想的蜕变、价值观的塑造以及实践能力的提升。因此，教学考评应当成为一个全面、多维度的评价体系，能够真实反映学生在学习过程中的成长与变化。

为了实现这一目标，需要引入多样化的教学形式，如项目式学习、案例分析和在线研讨等。这些形式能够鼓励学生积极参与、主动探索，并为他们提供一个展示自己思考与见解的平台。在项目式学习中，学生可以通过团队合作，将理论知识应用于实际问题解决中，从而锻炼他们的实践能力和团队协作能力。案例分析则能够让学生深入分析现实问题，培养他们的批判性思维和解决问题的能力。而在线研讨则为学生提供了一个自由表达观点、与他人交流思想的空间，有助于促进他们思想的成熟和价值观的形成。考评体系应当涵盖学生在这些学习形式中的表现，包括他们的学习态度、参与程度、团队协作能力等多个维度。学习态度是评价学生对待学习的认真程度和投入程度的重要指标；参与程度则能够反映学生在课堂和课外活动中的积极性和主动性；团队协作能力则是评价学生在团队合作中是否能够与他人有效沟通、协作完成任务的能力。通过这些多维度的评价，可以更全面地了解学生的综合素质和发展潜力。

### （三）融合新媒体技术，创新考评方式

在这一时代背景下，新媒体技术的迅猛发展成为推动考评方式变革的重要力量。通过巧妙利用社交媒体、在线问卷、虚拟现实等先进工具，教育者能够设计出更加灵活多样、互动性强的考评工具，从而极大地丰富了教学考评的手段与形式。例如，社交媒体平台以其广泛的用户基础和强大的交互功能，成为开展主题辩论、在线投票等活动的理想场所。教育者可以引导学生围绕特定主题展开深入讨论，通过文字、图片、视频等多种形式表达个人观点，这不仅考查了学生的观点表达能力，也有效锻炼了他们的批判性思维能力。同时，在线投票活动则能够让学生参与到决策过程中，通过集体的智慧与判断，共同选出最优方案，这种参与式的学习方式极大地提升了学生的积极性与主动性。而虚拟现实技术的引入，更是为教学考评带来了革命性的变化。通过模拟真实场景，虚拟现实技术能够让学生在虚拟环境中身临其境地解决问题，这种沉浸式的体验不仅让学生感受到了学习的乐趣，也为评估其实践能力与创新能力提供了更加真实、客观的依据。学生在虚拟环境中的表现，往往能够更真实地反映他们的综合素质与能力水平，从而为教育者提供更加全面、准确的考评信息。

### （四）加强师生互动，共建考评共同体

自媒体时代的教学考评体系构建，尤为强调师生之间的良性互动与共同参与，这标志着教育理念的深刻变革。为了实现这一目标，建立线上学习社群成为关键一环，它为师生提供了一个跨越时空的交流平台。在这个社群中，教师可以定期发布学习资源、组织线上讨论，而学生则可以随时提问、分享见解，从而形成了一个活跃的学习生态。同时，开展在线答疑与辅导也是加强师生互动的重要方式，它使得教师能够更及时地解决学生的学习困惑，提供个性化的指导。在这种考评体系中，教师与学生的角色都发生了显著变化。教师不再是单纯的知识传授者，而是成为学生成长的引导者与伙伴。他们不仅要教授专业知识，更要关注学生的全面发展，引导他们形成正确的价值观和学习态度。而学生也不再是被动接受考评的对象，而是积极参与考评过程的主体。他们有权

参与制定考评标准，对考评过程提出自己的意见和建议，并与教师共同分享考评结果。

师生共同制定考评标准，是增强考评体系民主性与透明度的重要举措。通过这一过程，学生可以更清楚地了解自己的学习目标和评价标准，从而更有针对性地进行学习。同时，教师也可以根据学生的反馈和建议，不断调整和优化考评体系，使其更加符合学生的实际需求。

共同参与考评过程，则进一步促进了师生之间的信任与理解。在这一过程中，教师可以更直观地了解学生的学习情况和困难，提供更有针对性的指导和帮助。而学生也可以更深入地了解教师的评价标准和期望，从而更有动力地投入学习。

**（五）持续反思改进，优化考评体系**

自媒体时代的教学考评体系是一个不断演进、动态发展的过程，它要求教育者保持高度的敏感性和适应性，以应对时代变迁和学生需求的多样化。教育者需要密切关注自媒体时代的发展趋势，包括新兴技术的涌现、信息传播方式的变革以及学生行为习惯的变化，从而准确把握这些变化对教学考评体系的影响。同时，教育者也要深入洞察学生需求的变化特点，了解他们在学习方式、兴趣偏好以及个人发展目标等方面的新诉求，以确保考评体系能够与学生的实际需求相契合。

为了实现这一目标，教育者需要采取一种开放、包容的态度，不断收集来自学生的反馈意见，以及同行、专家的评价建议。这些反馈信息是优化考评体系的重要依据，它们能够帮助教育者发现考评体系中存在的问题与不足，如评价标准是否过于单一、考评方式是否缺乏灵活性等。针对这些问题，教育者需要制定具体的改进措施与方案，如引入多元化的评价标准、采用更加灵活的考评方式等，以提升考评体系的科学性和有效性。在改进考评体系的过程中，教育者还需要保持对新技术、新理念的敏锐洞察与积极应用。自媒体时代为教学考评提供了许多创新的可能性，如利用大数据技术进行学情分析、采用人工智能技术进行智能化辅导等。教育者需要积极探索这些新技术、新理念在教学考评中的应用潜力,以推动考评体系的不断创新与发展。

## 四、自媒体时代思想政治理论课教学考评体系的创新路径

### (一)引入大数据分析技术深度挖掘学习数据,精准掌握学生状况

在自媒体时代背景下,思想政治理论课教学考评体系的创新成为提升教学质量和效果的关键环节。为了更准确地了解学生的学习状况和思想动态,我们可以引入大数据分析技术,对学生的自媒体使用行为和学习数据进行深度挖掘。通过收集学生在自媒体平台上的浏览记录、互动情况、发布内容等数据,我们可以分析出他们的学习兴趣、关注热点、思想倾向等信息。这些数据能够为教师提供更加全面、客观的学生评价依据,从而制订出更具针对性的教学计划。同时,大数据分析技术还可以帮助教师发现学生在学习过程中遇到的问题和困惑,及时给予指导和帮助。通过这样的方式,我们可以精准地掌握学生的思想动态和学习状况,为思想政治理论课的教学提供有力的支持。

### (二)鼓励实时交流,实现动态考评

除了引入大数据分析技术外,还可以尝试建立在线互动平台,为师生之间的实时交流和反馈提供便利。这一平台可以集成多种功能,如在线讨论、即时问答、作业提交与批改等,使考评过程更加动态和灵活。通过在线互动平台,学生可以随时随地向教师提问、寻求帮助,教师可以及时给予解答和指导。同时,教师还可以利用平台发布教学通知、分享教学资源,与学生保持紧密的联系。在这样的环境下,考评不再仅仅是一种单向的评价行为,而是一种双向的互动过程。教师可以通过学生在平台上的表现更加全面地了解他们的学习情况和思想状况,学生可以更加积极地参与到教学过程中来,提升自己的学习效果。通过这样的方式,我们可以实现更加动态、灵活的考评过程,为思想政治理论课的教学注入新的活力。

### (三)结合自媒体特点,探索多元化评价模式

在自媒体时代背景下,思想政治理论课教学考评体系的创新还需要结合自媒体的特点,探索多元化的评价模式。除了传统的考试、作业等评价方式外,

我们还可以尝试引入一些新的评价手段。例如，可以利用自媒体平台开展在线辩论、主题研讨等活动，评价学生的表达能力、思维逻辑能力和团队协作能力。同时，还可以鼓励学生利用自媒体平台进行自主学习和探究性学习，通过制作多媒体作品、撰写研究报告等方式展示自己的学习成果。这些新的评价模式不仅可以更加全面地评价学生的学习效果，还可以激发他们的学习兴趣和创新精神。通过这样的创新路径的探索和实践，我们可以为思想政治理论课教学考评体系注入新的活力，提升教学质量和效果。同时，这样的考评体系也更加符合自媒体时代的特点和学生的实际需求，有助于培养出更具创新精神和实践能力的新时代人才。

## 五、自媒体时代思想政治理论课教学考评体系的实施策略

### （一）建立完善的考评机制，确保考评的公正性和客观性

为了确保自媒体时代思想政治理论课教学考评体系的有效实施，学校还需要建立完善的考评机制，明确考评标准和流程，确保考评的公正性和客观性。具体而言，学校可以制定详细的考评细则和评分标准，对学生的学习态度、参与程度、知识掌握情况等方面进行全面评价。同时，学校还可以建立多元化的评价体系，引入学生自评、互评和教师评价等多种评价方式，使考评更加全面和客观。此外，学校还可以利用自媒体平台的数据分析功能，对学生的学习行为和思想动态进行跟踪和分析，为考评提供更加科学和准确的依据。通过这样的考评机制建设，可以确保自媒体时代思想政治理论课教学考评体系的顺利实施，并不断提高教学质量和效果。

### （二）优化考评体系设计

在自媒体时代，思想政治理论课的教学考评体系设计需紧密围绕教育目标，同时注重内容的创新。这意味着考评体系不仅要反映课程的教学要求，还要体现时代特色和学生需求。为了实现这一目标，学校在设计考评体系时，应确保其与思想政治理论课的教育目标相一致，即培养学生的思想政治素质、道德品质和社会责任感。同时，考评内容也应不断创新，引入与自媒体时代相关的议

题和案例，使学生能够在熟悉的环境中学习和思考。例如，可以通过分析自媒体上的热点事件，引导学生探讨其背后的政治、经济、文化因素，从而培养他们的批判性思维和综合分析能力。这样的考评体系设计，既体现了教育目标的导向性，又保证了教学内容的时效性和创新性。

**（三）构建反馈与改进机制，持续优化考评体系**

自媒体时代思想政治理论课教学考评体系的实施是一个动态的过程，需要不断地进行反馈和改进。为了实现教育目标与内容创新的统一性原则，学校应构建有效的反馈与改进机制。具体而言，可以通过定期收集学生、教师和专家的意见与建议，对考评体系进行定期的评估和调整。同时，还可以利用自媒体平台的数据分析功能，对考评结果进行深入挖掘和解读，发现其中存在的问题和不足。通过这样的反馈与改进机制，可以确保考评体系始终与教育目标和教学内容保持高度的一致性，并不断优化和完善。

## 第四节　依托自媒体创新高校校园行为文化

### 一、创新校园文化活动

**（一）征集校园公益广告**

公益广告作为一种独特的宣传方式，集教育性、服务性和艺术审美性于一体，它将原本直白的概念和道理宣讲转变为情感的沟通和理性的对话，使得信息更易于被人们接受。一句出色的公益广告语，不仅能够被人们牢记并相互提醒，还能在潜移默化中起到"润物细无声"的教育效果。过去，公益广告主要通过电视插播的形式呈现，人们尤其是大学生接受教育的时空受到了限制。然而，在如今的自媒体时代，每个自媒体使用者都可以成为信息的创作者。高校思想政治工作者可以借此机会，围绕学生的学习、校园环境的维护、卫生以及公共财物的维护等方面，多渠道地征集校园公益广告语。同时，还可以通过自媒体平台举办广告语设计大赛、优秀广告语展览等活动。优秀的校园公益广告对每位在校大学生都具有极大的感染力，而且这种力量将会长期、持续地发挥作用，直接影响大学生的思想道德、学习态度以及行为习惯的养成。

### （二）开展简历设计大赛

在当今社会，人才竞争异常激烈，大学生在享受校园生活的同时，也承受着沉重的就业压力。就业难、竞争大是每位大学生都必须面对的现实。那么，如何才能在众多竞争者中脱颖而出呢？简历作为大学生求职的必备材料，其制作水平在一定程度上反映了大学生的综合能力。一份精彩的简历不仅能给用人单位留下深刻印象，还能无形中提升用人单位对制作者的评价，为顺利就业减小阻力。因此，如果高校能利用自媒体平台，针对在校大学生开展简历设计大赛、优秀简历展览等活动，将有助于学生提前积累经验，减轻他们在毕业找工作时的焦虑和盲从心理，从而有利于减少校园事件的发生。

### （三）举办创新讲座，拓宽学术与创意视野

创新讲座系列作为一项富有远见的校园文化活动，其核心目的在于拓宽学生的学术与创意视野，为他们搭建一个接触多元思想、紧跟时代脉搏的平台。这一系列精心策划的讲座，广泛邀请校内外专家学者、行业领袖以及活跃在创意前沿的杰出人才，为他们带来对当前热门话题的深入剖析、学术前沿的最新探索以及行业发展的未来趋势，为他们呈现了一场场知识与智慧的盛宴。通过这些高质量的讲座，学生们得以跨越专业界限，接触到最前沿的学术研究成果和行业动态，深入了解不同领域内的创新实践案例，从而在心中播下跨学科思考的种子，拓宽自身的知识面和视野。尤为重要的是，讲座不仅仅局限于单向的知识传递，还巧妙设计了互动环节，鼓励学生积极提问、参与讨论，为他们提供了与台上专家学者面对面交流、思想碰撞的宝贵机会。这种近距离的互动不仅能够有效激发学生的学术兴趣和创新意识，还能帮助他们在交流中学会批判性思维，培养解决问题的能力。许多学生在参与后表示，讲座中的灵感碰撞让他们看到了学术研究与创意实践的无限可能，为他们后续的学术探索和创意尝试提供了宝贵的启示和指导。

## 二、利用自媒体促进校园行为文化的多元化发展

### （一）自媒体平台在校园行为文化多元化中的角色

#### 1. 自媒体作为传播渠道，拓宽校园行为文化视野

自媒体平台以其独特的传播方式和广泛的覆盖面，在校园行为文化的多元化发展中扮演着举足轻重的角色。作为一种高效的传播渠道，自媒体不仅仅传递着各种信息，更在无形中拓宽了大学生的行为文化视野。通过自媒体这一窗口，大学生可以轻松地接触到来自不同地域、不同民族乃至不同文化的行为方式和价值观念，这无疑为他们提供了一个宝贵的机会去丰富自己的文化认知。这种跨文化的交流和学习经历，对于大学生来说，是一种无形的财富，它有助于他们形成更加开放、包容的文化态度，进而促进校园行为文化的多元化发展。与此同时，自媒体平台上琳琅满目的多样化内容，如同一座座宝库，为大学生提供了丰富的行为文化素材。这些内容不仅激发了他们的创新思维，还进一步点燃了他们的创造力，共同为校园行为文化的繁荣与发展注入了新的活力。

#### 2. 自媒体促进不同文化背景下的行为交流

自媒体平台不仅是一个信息传播的工具，更是一个文化交流的平台，在校园这个多元文化的交汇点，自媒体为来自不同文化背景的大学生提供了一个相互了解和交流的空间。通过自媒体，大学生可以分享自己的行为习惯、价值观念和文化传统，也可以了解和学习他人的文化。这种跨文化的交流有助于消除文化隔阂和偏见，增进不同文化背景大学生之间的理解和尊重。同时，自媒体平台上的行为文化交流也促进了校园行为文化的融合与创新，形成了独具特色的校园文化景观。在这种多元文化的交融中，大学生的行为文化素养得到了提升，校园行为文化也更加丰富多彩。

### （二）创新自媒体内容，丰富校园行为文化内涵

#### 1. 创作多样化自媒体内容，展现行为文化魅力

为了丰富校园行为文化的内涵，创新自媒体内容显得尤为重要，通过精心创作多样化的自媒体内容，可以有效地展现行为文化的独特魅力，使其更加深入人心。具体来说，可以制作关于校园行为规范的短视频，以生动有趣的画面

和简洁明了的语言，引导大学生树立正确的行为观念；撰写关于行为文化的博客文章，深入探讨行为文化的内涵和价值，为大学生提供丰富的思考和学习材料；发布关于礼仪和习惯的图文信息，以图文并茂的形式展现礼仪之美和良好习惯的重要性。这些内容不仅具有深刻的教育意义，还能以轻松愉快的方式吸引大学生的关注，让他们在潜移默化中接受行为文化的熏陶。同时，多样化的自媒体内容还能激发大学生的创新思维，鼓励他们发挥创造力，积极参与到行为文化的创作和传播中来，从而为校园行为文化注入新的活力，进一步丰富其内涵。

**2. 引入外部资源，拓展行为文化边界**

在创新自媒体内容的过程中，引入外部资源是一个有效的策略，包括邀请专家学者进行行为文化的专题讲座、与其他高校或文化机构进行合作交流、借鉴社会上成功的行为文化传播案例等。通过引入这些外部资源，可以为校园行为文化注入新的活力和元素，拓宽其边界和视野。同时，与外部资源的合作还能为大学生提供更多实践和学习的机会，使他们能够在更广阔的舞台上展示和提升自己的行为文化素养。这种内外结合的方式不仅有助于丰富校园行为文化的内涵，还能推动其在更广泛的范围内得到传播和认可。

**（三）自媒体互动机制在校园行为文化传播中的应用**

**1. 利用自媒体互动功能，增强行为文化传播效果**

自媒体平台具有强大的互动功能，这为校园行为文化的传播提供了新的机遇，通过利用自媒体的互动功能，如评论、点赞、转发等，可以有效地增强行为文化的传播效果。大学生在浏览自媒体内容时，可以通过评论和点赞表达自己对行为文化的认同和态度，这种即时的反馈机制能够激发更多人的参与和讨论，从而扩大行为文化的影响力。同时，自媒体的转发功能也使得行为文化能够迅速在大学生之间传播，形成广泛的共识和认同感。通过这种互动式的传播方式，校园行为文化能够更加深入地渗透到大学生的日常生活中，成为他们行为准则的重要组成部分。

**2. 通过自媒体平台，促进行为文化的实践与传承**

自媒体平台不仅是一个信息传播的工具，更是一个行为文化实践与传承的平台，通过自媒体平台，大学生可以更加便捷地参与到行为文化的实践中来。例如，自媒体平台可以发布关于校园文明行为的倡议和活动信息，鼓励大学生积极参与到这些活动中来，通过实际行动来践行行为文化。同时，自媒体平台也可以成为行为文化传承的重要载体。通过发布关于校园历史、传统和文化的自媒体内容，可以让大学生更加深入地了解校园行为文化的渊源和内涵，从而增强他们对行为文化的认同感和归属感。这种实践与传承相结合的方式，不仅能够使校园行为文化更加生动鲜活地呈现在大学生面前，也能够为他们的行为提供明确的指导和规范。

### 三、通过自媒体活动提升大学生行为文化素养

#### （一）策划与实施自媒体活动，培养大学生行为文化意识

**1. 设计具有行为文化导向的自媒体活动**

为了培养大学生的行为文化意识，设计具有行为文化导向的自媒体活动是至关重要的，这些活动应该紧密围绕校园行为文化的核心价值观，通过创意和趣味性的方式吸引大学生的参与。例如，可以策划一场以"文明礼仪"为主题的自媒体挑战赛，鼓励大学生拍摄并分享自己在校园中践行文明礼仪的短视频。或者，也可以组织一场关于"绿色出行"的线上讨论会，引导大学生思考并讨论如何在日常生活中实践环保行为。这样的自媒体活动不仅能够激发大学生的兴趣和创造力，还能够让他们在参与过程中深刻体会到行为文化的重要性，从而逐渐树立起正确的行为文化意识。

**2. 实施自媒体活动，引导大学生参与行为文化建设**

在实施自媒体活动的过程中，要注重引导大学生积极参与行为文化的建设，通过自媒体平台发布活动信息、规则和奖励机制，吸引大学生的关注和参与。在活动进行中，要及时跟进并反馈大学生的参与情况，鼓励他们积极分享自己的经验和感受。同时，也可以邀请校园内的行为文化模范或专家学者参与活动，为大学生提供指导和启发。通过这样的实施方式，自媒体活动不仅能够成为大学生展示自我、交流思想的平台，还能够成为引导他们积极参与行为文化建设

的重要途径。在这样的活动中，大学生不仅能够学习到行为文化的知识和技能，还能够在实践中不断锤炼和提升自己的行为文化素养。

**（二）自媒体平台上的行为文化教育活动及其效果评估**

**1. 开展线上行为文化教育，提升大学生文化素养**

自媒体平台为行为文化教育提供了新的渠道和方式，通过开展线上行为文化教育，可以有效地提升大学生的文化素养。这包括利用自媒体平台发布关于行为文化的知识、故事、案例等内容，让大学生在浏览和学习中逐渐了解和掌握行为文化的精髓。同时，也可以邀请专家学者或行为文化模范通过自媒体平台举办讲座或分享会，为大学生提供更加深入和专业的指导。线上行为文化教育具有灵活便捷、覆盖面广等优势，能够吸引更多大学生的参与和学习，从而有效提升他们的文化素养。

**2. 评估自媒体行为文化教育活动的成效与影响**

对自媒体行为文化教育活动的成效与影响进行评估，是确保活动质量和效果的重要环节。评估可以从多个维度进行，包括参与人数、互动情况、反馈意见等。通过统计和分析这些数据，可以了解活动在大学生中的受欢迎程度以及他们在活动中的参与度和收获。此外，也可以通过问卷调查、访谈等方式收集大学生对活动的评价和建议，以便对活动进行改进和优化。评估自媒体行为文化教育活动的成效与影响，不仅有助于总结经验和教训，还能够为未来的活动提供有益的参考和借鉴。通过这样的评估机制，可以确保自媒体行为文化教育活动的持续发展和不断提升，为培养大学生的行为文化素养提供更加有力的支持。

**（三）利用自媒体反馈机制，持续优化大学生行为文化培养方案**

**1. 收集自媒体反馈，了解大学生行为文化需求**

自媒体平台为大学生提供了一个自由表达意见和需求的渠道，通过收集自媒体上的反馈，可以更加深入地了解大学生对行为文化的需求和期望。这包括他们对现有行为文化培养方案的看法、对行为文化活动的参与度和满意度、对行为文化教育的期望和建议等。这些反馈信息是宝贵的资源，可以为优化培养方案提供有力的支撑。通过分析这些信息，可以发现大学生在行为文化方面存在的问题和困惑，以及他们对行为文化的期待和追求，从而为制订更加贴近大学生实际需求的培养方案打下基础。

**2. 根据反馈调整培养方案，提升行为文化素养教育效果**

在收集了自媒体反馈之后，接下来的重要步骤是根据这些反馈对培养方案进行调整和优化。这包括：针对大学生在行为文化方面存在的问题和困惑，制定更加具体和有效的教育措施；根据大学生对行为文化活动的参与度和满意度，调整活动的设计和实施方式，使其更能吸引大学生的参与；根据大学生对行为文化教育的期望和建议，完善教育内容和方法，使其更加符合大学生的实际需求和学习习惯。通过这样的调整和优化，可以确保培养方案更加贴近大学生的实际需求，从而提升行为文化素养教育的效果。同时，也可以促进大学生更加积极地参与到行为文化的建设中来，共同推动校园行为文化的繁荣和发展。

## 第五节 自媒体环境下高校思想政治教育的话语重塑

### 一、自媒体时代高校思想政治教育话语重塑的基本原则

#### （一）主体性原则

主体性原则强调在高校思想政治教育中，话语对象并非被动接受者，而是具有能动地感受、选择、判断、内化和践行思想政治教育信息和环境的能力的主体。这意味着，在教育过程中，应充分尊重和激发学生的主观能动性，鼓励他们主动思考、自主选择，将思想政治教育的内容内化为自身的价值观念和行为准则，进而在实践中积极践行。实践这一原则，需要教育者创新教学方法，采用启发式、讨论式等互动性强的教学方式，激发学生的学习兴趣和参与度，使他们在主动参与中不断成长和进步。

#### （二）人本性原则

人本性原则要求高校思想政治教育话语传播始终以学生为本，既注重教育、

引导、鼓舞和鞭策，又强调尊重、理解、关心和帮助。这意味着，在教育实践中，应将学生视为有情感、有需求、有发展潜力的个体，关注他们的成长，倾听他们的声音，理解他们的困惑，为他们提供必要的帮助和支持。实施人本性原则，需要教育者转变传统观念，从高高在上的说教者转变为学生的朋友和引路人，与他们建立平等、互信的关系，共同探索成长的道路。

### （三）现实性原则

现实性原则强调高校思想政治教育话语传播必须从实际出发，贴近实际，服务现实，服务生活。这意味着，在教育内容和方法的选择上，应紧密联系学生的生活实际和社会现实，关注他们的思想动态和实际需求，为他们提供有针对性的指导和帮助。同时，还应将思想政治教育与学生的专业学习、社会实践、志愿服务等活动相结合，使他们在实践中深化对理论的理解，增强责任感和使命感。实践现实性原则，需要教育者深入了解学生的生活和思想状况，不断创新教育形式和内容，使思想政治教育更加贴近学生、贴近生活。

### （四）创新性原则

创新性原则要求高校思想政治教育话语坚持时代性，能够超越传统话语的束缚，不断创造适合时代需要的新话语。这意味着，在教育过程中，应鼓励教育者和学生共同探索新的教育理念、教育方法和教育形式，使思想政治教育更加符合时代发展的要求和学生的实际需求。同时，还应注重话语的创新，运用生动、形象、富有感染力的语言来传达思想政治教育的内容，增强教育的吸引力和感染力。实施创新性原则，需要教育者具备敏锐的时代洞察力和创新意识，不断探索和实践新的教育模式和方法，为高校思想政治教育注入新的活力和动力。

### （五）开放性原则

开放性原则强调高校思想政治教育话语应以开放性为基本取向，在话语传播上既要立足国内，又要放眼全球，形成开放的体系。这意味着高校思想政治教育不能局限于本土视野，而应积极吸纳全球范围内的先进理念和优秀成果，丰富和发展自身的话语体系。同时，也要勇于展示中国高校思想政治教育的独特魅力和成功经验,为世界思想政治教育的发展贡献中国智慧。实施开放性原则,需要教育者具备宽广的国际视野和包容开放的心态,积极推动国际交流与合作,促进高校思想政治教育话语的国际化发展。

## (六)价值性原则

价值性原则要求高校思想政治教育话语创新必须体现一定时期的价值导向。这意味着话语创新不是随意的、无目的的,而是要紧密围绕社会主义核心价值观,传递正能量,弘扬主旋律。教育者应深入挖掘中华优秀传统文化的思想精髓,结合时代要求,创新话语表达方式,使思想政治教育话语既具有深厚的历史底蕴,又充满时代气息。践行价值性原则,需要教育者不断提高自身的理论素养和价值判断能力,确保话语创新的正确方向和价值引领。

## (七)有效性原则

有效性原则包含话语专业化和话语时代性两个方面的含义。话语专业化要求高校思想政治教育话语与其他话语体系保持一定的区别和联系,体现思想政治教育的专业性和独特性。这意味着教育者应深入研究思想政治教育的内在逻辑和话语特点,构建具有学科特色的话语体系。话语时代性则要求话语创新要符合大学生的接受心态和接受方式,体现时代性。这要求教育者密切关注社会发展和大学生思想动态的变化,及时调整话语策略和内容,使思想政治教育更加贴近学生实际。实践有效性原则,需要教育者不断提升自身的专业素养和创新能力,确保话语的专业性和时代性。

## (八)统一性原则

统一性原则强调高校思想政治教育的话语体系必须坚持内部话语的统一性和一致性。这意味着在教育过程中,应尽量避免话语的重复、交叉和矛盾,保持话语体系的协调、统一。实施统一性原则,需要教育者对话语体系进行整体规划和设计,确保各部分内容之间的逻辑严密和相互支撑。同时,也要注重话语的更新和优化,及时剔除过时、陈旧的话语内容,保持话语体系的时代性和先进性。践行统一性原则,有助于提升高校思想政治教育的整体效果和影响力。

## 二、自媒体时代高校思想政治教育话语重塑的路径选择

### （一）创新话语内容，增强时代感和针对性

在自媒体时代，高校思想政治教育话语的内容创新显得尤为重要，这是增强话语时代感和针对性的关键所在。面对信息快速传播、观点多元碰撞的自媒体环境，高校思想政治教育不能停滞不前，必须紧跟时代的步伐，紧密结合当前社会热点和大学生关注的焦点问题。这意味着，教育者需要敏锐地捕捉社会动态，及时将党的最新理论成果和社会主义核心价值观巧妙地融入话语之中。通过这样的方式，思想政治教育话语不仅能够展现出深厚的理论底蕴，还能够紧密贴合现实生活，从而更具说服力和引导力，有效引领大学生的思想潮流。

同时，话语内容的创新还需注重贴近大学生的生活实际。大学时期是一个挑战与机遇并存的重要阶段，学生们在这一时期往往面临着学业压力、就业选择、人际关系处理等多方面的困惑与挑战。因此，高校思想政治教育话语应当深入探究大学生的内心世界，真诚关注他们的成长需求和现实困惑，并以更加接地气的方式呈现出来。这要求教育者不仅要具备深厚的理论功底，还要拥有深入学生生活、了解学生真实想法的能力。通过引用生动的案例、采用鲜活的语言和使用贴近学生生活的素材，教育者可以将抽象的理论知识转化为具体、形象的话语表达，使思想政治教育话语更加生动有趣，从而提高话语的吸引力和感染力，让大学生在轻松愉快的氛围中接受并认同这些价值观念。

### （二）丰富话语形式，提升传播效果

这一时代背景不仅带来了信息传播方式的深刻变革，也为教育模式的创新提供了前所未有的机遇。在这样的背景下，充分利用新媒体技术，如短视频、直播、H5等，成为提升思想政治教育话语传播效果的重要途径。这些新媒体技术以其生动、形象的表现形式，能够将传统的文字话语转化为更加直观、易于接受的内容，从而吸引大学生的注意力，增强他们对思想政治教育内容的兴趣和认同感。

与此同时，话语的互动性也是自媒体时代不可忽视的重要特征。在传统的思想政治教育中，教育者往往扮演着知识传授者的角色，而学生则处于被动接

受的状态。然而，在自媒体时代，这种单向度的传播方式已经无法满足大学生的需求。因此，通过设置话题讨论、在线问答等环节，引导大学生积极参与，形成话语的共鸣和共振，成为提升思想政治教育实效性的关键。这样的互动不仅能够激发大学生的思考能力和表达能力，还能够使他们在参与过程中更加深入地理解和内化思想政治教育的内容。

在注重话语互动性的同时，教育者还需要关注大学生的个体差异和需求多样性。不同的大学生有着不同的兴趣偏好和学习方式，因此，教育者需要根据大学生的实际情况，灵活运用各种新媒体技术，创造多样化的教育形式，以满足他们的个性化需求。例如，可以通过制作富有创意的短视频来解读复杂的理论知识，或者利用直播平台开展实时的互动讨论，让大学生在轻松愉快的氛围中接受思想政治教育。

### （三）拓展话语平台，扩大影响力

传统的课堂、讲座等线下平台虽然仍是主要的话语传播渠道，但其覆盖范围和影响力相对有限。为了更有效地传递思想政治教育话语，必须积极拓展新的传播平台。微博、微信、抖音等自媒体平台以其广泛的用户基础和强大的传播能力，成为话语传播的新阵地。这些平台不仅覆盖了大量的大学生用户，而且能够实现信息的快速传播和广泛共享。构建线上线下相结合的话语传播网络是自媒体时代高校思想政治教育的必然趋势，线下平台可以通过课堂、讲座等形式，为大学生提供面对面的思想政治教育，确保话语的深度和准确性。而线上平台则可以利用自媒体的优势，将话语内容以更加生动、多样的形式呈现给广大学生，提高话语的吸引力和感染力。线上线下相结合，可以优势互补，使思想政治教育话语更加全面地覆盖大学生群体。通过自媒体平台的广泛覆盖和快速传播，高校思想政治教育话语能够传递给更多的大学生，从而扩大话语的影响力。自媒体平台具有信息更新迅速、传播范围广、用户互动性强等特点，这使得思想政治教育话语能够在这些平台上迅速传播，并引起大学生的关注和讨论。同时，自媒体平台还能够提供丰富多样的话语表达形式，如文字、图片、视频等，这使得话语内容更加生动有趣，更容易被大学生所接受和认同。

### （四）强化话语引导，提升价值引领力

当前社会思潮和舆论环境呈现出复杂多变的特征，对高校思想政治教育话语提出了新的挑战。面对这一现状，高校思想政治教育话语必须坚守政治底线和价值取向，积极传播正能量，成为引导大学生树立正确世界观、人生观和价值观的重要力量。这意味着，教育者需要时刻关注社会热点和舆论动态，及时捕捉大学生关心的焦点问题，并通过科学、严谨的分析和解读，帮助他们认清事实真相，明辨是非曲直。同时，在强化话语引导功能的过程中，注重培养大学生的思辨能力和批判性思维显得尤为重要。自媒体时代，信息爆炸式增长，各种观点、言论交织碰撞，大学生作为信息接收和传播的重要群体，必须具备辨别信息真伪、判断观点价值的能力。因此，高校思想政治教育话语应当融入思辨性和批判性的元素，鼓励大学生对所学知识进行深入思考，对所见所闻保持审慎态度，不盲从、不轻信，学会用理性的眼光审视问题。

此外，提升大学生的话语素养和媒体素养也是自媒体时代高校思想政治教育话语重塑不可忽视的一环。教育者需要引导大学生了解自媒体的运行机制，掌握基本的媒体传播知识，使他们能够在自媒体平台上有效地表达自己的观点，参与公共话题的讨论。同时，教育者还应教会大学生如何识别自媒体信息中的偏见和误导，培养他们的信息筛选和整合能力，使他们在面对海量信息时能够保持清醒的头脑和独立的判断力。

## 第六节　自媒体环境下高校思想政治教育内容结构优化与资源整合

### 一、自媒体环境下高校思想政治教育内容结构优化的要求

#### （一）强化政治导向与价值取向的融合

为了确保教育内容的政治性和方向性，必须更加明确政治导向，坚守价值取向。这意味着，在构建和优化思想政治教育内容时，必须融入党的理论和路

线方针政策，确保其与国家的政治方向保持一致。通过这样的融入，可以引导大学生在学习过程中，不仅掌握专业知识，还能深刻理解国家的政治理念和发展道路，从而树立起正确的世界观、人生观和价值观。同时，在自媒体环境下，积极传播正能量显得尤为重要。正能量是一种积极向上的精神力量，它能够激发人们的内在潜能，推动社会向前发展。高校思想政治教育内容应当富含正能量，通过展示国家的发展成就、社会的进步以及人民群众的奋斗精神，激发大学生的爱国热情和民族自豪感。这样，大学生在接受思想政治教育的过程中，不仅能够获得理论知识，还能够感受到国家的强大和民族的振兴，从而增强他们的社会责任感和使命感。为了确保教育内容的政治性和方向性，高校在构建自媒体平台时，应当加强对信息的筛选和过滤，确保传播的内容符合国家的政治导向和价值取向。同时，还应当加强对自媒体平台的管理和维护，确保其稳定运行，为大学生提供一个健康、积极的网络学习环境。

### （二）注重时效性与针对性的结合

高校思想政治教育内容在自媒体环境的挑战下，面临着紧跟时事热点、及时回应社会关切的重要任务，以确保其与时代发展的步伐保持同步。为了实现这一目标，教育内容的设计必须充分考虑大学生的特点，关注他们的兴趣爱好和认知方式，力求教育内容更加贴近实际、贴近生活、贴近学生，从而有效提升教育的吸引力和感染力。在实际操作中，高校应建立一套机制，确保思想政治教育内容能够迅速捕捉并反映社会上的热点问题和关切点。这意味着教育者需要时刻保持敏锐的洞察力，对社会动态有深入的了解，并能够将这些元素巧妙地融入教育内容中。例如，针对当前社会上的重大事件、政策变动或热门话题，教育者可以设计相关的讨论和分析环节，引导大学生从多个角度进行思考，培养他们的社会责任感和公民意识。

同时，为了增强教育的针对性和实效性，教育内容的设计必须充分考虑大学生的特点和需求。这包括关注他们的兴趣爱好、学习习惯以及认知方式等。例如，可以采用更加生动有趣的教学方式，如案例分析、角色扮演、互动讨论等，来激发大学生的学习兴趣和提高他们的参与度。此外，教育者还可以结合大学生的生活实际，设计一些与他们日常生活紧密相关的教育内容，如职业规划、心理健康、人际交往等，使教育更加贴近学生的实际需求。

### （三）加强思辨能力与批判性思维的培养

为了适应当下环境，教育内容应注重培养大学生的思辨能力和批判性思维。这意味着，在教育过程中，不仅要传授理论知识，更要引入具有思辨性和批判性的议题，鼓励大学生对这些议题进行深入思考。通过这样的方式，可以逐步培养他们的问题意识，使他们学会从多个角度审视问题，不轻易接受表面现象，而是努力挖掘背后的深层原因和逻辑。同时，培养独立判断力也是关键。在自媒体时代，信息纷繁复杂，真假难辨。大学生作为社会的未来栋梁，必须具备独立判断的能力，不随波逐流，不轻信传言。因此，高校思想政治教育应着重教会他们如何辨别信息的真伪，如何通过多个渠道验证信息的准确性，以及如何在众多声音中找到理性和客观的声音。此外，提高大学生在自媒体时代的信息素养也是必不可少的。这包括教会他们如何有效地搜索和筛选信息，如何批判性地阅读和评价信息，以及如何在自媒体平台上表达自己的观点和看法。通过这些技能的培养，大学生将能够更好地适应自媒体环境，不仅在其中获取有价值的信息，还能够积极地传播正能量，成为自媒体时代的理性声音。

### （四）提升话语素养与媒体素养

高校思想政治教育内容在自媒体时代面临着新的挑战与机遇，其中，关注大学生话语素养和媒体素养的提升显得尤为重要。为了培养大学生在自媒体平台上有效表达自己观点的能力，高校应引导大学生深入了解自媒体的运行机制，并掌握基本的媒体传播知识。这包括自媒体平台的算法逻辑、内容分发机制以及用户行为特点等，使大学生能够精准地定位自己的受众，并选择合适的传播策略。同时，高校思想政治教育内容还需注重培养大学生识别自媒体信息中偏见和误导的能力。在自媒体平台上，信息传播的速度快、范围广，但同时也存在着大量的虚假信息、夸大其词或带有偏见的观点。因此，教会大学生如何辨别信息的真伪，如何从不同来源的信息中筛选出有价值的内容，并对这些信息进行整合和分析，是提升他们媒体素养的重要一环。为了实现这一目标，高校思想政治教育可以采取多种教学方法和手段。例如：可以组织专题讲座或研讨会，邀请媒体专家或自媒体从业者来校分享经验；也可以开设相关课程，将媒体素养教育纳入思想政治教育体系中；还可以通过实践教学的方式，引导大学生参与到自媒体内容的创作与传播过程中，让他们在实践中学习和提升。

**（五）创新教育形式与手段的多样化**

在自媒体环境下，高校思想政治教育面临着前所未有的挑战与机遇，要求不断创新教育形式与手段，以适应时代发展的步伐和大学生需求的变化。为了实现这一目标，高校应充分利用新媒体技术，如短视频、直播、H5等，来丰富教育形式，增强教育的互动性和吸引力。这些新媒体技术具有直观、生动、易于传播的特点，能够迅速吸引大学生的注意力，提高他们参与教育的积极性。通过制作精美的短视频、开展实时的直播讲座、设计富有创意的H5页面等方式，高校可以将传统的思想政治教育内容以更加新颖、有趣的形式呈现给大学生，使他们在轻松愉快的氛围中接受教育。同时，高校还应注重线上线下相结合，打造全方位、多层次的教育体系。线上教育具有便捷、灵活的优势，可以随时随地进行学习，而线下教育则更加注重实践体验和互动交流。将线上教育与线下教育有机结合，可以充分发挥两者的优势，提高教育的整体效果。例如，高校可以在线上开展理论知识的传授和学习，而在线下则组织实践活动、小组讨论、案例分析等，让大学生在实践中深化对理论知识的理解和应用。此外，高校还应注重培养大学生的自主学习能力和创新思维。在自媒体环境下，信息获取和传播的速度极快，大学生需要具备自主筛选、整合信息的能力，以及独立思考和创新的能力。因此，高校在教育过程中应鼓励大学生积极参与、主动探索，培养他们的自主学习习惯和创新思维能力。

## 二、自媒体时代高校思想政治教育资源整合现状

**（一）校园媒体影响力有限，不能充分促进思政教育发挥作用**

尽管自媒体的发展速度迅猛，但遗憾的是，许多高校的媒体并未能做到与时俱进。这些媒体的管理体制尚不完善，工作效率也有待进一步提升。一部分

高校的校园媒体虽然运作时间较长，但在全面反馈受众意见方面却做得不够，导致其覆盖率相对较低，影响力也有限。在高校思想政治教育工作的开展过程中，校园媒体本应是一个重要的载体，通过加大宣传和教育力度，可以实现资源的充分利用，并达到相应的教育目的。然而，在实际操作中，编辑与思想政治工作有关的内容时，往往未能充分考虑学生的兴趣爱好与学习需求，使得思想政治教育工作的影响力大打折扣。因此，高校媒体需要不断改进和完善体制、机制，以更好地服务于思想政治教育工作，提升学生的参与度和教育效果。

### （二）媒体互动不足，达不到理想的思政教育效果

尽管自媒体的发展对传统媒体产生了较大冲击，促使其纷纷寻求转型并提升自身运营水平，但高校中的传统媒体与自媒体之间的互动仍然有限，往往各自为政。在报道与思想政治教育相关的事件时，高校媒体通常会有各自的安排和计划，导致新闻报道的时间存在差异，宣传渠道也相对分散，对学生形成的影响较小，未能有效达到宣传和教育的目的。为了整合高校思想政治教育资源，减少资源浪费，并有效利用学生的碎片时间，使其能在第一时间阅读信息，达到教育和引导的作用，高校亟须打造一个多元化的媒体平台。这个平台应促进传统媒体与自媒体的充分互动，汲取彼此的精华。利用传统媒体强大的舆论影响力来引导自媒体的报道基调，使报道内容更加贴近学生生活，激发他们的兴趣；同时，充分利用自媒体的技术优势，丰富传统媒体的内容，从而提升思想政治教育的效果。

### （三）学生媒介素养有待提升，缺乏理性分析

媒介素养是一种综合性的素质，它涵盖了人们获取、分析、评价和传播各种媒介信息的能力，以及运用这些媒介信息服务于个人工作和生活的能力。对于学生而言，具备良好的媒介素养意味着能够更有效地利用高校思想政治教育资源。然而，当前许多高校大学生的媒介素养仍有待提升。这主要归因于两方面：一是高校缺乏专门的媒介素养教育课程，导致学生在这一领域的知识和技能相对欠缺；二是许多学生在面对海量信息时，缺乏理性的分析能力和去伪存真的判断力，往往过于迷信媒体的权威性，而缺乏自己的独立思考和合理判断。

这种状况使得学生难以有效辨别信息的优劣，容易受到不良信息的误导和影响，从而陷入思想误区，不利于他们的健康成长。因此，提升高校学生的媒介素养显得尤为迫切和重要。

### （四）教育合力效果有限，不能充分提高思政教育质量

在自媒体环境下，为确保高校思想政治教育资源得到有效整合并充分发挥其教育作用，必须高度重视教育合力的效果。教育合力是指在教育过程中，除了高校这一主要教育主体外，还有家庭和社会这两种教育主体与高校教育相互配合，共同发挥作用。具体而言，学校、家庭和社会三种教育力量需要相互配合、相互协调，实现三种教育的一体化。这种一体化的教育模式能够确保思想政治教育工作在自媒体复杂环境下仍具有很强的实效性。通过整合各方资源，形成教育合力，可以更好地应对自媒体带来的挑战，提高思想政治教育的针对性和有效性，从而培养出具有正确价值观、良好思想道德素质和全面发展能力的新时代大学生。

## 三、自媒体视角下高校思想政治教育资源整合对策

### （一）完善管理体制，通过媒体整合扩大思政工作影响力

相对于自媒体，传统媒体也应在自媒体的影响下充分发挥自身优势，吸收自媒体的精华，摆脱传统上各自为政的局面。在明确职责的前提下，实现媒体的一体化管理与融合，从而助力思想政治教育资源的顺利整合。为此，高校需要加强媒体管理，制定完善的管理体制，使自媒体和传统媒体能够有机结合，确保信息得到准确报道与传播，提高媒体的影响力。现阶段，许多高校的校园媒体较为分散，力量发挥有限。为此，高校可尝试建立统一的新闻中心，配备相应的人员，明确职责和分工，以加速自媒体与传统媒体的融合。这样，高校思想政治工作就能充分整合资源，确保教育和宣传工作落到实处。对于一些典型的新闻事件，可以精心策划和撰写后联合各媒体进行宣传，以扩大思想政治工作的影响力和宣传范围，同时，要培养一批专业、先进、了解自媒体和传统媒体特点的思想政治工作人员。

### (二)加大信息整合力度,为思政教育提供良好的媒体环境

在当今自媒体与传统媒体共同发展的背景下,校园媒体需要确保传播的内容独具特色,真正启发学生,并推动思政教育资源的全面整合。面对当前媒体内容普遍存在的同质化现象,校园媒体在传播内容时,必须明确目标,加强各媒体间的沟通与交流。对新闻进行精心策划,以独特的方式呈现给学生,是提升传播效果的关键。在新闻策划过程中,应充分考虑新闻的价值和重要性,对于具有轰动效应和较大影响力的新闻事件,要进行重点报道,并统一规划和安排,确保传统媒体和自媒体都能参与其中,共同将新闻中蕴含的思想政治教育精髓传递给学生。同时,要对新闻内容进行严格把关,根据学生的需求和思想政治教育工作的重点,选择合适的新闻内容,以提高学生的关注度和参与度。

### (三)提高学生媒介素养,辩证看待信息

大学生是国家的希望,是未来的栋梁之材,开展高校思想政治教育并整合优秀资源,对于进一步完善学生的价值观、人生观和世界观具有重要意义。在自媒体视角下,尤其需要加强对学生媒介素养的培养,确保他们不仅拥有正确的三观,还能在信息洪流中明辨真伪、去伪存真。为此,高校应设置与媒介素养相关的课程,从认知、情感、审美、道德等多个层面入手,引导学生深入了解当前的媒介环境,学会客观公正地看待各类信息,并有效利用媒介的优势来开阔视野、增长见识。然而,目前在媒介素养的培养方面,高校还面临师资力量和课程设置不足的问题。因此,高校需要积极提升教师的素质,为他们提供多元化、多层次的培养机会,使他们掌握专业的媒介知识并提高教学水平。同时,应结合学生的专业背景来开展媒介素养课程,以有效提升他们的媒介素养。通过这样的方式,学生可以在潜移默化中通过有效信息提升自身的综合素质,从而达到思想政治教育的目的。

### (四)创新思政教育模式,利用自媒体实现个性化教学

#### 1. 自媒体视角下高校思政教育模式的创新需求

在自媒体时代背景下,高校思想政治教育面临着前所未有的机遇与挑战。随着信息技术的迅猛发展,学生的学习需求日益多元化、个性化,传统的思政

教育模式已难以满足当前的教学需求。因此，高校思政教育需要不断创新教育模式，以适应自媒体时代学生的学习特点。通过自媒体平台，教师可以实现与学生之间的即时互动，这种互动不仅打破了时间和空间的限制，还使得教师能够更加深入地了解学生的思想动态和学习需求。在此基础上，教师可以提供精准、个性化的教学服务，满足不同学生的学习需求，提升教学效果。同时，自媒体平台上的丰富资源也为思政教育提供了更多的可能性。教师可以利用这些资源，如视频、音频、图文等，为学生打造更加生动、有趣的思政课堂，从而激发学生的学习兴趣，提升参与度。这种创新的教育模式不仅有助于打破传统课堂的局限，还能实现思政教育的全方位、全过程覆盖，为高校思政教育注入新的活力。

### 2. 即时互动与个性化教学

自媒体平台为高校思想政治教育提供了即时互动的可能。教师可以通过平台发布教学通知、分享教学资源，学生也可以随时随地向教师提问、寻求帮助。这种即时的互动使得教师能够更加及时地了解学生的学习情况和思想动态，为他们提供更加个性化的教学服务。例如，教师可以根据学生的学习进度和理解能力，为他们定制专属的学习计划和教学方案。同时，教师还可以利用自媒体平台上的数据分析工具，对学生的学习数据进行深度挖掘和分析，从而更加准确地掌握学生的学习状况和需求。这种个性化的教学方式不仅有助于提升学生的学习效果，还能培养他们的自主学习能力和创新思维。通过自媒体平台的应用实践，高校思想政治教育得以更加贴近学生的学习需求和生活实际，实现精准、有效的教学。

### 3. 自媒体丰富思政教育资源，全力打造生动课堂

自媒体平台上的丰富资源为高校思想政治教育提供了更多的教学内容和形式。教师可以利用平台上的视频、音频、图文等资源，为学生打造更加生动、有趣的思政课堂。例如：教师可以通过播放相关视频或音频，让学生更加直观地了解历史事件或社会现象；也可以利用图文资源，为学生呈现更加丰富多彩的教学内容。这些生动、有趣的教学内容和形式不仅有助于提升学生的学习兴趣和参与度，还能培养他们的审美能力和文化素养。同时，自媒体平台还为思

政教育提供了更加灵活多样的教学方式。教师可以根据教学内容和学生的需求，选择适合的教学方式和方法，如在线讨论、即时问答、小组合作等。这些创新的教学方式和方法使得思政教育更加贴近学生的学习实际和生活需求，实现更加全面、有效的教学覆盖。通过自媒体平台的助力，高校思想政治教育得以在内容和形式上进行不断创新和完善，为培养具有高素质和创新精神的新时代人才提供有力的支持。

### （五）构建自媒体思政工作矩阵，形成教育合力

#### 1. 自媒体思政工作矩阵的构建

在自媒体时代背景下，高校思政工作面临着新的机遇与挑战。为了更好地整合自媒体资源，提升思政教育的效果，高校可以积极构建自媒体思政工作矩阵。这一矩阵的构建，旨在将各个自媒体平台上的思政教育资源进行有机整合，打破信息壁垒，实现教育资源的共享与互通。通过矩阵的构建，高校可以更加便捷地发布思政教育信息，实现信息的快速传播和广泛覆盖。同时，矩阵还可以将不同自媒体平台上的思政教育资源进行归类和整合，形成一个全面、系统的思政教育资源库。这样，学生就可以通过矩阵平台，随时随地获取丰富的思政教育资源，提高学习的便捷性和效率。这种矩阵式的资源整合方式，不仅有助于提升高校思政工作的效率和影响力，还能为学生提供一个更加便捷、全面的思政教育学习平台，推动思政教育的深入发展。

#### 2. 矩阵平台的功能与优势

自媒体思政工作矩阵的构建，为高校思政教育带来了诸多功能与优势。其中，最显著的就是实现思政教育信息的快速传播与共享。通过矩阵平台，高校可以迅速将最新的思政教育信息、活动通知等发布出去，确保学生能够及时了解到最新的思政动态。同时，矩阵平台还可以将优质的思政教育资源进行共享，让更多的学生受益。这种快速传播与共享的机制，不仅提高了思政工作的效率，还扩大了思政教育的影响力。此外，矩阵平台还可以为学生提供一个互动交流的空间。学生可以在平台上发表自己的观点、看法，与其他同学进行思想碰撞，从而加深对思政教育的理解和认识。这种互动交流的方式，不仅增强了学生的

参与感和归属感，还提升了思政教育的针对性和实效性。

**3. 打破信息壁垒，实现思政教育的无缝对接**

在传统的思政教育模式中，由于信息传递的渠道有限，往往会导致信息滞后、失真等问题。而自媒体思政工作矩阵的构建，则有效地解决了这一问题。通过矩阵平台，高校可以将各个自媒体平台上的思政教育资源进行有机整合，形成一个全面、系统的思政教育网络。这样，无论学生使用哪个自媒体平台，都可以轻松地获取思政教育资源，实现思政教育的无缝对接。同时，矩阵平台还可以根据学生的学习需求和兴趣偏好，为其推荐适合的思政教育资源。这种个性化的推荐方式，不仅提高了学生的学习效率，还增强了思政教育的吸引力和感染力。

### （六）强化自媒体监管，确保思政教育正确导向

**1. 自媒体视角下的思政教育资源整合与监管强化**

自媒体平台以其独特的传播方式和广泛的影响力，成为思政教育的重要载体。而信息的多样性和复杂性也给思政教育带来了不小的冲击。在此背景下，高校在整合思政教育资源的同时，必须强化对自媒体的监管，以确保思政教育的正确导向。高校应充分认识到自媒体在思政教育中的重要作用，并积极整合相关资源。通过自媒体平台，高校可以更加灵活多样地开展思政教育活动，如在线讲座、互动讨论、微视频等，这些形式能够更好地吸引学生的注意力，提高思政教育的实效性。同时，高校还可以利用自媒体平台进行数据分析，了解学生的思想动态和需求，从而精准地制定思政教育内容。此外，为了确保思政教育的正确导向，高校必须建立严格的自媒体信息审核机制。这一机制应包括对自媒体平台上发布的思政教育信息进行真实性、准确性的审核，以及对信息传播过程的监控。通过这一机制，高校可以有效过滤掉不良信息，确保学生在一个健康、积极的自媒体环境中接受思政教育。

**2. 高校与自媒体平台共同维护思政教育环境**

自媒体平台作为信息传播的重要渠道，拥有庞大的用户群体和丰富的数据资源。与自媒体平台合作，可以帮助高校更好地了解学生的思想动态，制定更

加贴近学生实际的思政教育策略。一方面双方可以共同制定信息传播规范，明确哪些信息是允许传播的，哪些信息是禁止传播的。这样可以从源头上减少不良信息的传播，维护一个健康的自媒体环境。另一方面，高校可以利用自媒体平台的数据分析能力，对学生的学习、生活、思想等方面进行深入挖掘，从而更加全面地了解学生的需求，为制订个性化的思政教育方案提供依据。而且，高校还可以与自媒体平台共同开展一些线上线下相结合的思政教育活动，如主题征文、微视频大赛等，这些活动可以进一步增强学生的参与感和认同感。通过与自媒体平台的合作，高校不仅可以更好地监管自媒体环境，还可以借助自媒体平台的优势资源，创新思政教育方式方法，提高思政教育的吸引力和感染力。这种合作模式有助于构建一个更加健康、积极、有效的思政教育生态系统。

第九章

# 高校思想政治教育中新媒介素养的培养

CHAPTER 9

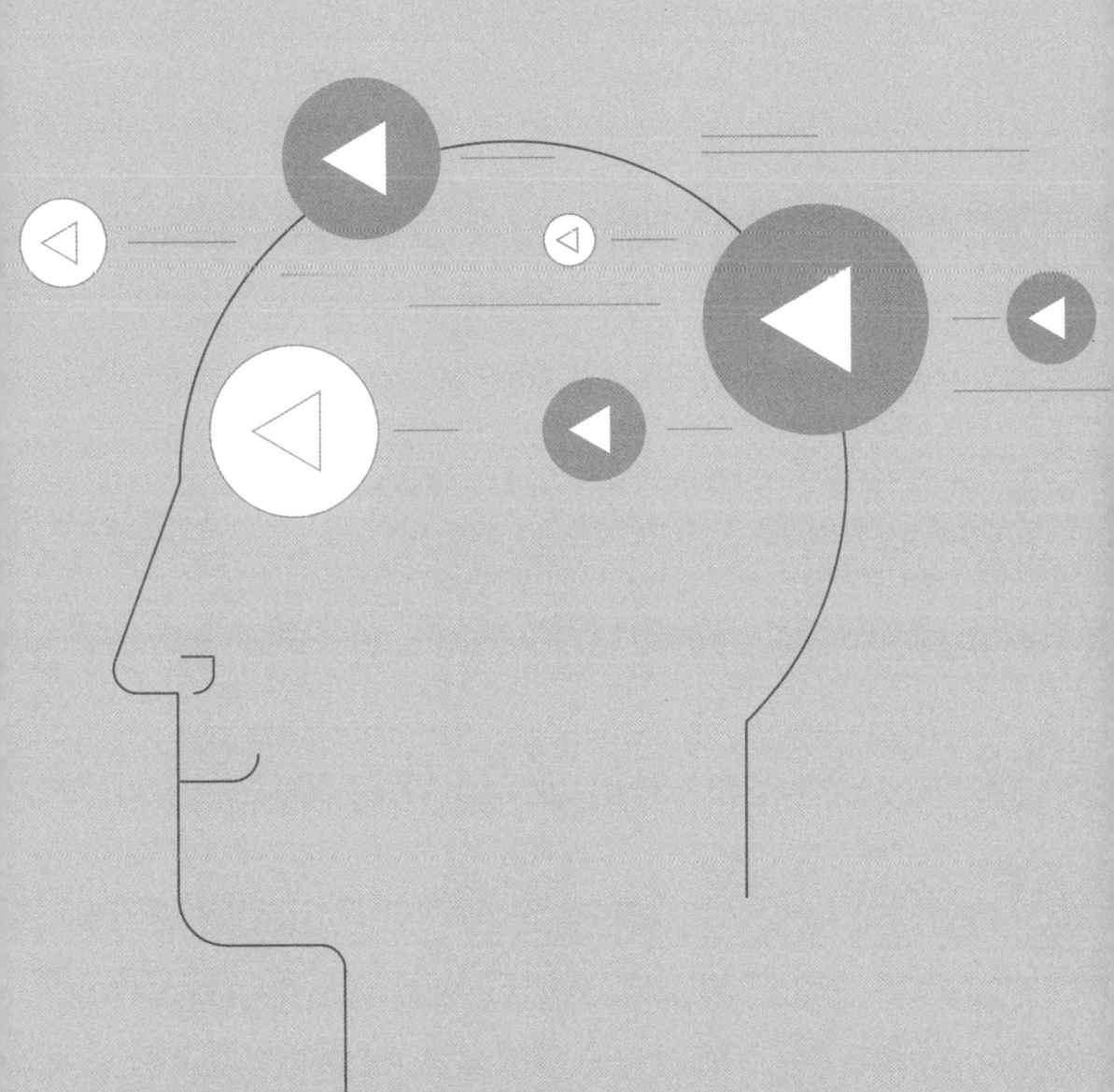

# 第一节 自媒体时代提升媒介素养的紧迫性

## 一、媒介素养的重要性

### （一）媒介素养定义及其核心要素

自媒体时代，媒介素养指的是个体在海量、快速变化的信息环境中，对媒体信息的获取、理解、评估、创造和传播所具备的综合能力。这一素养不仅关乎个人在信息洪流中的导航能力，更涉及其在社会舆论场中的参与和贡献。

其核心要素包括：一是选择能力，即在纷繁复杂的信息中筛选出有价值、真实可靠的内容，避免被虚假、误导性信息所左右；二是质疑能力，对接收到的信息保持批判性思维，不盲目相信，能够主动求证、分析信息背后的动机和来源；三是理解能力，深入理解媒体信息的内涵与外延，把握其背后的社会、文化、经济等背景因素；四是评估能力，对信息的可信度、影响力进行全面评估，以做出明智的决策和行动；五是创造能力，在理解并评估信息的基础上，能够自主创造有价值的信息内容，为信息传播贡献力量；六是传播能力，以负责任的态度传播信息，确保信息的真实性和准确性，同时尊重他人的隐私和权益。

### （二）媒介素养在当今社会的作用

在自媒体时代背景下，媒介素养成为连接个人与社会的重要桥梁，其作用愈发凸显。一方面，媒介素养帮助公众有效应对信息爆炸的挑战，提升信息筛选与利用能力。随着自媒体平台的蓬勃发展，信息以前所未有的速度传播，真假难辨。具备媒介素养的个体能够运用批判性思维，对信息进行甄别、理解和评估，从而筛选出有价值、真实的内容，避免被虚假信息误导，确保个人决策基于准确的信息基础。另一方面，媒介素养在促进社会稳定与民主发展中扮演着关键角色。在信息自由流通的自媒体环境中，公众通过媒介了解社会动态、参与公共事务讨论，媒介素养成为公民参与民主生活的重要工具。它鼓励公众理性表达观点，积极参与社会建设，同时增强对复杂信息的理解力，减少因误解或谣言引发的社会冲突，维护社会和谐稳定。此外，媒介素养还推动公众对政策制定过程的关注与监督，促进政府决策的透明化与民主化。

再者，媒介素养对于提升公民整体素质具有深远影响。它不仅培养了公众的批判性思维能力和独立判断能力，还增强了公众的社会责任感和参与意识。在自媒体时代，每个人都是信息的传播者和接收者，媒介素养教育引导公众以负责任的态度对待信息传播，积极参与社会公益事业，共同营造健康、积极的网络生态环境。

### （三）媒介素养对个人发展的影响

媒介素养的提升，意味着个体在信息获取、理解、评估、创造和传播方面具备了更强的能力，这将对个人的认知、决策、社交以及职业发展等多个方面产生深远影响。具备良好媒介素养的个人，能够更有效地筛选和辨别信息，避免被虚假或误导性的内容所影响，从而做出更为明智和理性的决策。在信息爆炸的时代，这种能力尤为重要，它帮助个人在海量信息中快速定位到有价值的内容，提高学习和工作效率。同时，媒介素养也影响着个人的社交行为。在自媒体平台上，每个人都是信息的发布者和传播者。具备良好的媒介素养，意味着个体能够更负责任地传播信息，尊重他人的隐私和权益，避免造成不必要的误解和冲突。这将有助于个人在社交网络中建立更为积极和正面的形象，促进人际关系的和谐发展。

此外，媒介素养还对个人的职业发展具有重要影响。在自媒体时代，许多职业都要求从业者具备良好的信息素养和媒体沟通能力。具备媒介素养的个人，能够更好地适应职场需求，展现出更强的竞争力和适应能力。无论是在新闻传播、广告营销、公关策划还是其他相关领域，媒介素养都将成为个人职业发展的重要助力。

## 二、信息泛滥与虚假信息的威胁

### （一）信息泛滥带来的挑战

自媒体时代，信息以爆炸式的速度增长，每个人都可以轻松成为信息的发布者和传播者。这一现象虽然极大地丰富了信息的来源和渠道，让信息的获取变得前所未有的便捷，但同时也带来了诸多挑战。过量的信息潮水般涌来，使得人们置身于一个信息过载的环境中，难以从中筛选出真正有价值的内容。这种信息的泛滥不仅导致了人们注意力的分散，还使得决策的效率大幅下降，因为人们需要花费更多的时间和精力去辨别信息的真伪和价值。此外，信息的碎片化也是自媒体时代的一个显著特点。信息的传播往往以短小精悍、吸引眼球的形式出现，这虽然增加了信息的传播速度和广度，但也削弱了人们的深度思考能力。人们越来越习惯于接收和消化碎片化的信息，而缺乏对信息进行深入分析和思考。这种趋势使得我们更容易被表面现象所迷惑，难以看到问题的本质和深层原因。

### （二）虚假信息的泛滥及其危害

在自媒体平台上，虚假信息层出不穷，成了一个不容忽视的社会问题。这些虚假信息往往以夸张、耸动的标题和内容吸引眼球，误导公众，对信息的真实性和公信力造成了严重损害。它们的存在不仅扰乱了正常的信息传播秩序，还可能引发社会恐慌，破坏社会稳定。对于个人而言，虚假信息可能导致错误的决策和判断。在自媒体时代，人们越来越依赖网络获取信息，而虚假信息的存在使得人们在做出决策时可能基于错误的信息，从而导致经济损失或声誉损害。比如：一些虚假的投资信息可能诱导人们做出错误的投资决策，造成财产损失；而一些虚假的新闻报道则可能损害个人的名誉和形象。此外，虚假信息还可能对社会造成更大的危害。它们可能引发公众的恐慌和不安，破坏社会的和谐与稳定。特别是在一些突发事件或敏感时期，虚假信息的传播往往能够迅速扩大影响，加剧社会的紧张氛围，甚至导致不必要的混乱和冲突。

### （三）信息泛滥与虚假信息对个体认知的影响

信息泛滥和虚假信息在自媒体时代如同双刃剑，既带来了信息获取的便捷性，也对个体的认知产生了深远的影响。这些现象可能扭曲人们对现实的认知，使得真假、善恶的界限变得模糊不清。在海量且未经严格筛选的信息中，虚假信息往往以夸张、耸动或极具煽动性的形式出现，它们利用人们的好奇心和求知欲，轻易地获得了大量的关注和广泛的传播。长期接触这样的信息，个体可能会逐渐失去对真实信息的敏感度和判断力，从而难以分辨什么是真实、什么是虚构。更为严重的是，长期接触虚假信息还可能导致个体的价值观偏离正常轨道。虚假信息往往带有特定的立场和偏见，它们通过精心构造的叙事和情绪化的表达，试图影响人们的思维方式和价值判断。在这种持续的影响下，个体可能会逐渐接受并内化这些虚假的价值观，从而导致道德判断的扭曲和行为选择的失范。例如，一些虚假信息可能宣扬暴力、仇恨或歧视，长期接触这样的信息可能会使个体对这些负面行为产生认同，甚至在实际生活中模仿和实践。

## 三、媒介素养与个人信息安全

### （一）媒介素养：自媒体时代的必备能力

自媒体时代，信息潮水般涌来，真伪难辨，每个人都置身于一个信息爆炸的环境中。在这样的背景下，媒介素养成为个人在信息海洋中导航的关键能力。它不仅仅是一种技能，更是一种思维方式，要求个体具备批判性思维，能够甄别信息的真伪，避免被虚假信息所误导。面对海量且未经严格筛选的信息，个体需要具备一双慧眼，能够辨别信息的来源、作者的意图以及信息的真实性和可信度。这种能力的培养，对于个人在信息时代的生存和发展至关重要。高校作为培养未来社会栋梁的摇篮，其思政教育应当与时俱进，融入媒介素养教育的内容。通过系统的课程设计和实践活动，引导学生正确认识自媒体时代的信息特点，了解信息的传播机制、影响因素以及潜在的风险。同时，培养学生的信息敏感度和判断力，使他们能够在纷繁复杂的信息环境中保持清醒的头脑，做出明智的判断和选择。这不仅是对学生个人能力的培养，更是对他们未来社会责任感的塑造。在媒介素养教育的过程中，高校还应注重培养学生的道德素养和法律责任意识。让他们明白，作为信息的传播者和接收者，每个人都应该承担起相应的社会责任，不制造、不传播虚假信息，维护信息的真实性和公信力。

### （二）个人信息安全：自媒体时代的隐忧

随着自媒体平台的普及，个人信息安全问题日益成为社会关注的焦点。在这个信息爆炸的时代，不法分子利用先进的技术手段，在自媒体平台轻易地窃取、贩卖个人信息，给广大用户的日常生活带来了极大的困扰和不安。面对这一严峻挑战，高校思政教育应当承担起培养个人信息安全意识的重要责任。通过系统的教育和引导，要让学生深刻认识到保护个人信息的重要性，明确个人信息安全不仅关乎个人隐私，更与社会的和谐稳定息息相关。同时，高校还应教授学生如何采取有效措施来防范信息泄露，比如设置复杂且不易破解的密码、定期更换密码、不随意点击不明链接、不在不安全的网络环境下输入敏感信息等。这些看似简单的防范措施，实则能够在很大程度上降低个人信息被非法获取的风险。此外，高校还可以组织相关的讲座、研讨会等活动，邀请信息安全领域的专家学者为学生讲解最新的信息安全技术和发展趋势，增强学生的防范意识和应对能力。

### （三）媒介素养与个人信息安全的内在联系

媒介素养与个人信息安全在当今信息化社会中相辅相成，构成了个体在数字时代不可或缺的能力屏障。具备良好的媒介素养，意味着个体能够拥有敏锐的信息甄别能力，对纷繁复杂的信息世界保持清醒的认知。这样的个体，在面对网络上的各种信息陷阱时，能够更为准确地识别其真实性与潜在风险，从而有效避免个人信息被不法分子所利用，保障自身的信息安全。同时，保护个人信息安全也是媒介素养的重要组成部分。在数字化生存日益普遍的今天，个人信息的安全问题频发，从隐私泄露到网络诈骗，无不威胁着个体的日常生活与财产安全。因此，将个人信息安全意识融入媒介素养的培养之中，不仅是对个体自我保护能力的提升，也是对整个社会信息安全环境的维护。对于高校而言，思政教育应当承担起这一重任，将媒介素养与个人信息安全教育有机结合，共同提升学生的综合素养。这意味着，在教育过程中，不仅要传授学生如何识别虚假信息、抵御网络谣言等媒介素养知识，还要教会他们如何设置复杂的密码、谨慎处理个人数据等信息安全技能。

### （四）高校思政教育在提升媒介素养与保护个人信息安全中的责任

高校思政教育作为引导学生树立正确价值观、培养社会责任感的重要阵地，其责任重大，尤其在提升媒介素养与保护个人信息安全方面更是不可或缺。面对自媒体时代的挑战，高校需将媒介素养教育深度融入思政教育体系，通过丰富多样的课堂教学和实践活动，使学生在潜移默化中提升媒介素养，学会辨别信息的真伪，不被虚假信息所误导。这不仅能够帮助学生在信息海洋中保持清醒的头脑，做出明智的判断和决策，还能有效防范因信息误导而引发的个人和社会问题。同时，高校思政教育还应着重培养学生的个人信息安全意识，让他们认识到保护个人信息的重要性，并掌握有效的防范措施，如设置复杂密码、警惕网络诈骗等，从而避免个人信息被不法分子利用，保障自身的合法权益。为了实现这一目标，高校还需积极与自媒体平台、政府部门等合作，共同构建一个安全、健康的自媒体环境。通过与自媒体平台的合作，高校可以及时了解平台上的信息动态，引导学生正确使用自媒体，避免陷入信息陷阱。

## 第二节 自媒体时代辅导员队伍思想政治理论素养的培养与提升

### 一、辅导员思想政治理论素养的重要性

#### （一）塑造正确的学生价值观

**1. 引导学生形成正确的世界观**

辅导员的思想政治理论素养，在引导学生形成正确的世界观方面起着举足轻重的作用。世界观是人们对整个世界的根本看法，它影响着一个人的认知和行为模式。辅导员通过深厚的理论素养，能够帮助学生建立起全面、客观、科学的世界认知。在自媒体时代，信息纷繁复杂，学生经验不足、判断力不够成熟，容易受到各种思潮的影响。辅导员需要运用自身的思想政治理论素养，帮

助学生分析和辨别信息的真伪，引导他们从宏观和微观的角度去认识世界，理解不同文化、不同国家之间的联系与差异，从而形成开放、包容、理性的世界观。此外，辅导员还可以通过组织讨论、案例分析等方式，激发学生对世界问题的思考，培养他们的国际视野和全球意识。

### 2. 培育健康的人生观

培育健康的人生观是辅导员思想政治理论素养的又一重要体现，人生观是关于人生目的、意义和价值的基本看法，它指导着人们的行为选择和生活态度。辅导员通过自身的理论素养，能够帮助学生规划人生道路，明确人生目标，培养积极向上的生活态度。在自媒体时代，学生面临着更多的诱惑和挑战，辅导员需要引导他们正确认识自我，了解自己的兴趣、特长和价值观，从而做出符合自己人生规划的选择。同时，辅导员还可以通过分享人生经验、解读人生哲理等方式，激发学生对人生的思考，帮助他们建立起对生命的敬畏和珍惜，培养责任感、使命感和担当精神。

### 3. 树立积极的价值观

辅导员的思想政治理论素养在帮助学生树立积极的价值观方面同样发挥着重要作用。价值观是人们对于事物价值的基本看法和取向，它决定着人们的行为方式和价值取向。在自媒体时代，各种信息和观点层出不穷，学生正处于价值观形成的关键时期，容易受到外界的影响。辅导员需要通过自身的言行和理论素养来传递正能量，引导学生树立正确的价值观。他们可以通过开展主题教育、组织志愿服务等活动，帮助学生认识到个人价值与社会价值的关系，培养他们的社会责任感和奉献精神。同时，辅导员还应该关注学生的心理健康和网络行为，及时发现和解决他们在价值观方面的困惑和问题。通过耐心倾听、细心引导，帮助学生建立起积极向上的价值观体系，使他们在面对复杂多变的社会环境时能够坚守道德底线、保持清醒头脑并做出正确的价值判断和行为选择。

## （二）促进高校思想政治教育工作

### 1. 提升思想政治教育的实效性

实效性是衡量教育工作成果的重要标准，其要求教育内容不仅要传递给学生，更要被学生内化并转化为实际行动。辅导员深厚的思想政治理论素养能够确保教育内容的准确性和深刻性。他们能够理解并解释党的路线、方针、政策，将其与学生日常生活相结合，使得抽象的理论变得生动且贴近实际。这样的教育方式更能引起学生的共鸣，从而增强教育的实效性。此外，辅导员的理论素养还体现在对教育方法的创新和灵活运用上。他们能够根据时代发展和学生特点，不断调整和优化教育手段，如利用自媒体平台进行线上教育，组织丰富多彩的实践活动等，这些都有助于提高学生的学习兴趣和参与度，进一步提升思想政治教育的实效性。

### 2.增强学生思想政治教育的针对性

辅导员的思想政治理论素养还有助于增强学生思想政治教育的针对性，每个学生都是独一无二的个体，他们的思想状况、成长环境、兴趣爱好各不相同，因此，思想政治教育不能一刀切，必须因材施教。辅导员通过深入了解每个学生的特点和需求，能够制定出更加贴合学生实际的教育方案。他们运用自己的理论素养，对学生的思想动态进行精准把握，及时发现并解决学生在思想、学习、生活等方面遇到的问题。同时，辅导员还能根据学生的兴趣和特长，设计个性化的教育活动，如主题班会、社会实践等，让学生在参与中体验、感悟，从而提高思想政治教育的针对性和实效性。这种针对性的教育不仅能够满足学生的个性化需求，还能更有效地引导学生树立正确的世界观、人生观和价值观。

## （三）推动辅导员队伍专业化发展

### 1.提高辅导员队伍整体素质

辅导员的思想政治理论素养是推动辅导员队伍整体素质提升的关键因素，随着高等教育的发展，辅导员的角色已经从简单的学生管理者转变为学生成长的指导者和引路人。这就要求辅导员不仅要有扎实的专业知识，更要具备深厚的思想政治理论素养。通过提升辅导员的思想政治理论素养，可以确保他们具备正确的政治方向和坚定的政治立场，从而更好地履行育人职责。同时，高素质的辅导员队伍能够为学生提供更加全面、专业的指导和服务，帮助学生更好地成长成才。

**2. 促进辅导员个人职业发展**

辅导员的思想政治理论素养不仅关乎学生的成长，也对辅导员个人的职业发展具有重要意义。在辅导员职业生涯中，思想政治理论素养是其核心竞争力的重要组成部分。具备深厚理论素养的辅导员，在面对复杂多变的学生工作时，能够更加游刃有余地处理问题，赢得学生和同事的尊重与信任。此外，思想政治理论素养的提升还有助于辅导员拓宽职业视野，增强职业敏锐性和前瞻性。这使得辅导员能够更好地把握高等教育发展的趋势和学生成长的需求，从而不断调整和优化工作方法，提高工作效能。因此，思想政治理论素养不仅是辅导员队伍专业化发展的基石，也是辅导员个人职业成长的重要推动力。

## 二、自媒体环境下辅导员思想政治理论素养培养的新要求

自媒体时代的到来，标志着信息传播方式的一次深刻变革。这一变革不仅改变了人们的生活方式，也对高校的辅导员工作提出了新的挑战和要求。在自媒体平台上，信息传播的速度快、范围广，这使得辅导员在引导学生树立正确的价值观和思想观时，需要具备更高的思想理论鉴别能力。自媒体环境下的信息传播具有匿名性、去中心化等特点，这导致信息来源的多样性和复杂性。辅导员需要能够在海量的信息中筛选出有价值、有深度的内容，引导学生正确理解和评价社会现象，抵制不良信息的侵蚀。因此，辅导员的思想政治理论素养不仅包括对政治理论和思想体系的深刻理解，还需要具备对自媒体信息的敏锐洞察力和判断力。同时，自媒体平台也为辅导员提供了开展思想政治教育的新渠道。通过自媒体，辅导员可以更加灵活、多样地与学生进行互动，了解他们的思想动态和需求，从而制定更加贴近学生实际的思政教育策略。这就要求辅导员掌握自媒体平台的运用技巧，如信息发布、互动交流、数据分析等，以便更好地利用这一平台开展教育工作。

## 三、培养与提升辅导员的思想政治理论素养的途径

### （一）加强系统培训与学习

**1. 定期组织专题培训**

定期组织专题培训应具有系统性和针对性，确保辅导员能够全面深入地理解和掌握思想政治理论的核心要义。通过邀请专家学者进行授课，分享最新的理论与实践成果，可以帮助辅导员及时了解和掌握思想政治教育的最新动态和发展趋势。专题培训的内容应该围绕思想政治教育的基本理论、方法技巧以及实际应用展开，同时结合辅导员工作的实际情况，提供具有可操作性的指导和建议。此外，培训还可以采用案例分析、小组讨论等互动形式，激发辅导员的学习兴趣和参与热情，增强培训效果。通过定期组织专题培训，不仅可以提升辅导员的思想政治理论素养，还能够增强他们的工作能力和自信心，使他们更好地履行育人职责，引导学生树立正确的世界观、人生观和价值观。

**2. 鼓励自主学习与研究**

除了参加专题培训外，鼓励辅导员进行自主学习与研究也是提升其思想政治理论素养的重要方式。自主学习能够使辅导员根据自身的工作需求和兴趣点，有针对性地选择学习内容和进度，实现个性化的学习路径。为了支持辅导员的自主学习与研究，相关部门可以提供丰富的学习资源和平台，如图书资料、在线课程等，方便辅导员随时随地进行学习。同时，还可以设立研究项目或课题，鼓励辅导员结合工作实践开展深入研究，探索思想政治教育的新方法、新思路。辅导员通过自主学习与研究，可以不断拓宽知识视野，更新教育观念，提升解决实际问题的能力。这种学习方式还有助于培养辅导员的创新精神和终身学习的习惯，为他们的职业发展注入持续的动力和活力。

### （二）实践锻炼与经验交流

**1. 深入学生工作实践**

深入学生工作实践是提升辅导员思想政治理论素养的关键环节，实践是检验真理的唯一标准，也是辅导员将理论知识转化为实际工作能力的重要途径。通过深入参与学生活动的组织与指导，辅导员不仅能够更好地理解学生的需求

和期望，还能够在实践中不断磨炼自己的思想政治工作技巧。在学生工作实践中，辅导员会遇到各种各样的问题和挑战，如学生心理健康问题、学业困难、人际关系矛盾等。这些问题要求辅导员具备敏锐的洞察力和灵活的处理能力，而这些能力正是通过实践锻炼逐步培养起来的。通过解决实际问题，辅导员可以不断积累经验，提升自己的专业素养和工作效能。此外，深入学生工作实践还有助于辅导员增强与学生的情感联系，建立起良好的师生关系。这种亲密的师生关系不仅有助于辅导员更好地了解学生，还能够提高思想政治教育的针对性和实效性。

**2. 开展经验分享与交流活动**

每个辅导员在工作中都会遇到不同的问题和挑战，也会积累各自独特的经验和做法，通过经验分享与交流活动，辅导员可以相互学习、借鉴，共同提高。这种活动可以定期或不定期地举行，形式可以多样化，如座谈会、研讨会、工作坊等。在分享与交流中，辅导员可以讲述自己在工作中的成功案例、遇到的困难以及解决问题的策略和方法。通过这种方式，不仅可以拓宽辅导员的视野，了解更多的工作思路和方法，还能够激发他们的创新思维，提高解决复杂问题的能力。同时，经验分享与交流活动还有助于营造一个积极向上、团结协作的工作氛围，增强辅导员队伍的凝聚力和战斗力。在这种氛围中，辅导员可以更加积极地投入到工作中，为学生的成长成才贡献自己的力量。

**（三）利用网络平台与资源**

**1. 建立在线学习平台**

在当今数字化时代，建立在线学习平台对于提升辅导员的思想政治理论素养具有重要意义。在线学习平台能够为辅导员提供一个便捷、灵活的学习渠道，使他们能够随时随地获取所需的知识和信息。通过在线学习平台，辅导员可以自主选择学习内容，根据自身的工作安排和学习进度进行学习。平台上的多媒体教学资源，如视频讲座、电子书籍和互动课程，可以极大地丰富辅导员的学习体验，并帮助他们更深入地理解和掌握思想政治理论。此外，在线学习平台还能够实现学习数据的跟踪与分析，帮助辅导员及时了解自己的学习状态，调整学习策略。同时，平台上的社区交流功能还能促进辅导员之间的讨论与合作，共同解决学习中的疑难问题。

**2. 整合优质网络资源**

互联网上蕴含着丰富的思想政治教育资源，包括学术研究、政策解读、案例分析等，这些资源对于辅导员的工作和学习具有极高的参考价值。通过整合这些优质网络资源，辅导员可以更加便捷地获取最新的思想政治教育理论和实践成果，了解国内外相关领域的前沿动态。这不仅有助于拓宽辅导员的知识视野，还能够激发他们的创新思维，提高他们解决实际问题的能力。同时，整合网络资源还能够促进辅导员之间的资源共享与协作。通过建立资源共享平台或社群，辅导员可以相互分享有价值的网络资源和教育经验，共同提升专业素养。这种跨地域、跨时间的资源共享模式，不仅提高了学习效率，还加强了辅导员队伍之间的交流与合作。

**（四）强化自我学习与反思**

在日常工作中，辅导员需要保持对政治理论的持续关注和深入学习，不断更新自己的知识体系。这要求辅导员具备高度的自觉性和主动性，能够根据自身的工作实际和学生的需求，有针对性地选择学习内容和方法。同时，辅导员还需要注重反思和总结。在教育实践中，辅导员会遇到各种各样的问题和挑战。通过反思和总结，辅导员可以深入剖析问题的根源，提炼出有效的解决方法，并将这些经验应用到未来的工作中。这种不断反思、不断进步的精神是辅导员提升思想政治理论素养的重要内在动力。为了强化自我学习与反思的效果，辅导员可以建立个人学习档案，记录自己的学习历程和心得体会。通过与同事、学生的交流和分享，辅导员可以进一步检验自己的学习成果，发现自己的不足之处，并及时进行调整和改进。这种持续的学习与反思过程将有助于辅导员形成独特的教育风格和思想体系。

**（五）构建学习共同体**

在提升思想政治理论素养的过程中，高校可以积极构建辅导员学习共同体，为辅导员提供一个相互学习、共同成长的平台。在这个共同体中，辅导员可以定期分享自己的学习心得和教育经验，相互借鉴、相互启发。同时，学习共同体还可以组织各种形式的学习活动，如读书会、研讨会、教学观摩等。通过这些活动，辅导员可以更加深入地探讨思想政治教育的理论和实践问题，共同寻找解决问题的方法。这种集体学习和研讨的方式不仅有助于提升辅导员的学术水平，还能够增强他们之间的团队精神和合作意识。在学习共同体的建设中，高校需要注重激发辅导员的参与热情和创造力。通过制定合理的激励机制和评价体系，高校可以鼓励辅导员积极参与共同体的各项活动，并为他们提供必要的支持和保障。同时，高校还需要关注辅导员的个体差异和需求，为他们提供个性化的学习和成长路径。

# 第三节 自媒体时代高校思想政治教育受教者媒介素养的培养

## 一、自媒体环境下大学生的媒介素养现状

### （一）信息识别与筛选能力有待提高

在自媒体环境下，大学生每天都沉浸在信息的海洋中，这些信息来自各种渠道，包括社交媒体、新闻网站、博客论坛等。面对海量的信息冲击，如何有效地识别和筛选出有价值、真实可靠的内容成为一项重要挑战。然而，由于部分大学生媒介素养欠缺，他们在这一环节上往往显得力不从心。这些大学生在浏览信息时，可能难以准确判断哪些信息是真实的，哪些是夸大其词或虚构的。虚假信息的存在不仅误导了他们的判断，还可能对他们的日常生活和学习产生负面影响。同时，低俗内容的泛滥也给他们带来了不少困扰，这些内容通常以吸引眼球为目的，缺乏深度和真实性，容易让人产生误解和偏见。不良信息的渗透可能会对他们的价值观和道德观造成冲击。这些信息往往具有极大的诱惑力和误导性，对于缺乏足够媒介素养的大学生来说，很难抵御其负面影响。一旦被这些信息所误导，他们可能会做出错误的判断和决策，甚至走上歧途。

## （二）批判性思维与独立思考能力不足

自媒体平台如今已成为信息传播的重要渠道，其上的信息五花八门，涵盖各个领域。在这样的环境下，大学生作为信息接收者，必须具备高度的批判性思维和独立思考能力，才能有效地辨别信息的真伪，深入分析问题的核心。但遗憾的是，当前部分大学生在这方面显得较为薄弱。这些大学生在接触自媒体信息时，往往容易受到平台上各种观点和意见的影响，他们可能会不自觉地依赖这些现成的看法，而忽略了对信息的深入剖析和自主判断。这种情况下，他们很难形成独立的见解，也容易受到舆论的左右。缺乏批判性思维和独立思考能力的大学生，在面对复杂多变的信息时，可能会感到迷茫和无助。他们可能难以分辨哪些信息是客观真实的，哪些又是带有偏见或误导性的。这种能力的缺失，不仅影响了他们对信息的正确理解，还可能阻碍他们的个人成长和社会发展。

## （三）网络道德与法律意识淡薄

在自媒体环境下，大学生们享受着前所未有的网络自由，他们可以轻松地在各类社交平台上发表观点、分享生活。然而，这种自由也带来了一定的风险，尤其是当部分大学生缺乏足够的网络道德意识和法律意识时。由于网络空间的匿名性和开放性，一些大学生可能会在网络上发表不当言论，包括但不限于侮辱、诽谤或攻击他人。他们可能没有意识到，这些言论不仅伤害了被攻击者的感情，也严重损害了自身的形象和声誉。更为严重的是，有些行为甚至触犯了法律的红线。除了言论问题，侵犯他人隐私也是一个不容忽视的问题。在自媒体平台上，部分大学生可能会无意中或有意地泄露他人的私人信息，如照片、联系方式等。这种行为不仅侵犯了他人的隐私权，也可能导致严重的法律后果。这些不当的网络行为，不仅会影响到大学生的个人形象和社交关系，更有可能引发法律纠纷。一旦涉及法律诉讼，不仅会给个人带来经济和精神上的压力，也会对未来的职业生涯和社会信用造成不可逆转的影响。

## （四）媒介使用与自我表达能力欠缺

自媒体平台以其开放性和互动性，为大学生们创造了一个展示自我和表达观点的广阔舞台。然而，尽管机会就在眼前，部分大学生在媒介使用和自我表达上却显得力不从心。这些大学生可能对于如何有效利用自媒体平台缺乏足够的了解和实践。他们或许知道微博、抖音等平台的基本操作，但在如何精准定位受众、策划内容，以及选择合适的时间和方式发布信息方面却显得经验不足。这样的状况导致他们的声音在浩瀚的网络世界中难以被听到，影响力自然大打折扣。有些大学生在自我表达上也存在明显的短板。他们可能心中有千言万语，但落实到文字或视频上时，却往往词不达意，或者表达得含糊不清。这种情况不仅让他们的观点难以被理解和接受，也大大降低了他们在自媒体环境中的参与度。这种在媒介使用和自我表达上的欠缺，无疑限制了这些大学生在自媒体时代的影响力和话语权，为了提高自身在自媒体环境下的活跃度和影响力，这部分大学生急需提升媒介使用能力和自我表达能力，让自己的声音在网络世界中更加响亮和清晰。

表9-1 自媒体环境下大学生的媒介素养现状

| 类别 | 内容概述 |
| --- | --- |
| 信息识别与筛选能力有待提高 | 大学生在海量信息中难以有效识别和筛选出有价值、真实可靠的内容，易受虚假信息和低俗内容影响 |
| 批判性思维与独立思考能力不足 | 部分大学生在面对自媒体信息时，缺乏批判性思维和独立思考能力，容易受他人观点和意见影响，难以形成独立见解 |
| 网络道德与法律意识淡薄 | 部分大学生在网络上发表不当言论，侵犯他人隐私，缺乏足够的网络道德意识和法律意识，可能引发法律纠纷 |
| 媒介使用与自我表达能力欠缺 | 部分大学生在媒介使用和自我表达上显得力不从心，缺乏有效的信息传播策略和自我表达能力，影响了他们在自媒体环境中的影响力和话语权 |

## 二、媒介素养培养的核心内容

### （一）信息识别与评估能力

信息识别与评估能力是媒介素养不可或缺的基础，在如今这个信息爆炸的时代，大学生每天都置身于浩如烟海的信息流中。这些信息来自各种渠道，质量参差不齐，真实性也有待考量。因此，如何在这股信息洪流中准确识别出哪些信息是真实可靠的，哪些可能带有误导性，就显得尤为重要。这不仅仅是一种技能，更是一种生存和发展的必备能力。它要求学生必须具备敏锐的观察力和洞察力，能够捕捉到信息中的细微差别和潜在含义。同时，学生还需要学会运用科学的方法和逻辑去分析、筛选信息，从中提炼出真正有价值、对自己有用的内容。这种能力的具备，不仅能帮助学生在学术研究中更好地搜集和整理资料，为他们的学术探索提供坚实的数据支持；在日常生活中，也能帮助他们避开虚假信息的陷阱，做出更为明智的决策。因此，提升信息识别与评估能力，对于大学生的全面发展具有重要意义。

### （二）批判性思维与独立思考

面对纷繁复杂的媒体信息，大学生必须拥有独立分析、判断的能力，这是他们在信息海洋中稳健航行的关键。这种能力使学生能够摆脱盲从的束缚，不随波逐流，能够坚持自己的思考和见解。为了培养这种能力，学生需要学会从不同角度审视问题，这不仅仅是对信息的简单接收，更是对信息的深度解读和理解。他们应该对接收到的每一条信息进行深入剖析，挖掘其背后的意义，从而形成自己独特的见解和判断。在复杂多变的媒体环境中，这种批判性思维和独立思考的能力就像是一盏明灯，指引学生在信息的海洋中保持清醒的头脑，不迷失方向。它帮助学生筛选出真正有价值的信息，摒弃那些虚假或误导性的内容，从而做出更为明智的选择。这种能力的培养，不仅对学生的学业有帮助，更对他们未来的人生道路有着深远的影响。

### （三）网络道德与法律意识

网络道德与法律意识在媒介素养中占据着至关重要的位置，随着互联网的普及，网络空间已经成为人们交流、分享和获取信息的重要平台。然而，网络并非法外之地，学生在网络上的言行举止也应受到道德和法律的约束。在网络空间中，学生应当自觉遵守道德规范，尊重他人的权利和尊严。他们应避免发表不当言论，不传播虚假信息或恶意攻击他人，以维护网络环境的和谐与稳定。同时，学生还需深刻理解并严格遵守国家的相关法律法规，确保自己的网络行为合法合规，不触碰法律的红线。这种网络道德与法律意识的培养，不仅有助于学生在网络上树立良好的个人形象，更能保护他们自身和他人的合法权益不受侵犯。通过加强这方面的教育，可以共同营造一个健康、积极的网络环境，为社会的进步和发展贡献力量。

### （四）媒介使用与自我表达

媒介使用与自我表达，作为媒介素养的一个重要组成部分，对于当今的大学生而言尤为重要。随着自媒体平台的兴起，信息传播和交流的方式发生了翻天覆地的变化。学生需要学会如何高效利用这些平台进行信息的传递与思想的碰撞。在自媒体时代，每个人都是一个潜在的传播者。学生应当掌握如何利用微博、微信、抖音等自媒体工具，将自己的观点和想法准确、清晰地传达给更广泛的受众。这不仅仅是为了获得他人的认同，更是为了锻炼自己的表达能力，提升个人的影响力。通过高效的媒介使用与自我表达，学生不仅能够增强自己的社交能力，与更多的人建立起联系，还能够在自媒体的大潮中更好地展示自我，实现个人的价值和理想。这种能力，不仅对学生的个人成长有着积极的推动作用，更有助于他们在未来的职业生涯中脱颖而出。

## 三、高校思想政治教育中媒介素养的培养策略

### （一）增强师生媒介意识与认知

在自媒体时代，高校思政教育面临着新的挑战与机遇，首要任务便是增强师生的媒介意识与认知。教师作为知识的传播者和学生成长的引导者，应当主动拥抱新媒体技术，积极适应自媒体时代的发展潮流。这意味着教师需要熟悉各类自媒体平台的特点与运作机制，深入理解它们在信息传播中所扮演的独特角色以及产生的广泛影响。为了实现这一目标，高校应当定期组织培训和工作坊，帮助教师系统学习新媒体技术和媒介素养的相关知识。通过这些培训活动，教师可以更加深刻地认识到媒介素养在思政教育中的重要性，进而在教学中灵活运用自媒体工具，创新教学方法，提升教学效果。

与此同时，学生作为思政教育的主体，也需要接受系统的媒介素养教育。

这包括了解自媒体信息的生成、传播与影响机制，掌握如何辨别信息的真伪，以及如何避免被不实信息误导。在自媒体时代，信息传播的速度快、范围广，但同时也伴随着信息真伪难辨、谣言四起的问题。因此，培养学生的批判性思维，使他们具备辨别信息真伪的能力，成为媒介素养教育的重要内容。通过媒介素养教育，学生可以更加理性地看待自媒体信息，不轻易相信未经证实的消息，也不随意传播不实信息，从而成为有责任感、有担当的公民。

**（二）构建多元化媒介素养课程体系**

将媒介素养教育有机融入思政课程之中，不仅能够提升学生的信息处理能力，还能培养其批判性思维和责任意识。课程内容的设计应当全面而深入，涵盖媒介理论的基础知识，帮助学生理解媒介在社会中的角色与功能；同时，深入浅出地讲解信息传播原理，使学生掌握信息如何被编码、传递、解码的过程，以及这一过程中的各种影响因素。媒介伦理与法规的学习也是不可或缺的一环，它引导学生思考在媒介使用和传播信息时应遵循的道德规范和法律界限，培养他们的责任感和自律精神。在网络安全与隐私保护方面，课程内容需涵盖最新的网络安全威胁、防护措施以及个人隐私权的法律保护，增强学生的自我保护意识和能力。教学方法上，应采取多样化的手段，如理论讲授为学生奠定坚实的知识基础，案例分析则通过具体事件让学生直观感受媒介素养的实际应用，小组讨论鼓励学生之间的思想碰撞，共同探索问题的多维视角，从而增强学生的学习兴趣与实践能力。

为了进一步丰富学生的学习体验，高校还可以开设专门的媒介素养选修课或工作坊，这些课程和活动可以更加专注于特定领域或前沿话题，如数字媒体的创新应用、跨文化传播等。通过邀请业界专家和学者举办讲座与交流，学生可以直接从实践者的经验中学习，了解行业动态，拓宽视野与知识面。这样的教学模式不仅促进了理论与实践的结合，也为学生提供了与行业接轨的机会，有助于他们未来在媒介相关领域的职业发展。

**（三）搭建自媒体实践平台与互动空间**

为了有效提升学生的媒介实践能力，高校应当积极搭建自媒体实践平台与互动空间，为学生提供一个展示自我、锻炼技能的广阔舞台。在这个平台上，学生被鼓励利用微博、微信、抖音等流行的自媒体平台，充分发挥自己的创意和才华，创作和传播具有正面价值的信息内容。这样的实践活动不仅能够让学生亲身体验到媒介信息的制作与传播的全过程，从而更深入地理解媒介素养的核心要素，还能够通过实际操作，让学生更好地掌握媒介工具的使用技巧，提升他们的媒介素养水平。同时，高校还可以组织学生参与校园新闻的采编工作，让他们在实践中学习如何收集、整理、编写和发布新闻，了解新闻传播的规律和特点。此外，鼓励学生参与文化传播活动，如策划和组织线上线下的文化活动，利用自媒体平台推广和传播校园文化，这些都能够有效锻炼学生的媒介实践能力。

除了搭建实践平台，高校还应当建立师生互动机制，充分利用自媒体平台的优势，开展线上讨论、答疑解惑等活动。教师可以通过自媒体平台发布课程相关的讨论话题，引导学生积极参与，发表自己的观点和看法，从而培养学生的批判性思维和表达能力。同时，教师还可以利用自媒体平台及时解答学生在学习和生活中遇到的问题，提供个性化的指导和帮助，增强师生之间的交流和互动。

### （四）完善媒介素养评价与激励机制

媒介素养评价与激励机制的构建应将媒介素养纳入学生综合素质评价体系之中，确保其在学生整体发展中的重要地位。通过多样化的评价方式，包括作业、考试、项目等，全面而客观地评估学生的媒介素养水平，既考查其理论知识的掌握程度，也注重其实践能力和创新思维的培养。对于在媒介素养方面展现出卓越表现的学生，高校应给予充分的表彰与奖励，这不仅是对他们个人努力的肯定，也能有效激发其他学生的学习积极性与创造力，形成积极向上的学习氛围。

同时，高校还应建立一套科学合理的教师媒介素养考核机制，将媒介素养作为教师评价体系的重要组成部分。这一机制的建立旨在鼓励教师不断提升自身的媒介素养与教育教学能力，确保他们在传授专业知识的同时，也能成为学生媒介素养提升的引路人。通过定期的培训、研讨以及教学实践的反思，教师应不断更新媒介素养教育理念，探索创新的教学方法，以适应信息时代对教育的新要求。

评价与激励机制的完善，不仅能够为媒介素养教育的实施提供有力的制度保障，还能在全校范围内形成一种重视媒介素养、崇尚学习与创新的良好氛围。这样的氛围将有助于学生、教师以及整个高校社区在媒介素养方面实现共同进步，推动媒介素养教育成为高校教育体系中不可或缺的一部分。长远来看，这将有助于培养出具备高度媒介素养、能够适应并引领信息时代发展的优秀人才，为社会进步与发展贡献高校的力量。

# 参考文献

[1] 梁文.自媒体时代高校思想政治课程的教育原则与实施路径研究[J].现代职业教育,2024(17):165-168.

[2] 蔡非池.自媒体时代高校思想政治教育话语的创新研究[J].大学,2023(33):11-14.

[3] 詹斌.自媒体时代高校思想政治教育的困境与创新研究[J].大学,2022(35):9-12.

[4] 王姝.自媒体时代高校思想政治教育工作的开展[J].食品研究与开发,2021,42(22):242.

[5] 刘艳梅.自媒体时代高校思想政治教育工作存在的问题及对策[J].科教导刊,2021(23):82-84.

[6] 徐亚楠.自媒体时代高校思想政治教育研究[J].教育观察,2021,10(25):61-63.

[7] 刘志莹,王毅.自媒体时代高校思想政治教育实效性面临的机遇与挑战[J].创新创业理论研究与实践,2021,4(09):184-186.

[8] 田甜.自媒体时代下高职思想政治教育工作存在的困境与应对措施[J].法制博览,2020(13):64-65.

[9] 柴誉珊,仲崇利.关于自媒体时代高校思想政治教育理论课的创新与思考[J].大学,2020(14):113-114.

[10] 张霁云.自媒体时代高校思想政治教育的应对途径初探[J].科技风,2020(11):267.

[11] 张红玲.自媒体时代高校思想政治教育工作的创新探究[J].文化创新比较研究,2020,4(11):50-51.

[12] 王霂凡. 自媒体时代下大学生思想政治教育实施策略研究 [J]. 智库时代, 2020（12）：184-185.

[13] 韩静. 自媒体时代高校思想政治教育策略探究 [J]. 卫星电视与宽带多媒体, 2020（04）：212-213.

[14] 康瑜. 高校思想政治教育创新发展与挑战——评《自媒体视域下高校思想政治教育创新策略研究》[J]. 人民长江, 2024, 55（06）：244.

[15] 周默. 自媒体时代下加强大学生网络思想政治教育路径研究 [J]. 大众文艺, 2024（02）：127-129.

[16] 楚燕. 自媒体背景下高校思想政治教育精准供给探究 [J]. 甘肃教育研究, 2024（08）：42-44.

[17] 王越彤. 自媒体背景下高校思想政治教育的路径优化 [J]. 世纪桥, 2024（01）：77-79.

[18] 潘璐. 自媒体时代高校思想政治教育教学创新路径研究 [J]. 新闻研究导刊, 2024, 15（11）：163-165.

[19] 葛鸿. 自媒体视域下高校学生思想政治教育提升策略探析 [J]. 新闻研究导刊, 2024, 15（10）：45-47.

[20] 鲁汉杰, 张瑜. 自媒体时代高校思想政治教育新路径研究 [J]. 新闻研究导刊, 2024, 15（09）：187-189.

[21] 曹艳, 徐满. 自媒体时代下的高校思想政治教育：机遇、挑战与对策 [J]. 传播与版权, 2024（08）：94-97.

[22] 郭霄凤, 石慧, 成思思. 自媒体时代高校思政教育教学实效性提升路径探索 [J]. 新闻研究导刊, 2024, 15（08）：41-44.

[23] 李高敏. 自媒体时代高校思想政治教育的实践路径探析 [J]. 新闻研究导刊, 2024, 15（08）：192-194.

[24] 张争, 程成, 苏潇赞. 全媒体时代高校思想政治教育创新发展路径探究 [J]. 高校后勤研究, 2024（04）：68-71.

[25] 宋振航, 黑晓卉. 论自媒体时代高校思想政治教育的挑战与机遇 [J]. 经济

师，2024（04）：214-216.

[26] 李梦晨. 自媒体时代下高校思想政治教育的路径探析[J]. 秦智，2024（03）：113-115.

[27] 张茹. 自媒体时代背景下高校思想政治教育管理优化策略探析[J]. 新闻研究导刊，2024，15（05）：206-208.

[28] 刘丹丹，王萌. 自媒体时代高校思想政治教育研究[J]. 公关世界，2024（03）：58-60.

[29] 解永菲. 自媒体背景下高校思想政治教育面临的挑战及对策分析[J]. 新闻研究导刊，2024，15（03）：197-199.

[30] 于航. 移动互联网时代下高校思想政治教育与网络自媒体的融合模式研究[J]. 中国军转民，2024（02）：136-137.